NIVEAU B2.2
SICHER!

DEUTSCH ALS FREMDSPRACHE
LEHRERHANDBUCH

Susanne Wagner

Hueber Verlag

Quellenverzeichnis

S. 150–157: Anregungen und Ideen im Methodenglossar stammen z.T. aus:
Böschel, Claudia/Dusemund-Brackhahn, Carmen (2009) Ja genau! B1, Kursbuch. Berlin: Cornelsen Verlag
Brinitzer, Michael/Damm, Verena (1999) Grammatik sehen. Arbeitsbuch für Deutsch als Fremdsprache. Ismaning: Hueber Verlag
Grötzebach, Claudia (Hrsg.) (2008) Spiele und Methoden für ein Training mit Herz und Verstand. 70 Methoden für ein aktivierendes Training. Offenbach: Gabal Verlag
Karsten, Dr. Gunther (2007) Lernen wie ein Weltmeister. München: Mosaik-Goldmann-Verlag
Kaufmann, Susann u.a. (Hrsg.) (2007–2009) Qualifiziert unterrichten: Fortbildung für Kursleitende Deutsch als Zweitsprache, Band 1–4. Ismaning: Hueber Verlag
Mithra, Salome P. (2010) 77 Methoden für den aktiven Umgang mit Texten. Mühlheim an der Ruhr: Verlag an der Ruhr
Thömmes, Arthur: Produktive Unterrichtseinstiege. 100 motivierende Methoden für die Sekundarstufe. Mühlheim an der Ruhr: Verlag an der Ruhr
Wallenwein, Gudrun F. (2003) Spiele: Der Punkt auf dem i. Weinheim: Beltz Verlag
www.kreativitätstechniken.info/die-6-denkhute-von-de-bono
Im Quellenverzeichnis nicht aufgeführte Methoden sind entweder eigene Methoden der Autorin oder in der Erwachsenenbildung allgemein übliche, in verschiedenen Varianten angewandte Methoden, deren Ursprung nicht mehr auszumachen ist.

S. 158/159: Paardialoge, *Blau oder Braun* © Elke Naters
S. 159: Paardialoge, *Endspiel* © Elke Naters
S. 162: aus: Axel Hacke: Der weiße Neger Wumbaba kehrt zurück © Verlag Antje Kunstmann GmbH, München 2007
S. 163–164: Interview: Susanne Schwalb. Wir danken Sophie Barlow für ihre freundliche Unterstützung
S. 164/165: aus: Das Fitnessmagazin – Extremschwimmer Ernst Bromeis © Bayerischer Rundfunk
S. 166: Du baust einen Tisch © Text: Nora Gomringer, 2006
S. 166/167: „Containern" aus: Wer oder was is(s)t Müll? © Leopold Schick und Volker Wagner, 2009
S. 167: Vorlesestunde © Erol Gurian, München, 2013
S. 167/168: „Krankenpflege" aus: Pflege tut not © www.bbtgruppe.de, Koblenz 2010
S. 168: Plattsounds © Oldenburgische Landschaft

Das Werk und seine Teile sind urheberrechtlich geschützt.
Jede Verwertung in anderen als den gesetzlich zugelassenen Fällen
bedarf deshalb der vorherigen schriftlichen Einwilligung des Verlags.

Hinweis zu § 52a UrhG: Weder das Werk noch seine Teile dürfen ohne
eine solche Einwilligung überspielt, gespeichert und in ein Netzwerk
eingespielt werden. Dies gilt auch für Intranets von Firmen, Schulen
und sonstigen Bildungseinrichtungen.

Eingetragene Warenzeichen oder Marken sind Eigentum des jeweiligen
Zeichen- bzw. Markeninhabers, auch dann, wenn diese nicht gekennzeichnet
sind. Es ist jedoch zu beachten, dass weder das Vorhandensein noch das
Fehlen derartiger Kennzeichnungen die Rechtslage hinsichtlich dieser
gewerblichen Schutzrechte berührt.

4.	3.	2.		Die letzten Ziffern
2021	20 19	18	17	bezeichnen Zahl und Jahr des Druckes.

Alle Drucke dieser Auflage können, da unverändert,
nebeneinander benutzt werden.
1. Auflage
© 2014 Hueber Verlag GmbH & Co. KG, München, Deutschland
Umschlaggestaltung, Layout und Satz: Sieveking · Agentur für Kommunikation, München
Zeichnungen: Jörg Saupe, Düsseldorf
Konzept: Michaela Perlmann-Balme, Susanne Schwalb, München
Redaktion: Daniela Blech-Straub, Bad Schönborn; Miriam Plasa, Hueber Verlag, München
Druck und Bindung: Friedrich Pustet GmbH & Co. KG, Regensburg
Printed in Germany
ISBN 978-3-19-771207-9

INHALT

DAS LEHRERHANDBUCH – ÜBERBLICK	**4**
KONZEPTION DES LEHRWERKS SICHER! B2	**5**
1 Rahmenbedingungen	5
2 Methodisch-didaktischer Ansatz	6
3 Komponenten des Lehrwerks	8
3.1 Kursbuch	8
3.2 Arbeitsbuch	11
3.3 Weitere Unterrichtsmaterialien	13
METHODISCH-DIDAKTISCHE HINWEISE	
Lektion 7	15
Lektion 8	35
Lektion 9	52
Lektion 10	70
Lektion 11	90
Lektion 12	108
KOPIERVORLAGEN	
Zusatzübungen und Spiele zu Lektion 7	128
Zusatzübungen und Spiele zu Lektion 8	130
Zusatzübungen und Spiele zu Lektion 9	131
Zusatzübungen und Spiele zu Lektion 10	132
Zusatzübungen und Spiele zu Lektion 11	134
Zusatzübungen und Spiele zu Lektion 12	136
Tests zu jeder Lektion	138
DAS METHODENGLOSSAR	**150**
ANHANG	
Transkriptionen der Hörtexte im Kursbuch	158
Transkriptionen der Texte auf der DVD	166
Lösungen zu den Tests	169

ÜBERBLICK

DAS LEHRERHANDBUCH – ÜBERBLICK

Konzeption des Lehrwerks Sicher! B2

Sicher! B2 basiert auf den Grundsätzen des Gemeinsamen Europäischen Referenzrahmens, wiederholt, festigt und erweitert den Stoff der Niveaustufe B1 und bereitet auf die Prüfungen der Stufe B2 vor. Die konzeptionellen Rahmenbedingungen werden zunächst kurz erläutert. Anschließend wird der methodisch-didaktische Ansatz des Lehrwerks und seiner Komponenten vorgestellt und beschrieben.

Methodisch-didaktische Hinweise

Ab Seite 15 finden Sie konkrete Vorschläge zum Vorgehen im Unterricht sowie methodisch-didaktische Tipps zu den Aufgaben im Kursbuch und den Übungen im Arbeitsbuch. In diesem Lehrerhandbuch lernen Sie verschiedene Rubriken kennen, in denen Ihnen Vorschläge für einen abwechslungs- und variantenreichen Unterricht unterbreitet werden. Unter der Rubrik *Aktivierung* erhalten Sie Anregungen, um in Ihren Unterricht mehr Bewegung zu integrieren. Als *Vertiefung* werden Ihnen zusätzliche vertiefende und erweiternde Aufgaben angeboten. Diese eignen sich insbesondere zur leistungsorientierten und lerntypenspezifischen Binnendifferenzierung. Die *Tipps* können sich auf didaktische, aber auch auf rein unterrichtspraktische Inhalte beziehen. In den Rubriken *Fokus Phonetik*, *Fokus Grammatik* und *Landeskunde* wird Hintergrundwissen in den Bereichen Phonetik, Grammatik, Politik und Kultur angeboten und erklärt. Die Rubrik *Interkulturelles* wirft mögliche weiterführende interkulturelle Fragestellungen auf, die den Unterricht dahingehend bereichern können. Auf den Aussprache-Seiten finden Sie Vorschläge für zusätzliche Übungen und Hinweise auf besondere Schwierigkeiten verschiedener Lerner. Um die Lernenden langfristig zu autonomen Lernern zu machen, finden Sie zu den Lernwortschatzseiten *Lernstrategie-Tipps*.

Kopiervorlagen

Interaktionsaufgaben, Brettspielvorlagen, erweiternde grammatische und kommunikative Übungen und Sprachspiele auf den Kopiervorlagen ab Seite 128 bieten zusätzlich Abwechslung und Vertiefung im Unterricht.

Tests

Zu jeder Lektion gibt es ab Seite 138 einen Test, mit dem Sie sich einen Überblick über den Spracherwerbsstand der Lernenden verschaffen können. Die Kategorien Wortschatz, Grammatik und Kommunikation (Redemittel) fragen gezielt das Gelernte der jeweiligen Lektion ab.

Das Methodenglossar

In den methodisch-didaktischen Hinweisen finden Sie immer wieder Anregungen, Ihren Unterricht mithilfe verschiedener *Methoden* interessant und lerntypenspezifisch durchzuführen. Ab Seite 150 sind alle vorgeschlagenen Methoden alphabetisch zusammengefasst und noch einmal genau beschrieben. In den Lektionen erhalten Sie nur beim ersten Vorstellen einer Methode eine genaue Anleitung, ansonsten erfolgt der Verweis auf das Glossar (**Glossar → S. 150–157**).

Anhang

Hier finden Sie die Transkriptionen der Hörtexte des Kursbuches und der DVDs sowie die Lösungen zu den Tests.

> Die Lösungen zu den Übungen im Arbeitsbuch sowie die Transkripte der Hörtexte des Arbeitsbuches finden Sie und Ihre Lernenden im Internetservice unter www.hueber.de/sicher.

KONZEPTION

KONZEPTION DES LEHRWERKS Sicher! B2

1 Rahmenbedingungen

Das Lehrwerk *Sicher!* richtet sich an Lernende weltweit. Es ist speziell konzipiert für fortgeschrittene Lernende, die mit auf ihre Bedürfnisse abgestimmten Materialien arbeiten möchten, um ihre persönlichen oder beruflichen Ziele zu erreichen. *Sicher!* eignet sich für Teilnehmende in Kursen, die
- Anschluss auf dem Arbeitsmarkt in Deutschland, Österreich oder der Schweiz suchen.
- sich auf eine Tätigkeit in einer deutschsprachigen Firma im Heimatland vorbereiten.
- ein Studium oder eine Weiterbildung mit unterschiedlicher fachlicher Ausrichtung anstreben.
- aus Freude oder als Freizeitbeschäftigung Deutsch lernen.

Sprachniveau des Kurses

Sicher! B2 ist der zweite Band eines umfassenden dreibändigen Unterrichtsprogramms für Fortgeschrittene in den Kursstufen B1+, B2 und C1. Es eignet sich als kurstragendes Lehrwerk für unterschiedlich strukturierte Kurse, d.h. für Intensivkurse, Semi-Intensivkurse und Extensivkurse. Der Vollband sowie die beiden Halbbände B2 bieten eine flexible Einsatzmöglichkeit in verschieden strukturierten Kursen. In Institutionen, in denen B2-Kurse in mehr als zwei Stufen unterteilt sind, können die Bände nach eigenen Bedürfnissen eingeteilt werden.

Nach erfolgreichem Durcharbeiten des Bandes *Sicher! B2* erwerben Teilnehmende die Fähigkeit, die Sprache selbstständig zu verwenden. Sie können sich so spontan und fließend verständigen, dass ein normales Gespräch mit Muttersprachlern ohne größere Anstrengung auf beiden Seiten gut möglich ist.

Sicher! B2 stellt mit 12 Lektionen Material für mindestens 120 und maximal 180 Unterrichtseinheiten bereit. Damit lassen sich 10 bis 15 Unterrichtseinheiten (à 45 Minuten) pro Lektion durchführen. Die konzeptionelle Grundlage liefert der *Gemeinsame Europäische Referenzrahmen für Sprachen (GER)* sowie das *Europäische Sprachenportfolio*. Außerdem wurde bei der Planung des Grammatik- und Wortschatzprogramms das Curriculum für die Deutschkurse des *Goethe-Instituts* in Deutschland zugrunde gelegt.

Sicher!-Bände und Gemeinsamer Europäischer Referenzrahmen

Sicher!	Einstiegsvoraussetzung	Ziel	Zertifikate
B1+	Vorkenntnisse auf Niveau B1.1 Besonders geeignet für Lernende, a) die erstmals in einen Kurs einsteigen, oder b) die Wiederholungsbedarf haben.	Abschluss des B1-Niveaus Einstieg ins B2-Niveau	*Goethe-Zertifikat B1* *ÖSD-Zertifikat B1* *Zertifikat Deutsch*
B2	Vorkenntnisse auf Niveau B1 Besonders geeignet für Lernende, die sich auf ein Studium in Deutschland vorbereiten.	Abschluss des B2-Niveaus Einstieg ins C1-Niveau	*Goethe-Zertifikat B2* *ÖSD-Mittelstufe* *TESTDAF TDN 3* *telc Deutsch B2*
C1	Vorkenntnisse auf Niveau B2 Besonders geeignet für Lernende, die sich auf ein Studium in Deutschland vorbereiten.	Abschluss des C1-Niveaus Einstieg ins C2-Niveau	*Goethe-Zertifikat C1* *ÖSD-Oberstufe* *TESTDAF TDN 4* *telc Deutsch C1*

Kursleitung

Sicher! eignet sich auch für Lehrkräfte, die erste Erfahrungen im Fortgeschrittenenunterricht sammeln. Eine hilfreiche Orientierung für Kursleitende ist der auf jeder Seite vorgegebene Stundenaufbau. Zusammen mit den Hinweisen zu passenden Übungen im Arbeitsbuch ist jede Unterrichtseinheit bereits vorstrukturiert. Mit relativ wenig Vorbereitungsaufwand wird so eine hohe Effizienz für die Teilnehmenden erzielt. Die positive Folge dieser Vorstrukturierung: Die Kursleitenden können sich im Unterricht verstärkt den Lernenden zuwenden und werden so zu Lernberatern. Der Schwerpunkt ihrer Arbeit liegt in der Unterstützung des Lernprozesses durch Steuerung des Unterrichtsgeschehens.

Kursplanung

Sicher! B2 ist ein flexibles Lehrwerk im Baukastensystem. Es ermöglicht Kursleitenden, gemeinsam mit den Teilnehmenden ein individuell auf ihre Bedürfnisse abgestimmtes Lernprogramm zusammenzustellen. Dabei können Schwerpunkte gesetzt und einzelne Seiten auch weggelassen werden. Kurs- und Arbeitsbuch können aber selbstverständlich auch Seite für Seite durchgearbeitet werden.

Nach einer Lernzielanalyse für die Kursteilnehmenden am ersten Kurstag nimmt die/der Kursleitende eine Grobplanung für das Programm dieses speziellen Kurses vor. Zur Bewusstmachung des jeweils zweckmäßigen Lernprogramms dient die Inhaltsübersicht über das Kursprogramm am Anfang des Buches, S. IV ff. Die Auswahl der Lerninhalte geschieht im Normalfall im Hinblick auf die angebotenen Fertigkeiten. Im Verlauf des Kurses erfolgt eine Feinplanung in Form von Wochen- bzw. Semesterplänen. Wenn die/der Kursleitende diese Pläne im Klassenraum aufhängt oder den Teilnehmenden austeilt, führt dies zu mehr Transparenz der Unterrichtsinhalte und hilft bei der Reflexion des Lernfortschritts.

Unterrichtspläne

Bei der Feinplanung jeder Lektion und jeder Unterrichtseinheit können den Kursleitenden die Unterrichtspläne helfen, die sich kostenlos im Internet unter www.hueber.de/sicher, Stichwort „Unterrichten" finden lassen. Kleinschrittig sind darin neben den Lösungen der Kursbuch-Aufgaben auch in Kurzform der Ablauf der Unterrichtseinheiten sowie geeignete Sozialformen und benötigtes Material für jeden Schritt dargelegt.

2 Methodisch-didaktischer Ansatz

Das Lehrwerk greift fünf Grundgedanken auf:
- Lernerautonomie
- Soziales Lernen und Binnendifferenzierung
- Zyklisches Lernen
- Handlungsorientierung
- Textsorten mit Realitätsbezug

Lernerautonomie

Das Lehrwerk ist lernerzentriert. Das bedeutet, die Aktivität im Unterrichtsgeschehen wird so weit wie möglich auf die Lernenden selbst verlagert. Die Teilnehmenden werden schrittweise dahin geführt, die Verantwortung für ihr eigenes Lernen zu übernehmen.

Vor allem die Übungen des Arbeitsbuches sind auf eigenständiges Arbeiten der Teilnehmenden angelegt. Aber auch im Kursbuch ermöglichen es die Übungen, sich den Lernstoff induktiv zu erarbeiten und aktiv am Unterrichtsgeschehen mitzuwirken. Das Abwechseln verschiedener Übungstypen trägt dazu bei, den verschiedenen Begabungen und Interessen der Teilnehmenden eines Kurses Rechnung zu tragen. So findet der visuelle Lernertyp alle wichtigen sprachlichen Strukturen in Übersichten visualisiert, der kognitive Lernertyp grammatische Regeln in Sätzen ausformuliert. Für kreative Lernende gibt es Rollenspiele oder sie können beispielsweise Quizfragen erstellen. Haptische Lernertypen können Rollenkärtchen erstellen oder Bewegungsübungen machen, kommunikative Lerner können mit Lernpartnern zusammenarbeiten.

Soziales Lernen und Binnendifferenzierung

Das Lernen voneinander hat einen hohen Stellenwert. Daher spielen Partner- und Gruppenarbeit als Sozialformen des Unterrichts eine zentrale Rolle. Das Angebot an Unterrichtsprojekten sowie Diskussions- und Sprechanlässe sollen einen authentischen Erfahrungsaustausch zwischen den Teilnehmenden anregen und vertiefen. Besonders in multikulturell zusammengesetzten Kursen ermöglichen Aufgaben zum Vorwissen der Lernenden einen Erfahrungsaustausch, der über das Lernen von sprachlichen Strukturen hinausgeht. Die Aufgaben im Kursbuch sind in der Regel so angelegt, dass die Teilnehmenden ihr Vorwissen aus unterschiedlichen biografischen wie auch kulturellen Hintergründen einbringen können. Kooperative Lernformen, in denen die Teilnehmenden als Kursgemeinschaft aktiv werden, ermöglichen Erfolgserlebnisse, die sich positiv auf die Motivation auswirken. Rollenspiele und Unterrichtsprojekte sorgen auch für Lebendigkeit des Unterrichts und eine positive Gruppendynamik. Beispiele dafür sind das Rollenspiel „Auf der Messe" in Lektion 2 (S. 27), das Projekt „Meldungen aus Nachrichten präsentieren" in Lektion 3 (S. 50) oder die Projektarbeit in Lektion 8 (S. 116). Die Projekte sind so ausgewählt, dass sie sowohl an einem Kursort in einem deutschsprachigen Land als auch im Heimatland durchführbar sind.

Der häufige Einsatz von Partner- und Gruppenarbeit wirkt auch binnendifferenzierend. Jede soziale Einheit arbeitet im eigenen Tempo und auf eigenem Niveau. Damit wird es möglich, die Über- oder Unterforderung einzelner Teilnehmender zu reduzieren. In derselben Weise wirkt binnendifferenzierend, in welchem Umfang die Arbeitsbuchaufgaben hinzugezogen werden. Ein weiteres Element der Binnendifferenzierung sind die interaktiven Übungen im Internet, auf die im Arbeitsbuch jeweils hingewiesen wird. Sie ermöglichen individuell unterschiedlich intensive Übungs- und Vertiefungsphasen. Sie finden die Übungen unter www.hueber.de/sicher, vgl. Punkt 3.2.

Zyklisches Lernen

Da viele Strukturen bei den Fortgeschrittenen bereits bekannt sind, geht es darum, bei der Verwendung dieser Strukturen mehr Sicherheit zu bekommen und weitere Einzelheiten dazu kennenzulernen. Zyklisches Lernen ist daher für das Grammatikprogramm kennzeichnend. Es verbindet Bekanntes mit Neuem, sodass Lernende ihre Kenntnisse systematisch auf- und ausbauen können. Ein Beispiel dafür ist die Erweiterung der Passivverwendung in Lektion 2, das heißt die Unterscheidung in Vorgangs- und Zustandspassiv sowie *von* und *durch* als agens in Passivsätzen. In Lektion 10 lernen die Teilnehmer dann die Passiversatzformen kennen.

Handlungsorientierung

Unterrichtsgegenstand ist in der Regel eine Zielaktivität, die im realen Leben gebraucht wird wie zum Beispiel „etwas bewerten" oder „eine Empfehlung aussprechen". Das Training aller Fertigkeiten ist grundsätzlich eingebettet in realistische Situationen und Anlässe. Das Grammatikprogramm (z.B. Futur II) orientiert sich daran, welche Phänomene in welcher Realsituation gebraucht werden (z.B. Vermutungen über die Vergangenheit formulieren).

Textsorten mit Realitätsbezug

Das Lehrwerk bietet eine große Zahl von verschiedenen Textsorten an. Auswahlprinzip war einerseits die Relevanz, d.h. es werden solche Textsorten angeboten, die für die Teilnehmenden eine Rolle in ihrem eigenen Leben spielen oder spielen werden. Ein weiteres Auswahlkriterium war ihr Schwierigkeitsgrad im Verhältnis zum sprachlichen Können der Lernenden auf der Stufe B2. Charakteristisch für die Themenauswahl sind Aktualität und Authentizität. Vor allem die moderne Medienwelt ist in der Auswahl an Sprech-und Schreibanlässen sowie Lese- und Hörtexten vertreten. In dem breiten Spektrum an Textsorten kommen daher Blogs, Einträge in sozialen Netzwerken, E-Mails und Ähnliches vor. Zentrales Lernziel ist der bewusste Umgang mit diesen Textsorten und deren spezifischen Merkmalen, vgl. in Lektion 3 die E-Mail zu den Vor- und Nachteilen eines E-Books als Geschenk (S. 41) und der darauffolgende Zeitungsartikel zum Leseverhalten der Jugend (S. 42/43) sowie die Erarbeitung des Roman-Auszugs in Lektion 7 (S. 96).

3 Komponenten des Lehrwerks

Das Lehrwerk *Sicher! B2* bietet ein umfangreiches Angebot an Materialien und Medien für Teilnehmende und für Lehrkräfte. Zu den Basisbestandteilen gehören:
- das **Kursbuch**
- das **Arbeitsbuch** mit integrierter Audio-CD zu den vertiefenden und weiterführenden Übungen, insbesondere zum Aussprachetraining. Die CD enthält außerdem die Lernwortschatz-Seite, die nach Bedarf erweitert werden kann. Im Vollband B2 wird die Nummerierung der Tracks fortlaufend angegeben, d. h., der erste Track der Lektion 7 trägt die Nummer 41. Die Track-Nummerierungen des Vollbandes werden in den methodisch-didaktischen Hinweisen jeweils kursiv angegeben.
- das **Medienpaket** mit zwei Audio-CDs und zwei Film-DVDs: Hier finden sich die Hörtexte und Filme des Kursbuches, die im Unterricht bearbeitet werden.

Über diese Materialien hinaus finden Sie unter 3.3 zahlreiche ergänzende Produkte für einen abwechslungsreichen Unterricht und das selbstständige Weiterlernen zu Hause.

3.1 Kursbuch

Das Kursbuch *Sicher! B2* ist insgesamt in zwölf Lektionen unterteilt. Die einzelnen Lektionen haben einen thematischen Rahmen und jede Lektion richtet den Fokus hauptsächlich auf einen der Bereiche Alltag, Beruf, Studium und Ausbildung.

a) Aufbau der Kursbuchlektionen

Das Programm einer Lektion ist so gegliedert, dass ein inhaltlich kohärenter, vom Schwierigkeitsgrad ansteigender Ablauf entsteht. Der chronologische Lektionsaufbau ist im Inhaltsverzeichnis auf Seite III nachvollziehbar. Der Aufbau einer Lektion variiert, um im Kursverlauf genügend Spannung und Abwechslung aufrechtzuerhalten. Mal beginnt eine Lektion mit Sprechen (Lektion 1 und 2), mal mit Lesen (Lektion 8 und 11), mal mit Hören (Lektion 12) oder auch mit Sehen und Hören (Lektion 3). Sind mehrere Texte zum Lesen oder Hören bzw. mehrere Schreib- und Sprechanlässe vorhanden, sind diese durchnummeriert (z.B. Lesen 1).

b) Bausteine

Jede Lektion setzt sich aus denselben Bausteinen zusammen: Einstiegsseite, Hören, Lesen, Sprechen, Schreiben, Wortschatz, Sehen und Hören sowie je eine Grammatik-Übersichtsseite. Jeder Baustein umfasst eine oder mehrere komplette Seiten. Diese sind durch Signalfarben erkennbar. Jeweils die Kopfzeile zeigt an, um welche Fertigkeit es geht. Das erleichtert einen flexiblen Einsatz. Wer beispielsweise in Lektion 8 gern Sprechen 1 durcharbeiten möchte, muss nicht unbedingt vorher die Bausteine Lesen 1 und Hören bearbeiten. Man kann das Buch Seite für Seite durcharbeiten, doch lässt sich auch mit einem selektiven Vorgehen ein individuelles Kursprogramm gestalten.

Einstieg und Übersichtsseite

Jede Lektion beginnt mit einem Foto als Sprech- oder Schreibanlass. Dabei ergeben sich meist verschiedene Deutungen des Bildes (z.B. *Sicher! B2*, Lektion 10, S. 133). Diese Vieldeutigkeit ist gewollt, denn auf diese Weise entstehen interessante und immer wieder aktuelle Sprechanlässe. Zugleich ermöglichen die Einstiegsseiten eine Aktivierung des bei den Lernenden vorhandenen Vorwissens. Lernziele und Aufgaben der Einstiegsseiten wechseln je nach Thema. Auf der letzten Seite jeder Lektion ist der gesamte Grammatikstoff, der auf den vorangegangenen Lektionsseiten induktiv entwickelt wurde, in Übersichtsform zusammengefasst. Diese Seiten geben den Teilnehmenden die Möglichkeit, sich zu jeder Zeit noch einmal einen Überblick über gelernte Strukturen zu verschaffen. Die Grammatikübersicht hilft, Zusammenhänge zu begreifen und zu behalten.

Seiten zu den Fertigkeiten

Der Hauptteil jeder Lektion ist dem Training der rezeptiven und produktiven Fertigkeiten gewidmet. Spezifische Merkmale der Rezeption sind Gegenstand von Aufgaben und Übungen, in denen zum Beispiel die jeweils vorliegende Textsorte (z.B. Zeitungsmeldung) reflektiert wird. Diese Textsortenorientierung wird zum Dreh- und Angelpunkt des Strategielernens, denn Textsorten legen oft bestimmte Rezeptionsstile nahe. So lesen wir in der Realität manche Texte Wort für Wort, andere dagegen überfliegen wir. Rezeptionsstile und -strategien werden ausführlich geübt.

Auf den Seiten Lesen trainieren die Teilnehmenden verschiedene Lesestile. Geübt wird neben dem traditionellen „totalen" Lesen auch das suchende und das orientierende oder überfliegende Lesen. Die Teilnehmenden lernen, eine Unterscheidung zwischen Wesentlichem und Unwesentlichem, zwischen Information und Meinung vorzunehmen. Und sie üben, unbekannten Wortschatz aus dem Kontext oder aus bereits bekannten Wörtern zu erschließen. Sie eignen sich außerdem an, wie man einfache Signale wie z.B. Überschrift, Layout und begleitendes Bildmaterial als Lesehilfe einsetzen kann.

Ähnliches gilt für die Seiten Hören. Die Präsentation der Hörtexte im Unterricht erfolgt in der Regel in Abschnitten. Das bedeutet, der Text wird langsam „enthüllt". Durch diese Parzellierung reduziert sich die Textmenge auf eine für die Lernenden verarbeitbare Menge. Ein Nebeneffekt dieses Vorgehens ist, dass die Aufmerksamkeit der Zuhörer bis zum Textende erhalten bleibt. Die Hörtexte werden im Kurs in der Regel mindestens zweimal gehört. Wird ein Hörtext beim ersten Hören im Ganzen präsentiert, dann geht es dabei zunächst um eine erste Orientierung. Eine behutsame Vorentlastung ist besonders wichtig. Die Aufgaben vor dem Hören dienen dazu, die Aufmerksamkeit auf den kommenden Text zu richten und bereits vorhandenes Vorwissen zu aktivieren. Die Aufgaben nach dem Hören sollen den Teilnehmenden Transfermöglichkeiten anbieten. So werden sie zum Beispiel gebeten, die angesprochene Thematik auf den eigenen Kontext zu übertragen oder Stellung zu dem Gehörten zu nehmen.

Der Baustein Hör-Seh-Verstehen erweitert das Angebot an authentischen Hörmaterialien. Das Lernziel der Unterrichtseinheit liegt meistens weniger beim Hörverstehen als beim Sprechen in Form eines Spekulierens über den Film. Da es sich um authentisches Material handelt, ist die Anforderung an die Hörleistung jeweils relativ hoch.

Sicher! B2 reserviert zwei bis fünf Kursbuchseiten pro Lektion für das Training von Schreiben und Sprechen. Schreib- und Sprechtraining sind handlungsorientiert und alltagsbezogen. Im Schreibtraining werden die aktuellen Formen der elektronischen Kommunikation geübt. Der soziokulturellen Kompetenz kommt dabei besondere Bedeutung zu. Dabei geht es um Register und Formen der Höflichkeit. Realitätsnahe Schreibanlässe sind beispielsweise:
- Grußkarten verfassen (Lektion 1, S. 22)
- einen Leserbrief zum Thema „Höflichkeit" schreiben (Lektion 2, S. 32)
- auf eine private E-Mail zu Geschenkvorschlägen antworten (Lektion 3, S. 41)
- ein Motivationsschreiben verfassen (Lektion 9, S. 126)
- einen Text zusammenfassen (Lektion 10, S. 140)

Wie bei den rezeptiven Fertigkeiten ist die Vorgehensweise auch beim Schreibtraining dreischrittig. Vor dem eigentlichen Schreiben entlasten Aufgaben diesen Prozess thematisch. Die Aufgabentypen zum Schreiben unterscheiden sich durch verschiedene Grade der Steuerung. Dabei gilt: Je freier die Aufgabe, umso größer die von den Teilnehmenden verlangte Leistung im Hinblick auf Planung und Textaufbau. Nach dem Schreiben werden die Teilnehmenden angeleitet, ihre eigenen Texte kritisch zu prüfen und selbst mithilfe von Check-Listen auf Fehlersuche zu gehen (vgl. *Sicher! B2*, Kursbuch, S. 140).

Im Mittelpunkt des Sprechtrainings steht der Erwerb von Redemitteln. Mit der Vorgabe von typischen Redemitteln wird die Verbesserung der Sprechfertigkeit gesteuert. Auf diese Weise lernen die Teilnehmenden portionsweise neue, sprechübliche Ausdrucksweisen in unterschiedlichen Interaktionssituationen kennen, wie z.B. „am Arbeitsplatz telefonieren" (Lektion 2, S. 37), „jemanden in Stilfragen beraten" (Lektion 5, S. 70) oder „Beschwerden beschreiben" (Lektion 11, S. 149). Außerdem wird auch das Sprechen zu einem Publikum in Form von kleineren Präsentationen geübt, etwa zum Thema „über ungewöhnliche Freundschaften sprechen" (Lektion 1, S. 21) oder die Präsentation eines Projekts (Lektion 8, S. 116). Redemittel werden in der Regel als Auswahl angeboten. Die immer noch beachtliche Leistung der Teilnehmenden besteht darin, diese für die jeweilige Intention auszuwählen und für eigene Ziele anzuwenden. Am Ende des Arbeitsbuches (bei den Halbbänden) bzw. des Kursbuches (im Vollband) werden alle Redemittel noch einmal im Überblick aufgelistet. Zur Verbesserung der Sprechfertigkeit gehört auch das Aussprachetraining im Arbeitsbuch (siehe S. 12).

Filmseite (Sehen und Hören)
Diese besonders motivierende Ergänzung des Fertigkeitentrainings steht in der Regel am Ende der Lektion. Trainiert wird das Hör-Seh-Verstehen. Als Material dienen kurze Filme verschiedener Genres sowie Foto-Reportagen. Bei der Foto-Reportage handelt es sich um eine Serie von durchlaufenden Bildern mit dazugehörigem Text. Ähnlich wie Unterrichtsprojekte oder Quizfragen soll die Arbeit mit den Filmen die Lernmotivation stärken. Aufgrund der Kürze der Filme, sie sind zwischen drei und zehn Minuten lang, lassen sich diese Filme gut in einer Unterrichtseinheit bearbeiten. Sie finden sich auf den DVDs des Medienpakets.

Wortschatzseite
Bei fortgeschrittenen Teilnehmenden liegt der passive Wortschatz meist weit über dem aktiven. Der Ausbau der aktiven Ausdrucksfähigkeit ist deshalb ein wichtiges Lernziel. Ausgangspunkt für das Wortschatztraining ist die Frage: Welche Wörter brauchen Teilnehmende für eine bestimmte Sprachhandlung, wie z.B. Statistiken in Worte fassen (S. 94), über Arzneimittel sprechen (S. 148) oder Varianten deutscher Wörter in A-CH verstehen und anwenden (S. 163). Im Mittelpunkt steht die Erarbeitung von Wortfamilien und -feldern und von Variationsmöglichkeiten im Ausdruck. Methodisch geht es bei fortgeschrittenen Lernenden immer um das Reaktivieren und das gezielte Erweitern bekannten Wortschatzes. Nur so ist es möglich, das unterschiedliche Wissen, das die Teilnehmenden mitbringen, auf eine gemeinsame Ebene zu heben. Erlernt werden thematisch relevante Wörter und Wortfelder, z.B. zu den Themen Beziehungs- und Lebensformen sowie Statistiken (S. 94), wichtige Wörter an der Universität (S. 120) oder zu Dienstleistungen (S. 134), aber auch Wortbildungsregeln wie die Nominalisierung von Verben (S. 110). Diese werden noch einmal unabhängig von den spezifischen Rezeptionstexten erarbeitet und vertieft.

Das Grammatiktraining ist integriert in die Seiten zum Lesen, Hören, Sprechen, Schreiben, Wortschatz sowie Sehen und Hören. Es ist gekoppelt an den Ausbau der kommunikativen Kompetenz. Es wurden relevante Grammatikthemen, die in der mündlichen und schriftlichen Alltagskommunikation eine zentrale Rolle spielen, ins Lernprogramm von *Sicher! B2* aufgenommen. Teilweise sind die Phänomene in ihrer Basisstruktur bereits bekannt, müssen jedoch für einen sicheren Umgang wiederholt, vertieft und ausgebaut werden, wie z.B. Stellung von Angaben und Ergänzungen im Mittelfeld (Lektion 1), *dass*-Sätze und ihre Entsprechungen (Lektion 2), konzessive Zusammenhänge (Lektion 8), Alternativen zum Passiv (Lektion 10) oder erweitertes Partizip (Lektion 12). Die zu erlernende Struktur wird aus dem Sprachmaterial des Textes oder des Redemittels gewonnen, als Struktur erkannt, hinsichtlich Bildungsregeln oder Position im Satz systematisiert und anschließend anhand weiterer Beispiele angewendet. Wo immer möglich, formulieren die Lernenden selbst die Regeln. Das selbstständige Finden und Formulieren von Regeln vertieft das Verständnis. Aufgabe der Kursleitenden ist es, die Regelfindung zu begleiten und gegebenenfalls zu korrigieren. Aufgegriffen und systematisch ausgebaut werden Wortbildungsregeln, z.B. zu Nachsilben bei Nomen (Lektion 1), Vorsilben bei nominalisierten Verben (Lektion 2), Nachsilben bei Adjektiven (Lektion 3), Partizip 1 als Adjektiv (Lektion 12) oder das Partizip als Nomen (Lektion 12). Eine Vertrautheit mit der Derivation (= Ableitung) und Komposition (= Zusammensetzung) von neuen Wörtern aus bekannten Teilen trägt entscheidend zum selbstständigen Umgang mit unbekanntem Wortschatz in Texten bei.

c) Aufbau der Lektionsseite
In geringfügiger Variation hat jede Seite folgende Struktur:
- Vorentlastung
- Präsentation des Textes, der Situation oder des Schreibanlasses
- Aufgaben zu Textverstehen, Textproduktion, Wortschatz etc.
- gegebenenfalls Aufgaben zur Grammatik
- Ausblick bzw. Transfer
- Lernziele

Lerntipps
Zur systematischen Verbesserung der Lerntechniken gibt es auf den Kursbuchseiten bei den Fertigkeiten die Rubrik Lerntipps. Sie sind durch ein Symbol gekennzeichnet. Bei den Lesetexten geht es dabei beispielsweise um die adäquate Herangehensweise an verschiedene Textsorten. Dieses Trainingsprogramm zur Organisation des Lernens versetzt die Teilnehmenden in die Lage, sich bestimmte Techniken zur Bearbeitung von Aufgaben bewusst zu machen.

Landeskunde
Landeskundliche Informationen über die deutschsprachigen Länder, also Deutschland, Österreich, Schweiz und Liechtenstein, sind unter *Wussten Sie schon?* eingestreut.

Lernziel
Die Lernziele jeder Seite sind jeweils am Ende als *Ich kann jetzt ...*-Aussage aufgeführt und damit für Kursleitende und Teilnehmende transparent. Durch Ankreuzen können die Lernenden bestimmen, ob sie diese Ziele für sich als erreicht einstufen. Durch diese systematische Reflexion wird Seite für Seite die Lernerautonomie gefördert.

d) Anhang
Im Vollband finden Sie am Ende des Kursbuches eine Zusammenstellung aller in den Lektionen gelernten Redemittel.

3.2 Arbeitsbuch

Das Arbeitsbuch *Sicher! B2* enthält zu jeder der Lektionen des Kursbuches circa 24 Übungen, die im Unterricht oder als Selbstlernmaterial im Anschluss an den Unterricht zu bearbeiten sind. Bis auf wenige Ausnahmen lassen sich die Übungen ohne Moderation durch die Kursleitung lösen. Die Lektionen haben jeweils denselben thematischen Rahmen wie das Kursbuch, greifen bestimmte landeskundliche Aspekte auf und vertiefen sie. Als Erweiterung des Kursbuchangebotes enthält das Arbeitsbuch pro Lektion ein Set von Ausspracheübungen.

a) Aufbau der Arbeitsbuchlektionen
Die Übungen im Arbeitsbuch spiegeln weitgehend den Aufbau der Kursbuchlektion. Eine Wortschatz-Wiederholungsübung eröffnet die Lektion, eine Lernwortschatzseite und ein Lektionstest beschließen sie.
Im Haupt- bzw. Mittelteil der Arbeitsbuchlektionen bereiten die Übungen den Stoff des Kursbuches nach, festigen und vertiefen ihn.

b) Bausteine
Jede Lektion setzt sich aus den folgenden Bausteinen zusammen: Wiederholung Wortschatz, Lesen, Hören, Schreiben, Wortschatz, Kommunikation (Redemittel), Wiederholung Grammatik (wo möglich), Grammatik entdecken, Grammatik, Landeskunde, Spiel, Filmtipp, Mein Dossier, Aussprachetraining, Lernwortschatz, Lektionstest. Manche Bausteine kommen auch kombiniert vor, z.B. Filmtipp/ Lesen.

Die rechtsgestellten Angaben neben den Aufgabentiteln (Grammatik, Wortschatz, Lesen etc.) erläutern das Lernziel der Aufgabe und erleichtern die Auswahl. Zur effizienten Navigation sind alle Übungen im Arbeitsbuch außerdem mit einem farbigen Verweis versehen, zu welcher Stelle im Kursbuch sie passen: z.B. zu Wortschatz S. 111, Ü3. Im Kursbuch findet sich ein entsprechender Hinweis, dass es im Arbeitsbuch eine Übung dazu gibt: → AB 129/Ü14.

Seiten zu den Fertigkeiten, Landeskunde
Aufgaben zu den Lesestrategien, zu Transkriptauszügen der Hörtexte, zusätzliche Hörtexte zum Lektionsthema, Aufgaben zu den Redemitteln (gekennzeichnet durch „Kommunikation") und zum Ausbau der Schreibfertigkeit bilden die Basis für das Fertigkeitentraining. Zusätzliche Lese- und Hörtexte erweitern das Angebot an aktueller Landeskunde. Auf der eingelegten Arbeitsbuch-CD finden sich die zusätzlichen Hörtexte. Im Buch sind sie jeweils mit einem CD-Symbol gekennzeichnet.

Grammatik, Wortschatz
Das Grammatiktraining im Arbeitsbuch lässt sich zur Vertiefung und Erweiterung einzelner Aspekte einsetzen. Grammatikthemen, die im Kursbuch präsentiert wurden, werden hier kleinschrittig geübt. Die Bausteine *Wiederholung Grammatik* und *Grammatik entdecken* strukturieren dabei den Lernprozess. Das eingebaute Wiederholungsprogramm greift schon Bekanntes aus der B1-Stufe auf und baut den neuen Stoff der Stufe B2 darauf auf. Besonders in heterogen zusammengesetzten Klassen ermöglicht das didaktische Element einer Wiederholung, Teilnehmende dort „abzuholen", wo sie stehen. Der Übungstyp Grammatik entdecken aktiviert das selbstentdeckende Lernen bei den Teilnehmenden.
Das Wiederholungsprinzip, Neues in Bekanntes einzubauen, gilt auch für die Wortschatzübungen und Wiederholungen. Authentische bzw. semi-authentische Texte dienen als Basis für Lückentexte und Zuordnungsübungen.

Interaktive Übungen zum Arbeitsbuch im Internet
Fester Bestandteil des Arbeitsbuches sind die Verweise auf zusätzliche Übungen, die Teilnehmende online im Internet machen können. Dort finden sich unter www.hueber.de/sicher zahlreiche interaktive Übungen, in denen der neu gelernte Wortschatz und die Grammatik geübt und eingeschliffen werden. Lernende bekommen bei diesen Übungen automatisch Rückmeldung, ob sie die Aufgabe richtig gelöst haben.

Filmtipp, Spiele
Da an zahlreichen Kursorten die Möglichkeit besteht, Filme in einer Mediothek auszuleihen oder im Rahmenprogramm des Kurses zu zeigen, weist das Arbeitsbuch in separaten Filmtipps auf zum Lektionsthema passende deutschsprachige Spielfilme hin. Diese Filmtipps sind als Leseverstehensaufgaben aufbereitet.

Mein Dossier
Diese Arbeitsbuchaufgabe geht vom Konzept eines Dossiers im Sprachenportfolio aus. Hier haben Teilnehmende einen Ort für kreative Aufgaben, die eine lernerbezogene Textproduktion anregen. Stellenweise werden eigene Fotos oder Texte in die Aufgabe integriert, sodass die Lebens- und Erfahrungswelt der Teilnehmenden berücksichtigt wird.

Aussprachetraining
Am Ende jeder Arbeitsbuchlektion finden sich Übungen zur Verbesserung der Aussprache. Dabei geht es schwerpunktmäßig um die Bereiche der Aussprache und Intonation, die für Lernende aus allen Ausgangssprachen schwierig sind.

Lernwortschatz der Lektion
Eine Seite mit Lernwortschatz rundet jede Lektion ab. Darauf findet sich eine Auswahl derjenigen Wörter aus der Lektion, die für die Spracherwerbsstufe B2 relevant sind und die die Teilnehmenden in jedem Falle passiv, möglichst sogar aktiv beherrschen sollten. Diese Vorgabe des relevanten Wortschatzes jeder Lektion macht das Lernpensum transparent. Die Entscheidung, welche Wörter zu diesem Niveau gehören, wurde auf der Basis des Wortschatzes der Stufe B2 aus Profile Deutsch getroffen. Bei der Auswahl wurde darauf geachtet, dass die Anzahl der Einträge im Bereich des Lern- bzw. Behaltbaren bleibt. Die Wörter sind den Seiten im Kursbuch zugeordnet. Der hier aufgeführte Wortschatz ist Grundlage für die Wortschatz- und Grammatikübungen im Arbeitsbuch. Auf der eingelegten Arbeitsbuch-CD finden die Teilnehmenden die Wortschatzlisten wieder. Sie können sie dort beliebig bearbeiten und ergänzen. So haben die Teilnehmenden die Möglichkeit, sich ihren individuellen Lernwortschatz, z.B. auch mit Beispieleinträgen aus dem Kursbuch, zusammenzustellen.

Lektionstest
Auf der letzten Arbeitsbuchseite in den Lektionen gibt es einen Lektionstest. Er bietet den Lernenden die Möglichkeit, den eigenen Lernprozess und individuellen Lernfortschritt einzuschätzen und zu überprüfen, ob sie das Pensum der Lektion bewältigt haben. Die Kategorien Wortschatz, Grammatik und Kommunikation (Redemittel) helfen, über die Lektionen hinweg die einzelnen Bereiche sprachlichen Könnens und Wissens zu beobachten. Die Aufgaben haben immer eine eindeutige Lösung und unterstreichen mit der Möglichkeit der eigenen Auswertung (Lösungen im Anhang) die Autonomie der Lernenden.

c) Anhang
Im Anhang der zwei Halbbände finden die Lernenden eine Zusammenstellung aller in den Lektionen gelernten Redemittel. Wie die Grammatikübersicht am Ende jeder Kursbuchlektion und die Lernwortschatzseite im Arbeitsbuch hilft die Liste der Redemittel, die Übersicht über das Gelernte zu behalten. Danach folgen die Lösungen zu den Lektionstests. Die Lösungen zu den Arbeitsbuchlektionen können unter www.hueber.de/sicher abgerufen werden.

3.3 Weitere Unterrichtsmaterialien zu *Sicher! B2*
Zur Unterstützung Ihres Unterrichts, für medienaffine Lehrende und Lernende sowie für das selbstständige Weiterlernen der Lernenden gibt es ein breites, fakultatives Zusatzangebot zu *Sicher! B2*:

Das Digitale Unterrichtspaket
Diese Anwendung bietet Ihnen Materialien zur Unterrichtsvorbereitung und enthält das komplett digitalisierte Kursbuch zur Nutzung am interaktiven Whiteboard. Eine umfangreiche Medienbibliothek mit den Bildern, Audios, Videos und Kopiervorlagen zum Lehrwerk ist enthalten.

Der Lehrwerkservice im Internet
Der Lehrwerkservice im Internet ist größtenteils kostenfrei. Die Seiten dort sind gegliedert in solche für Lehrende und für Lernende.
Unter www.hueber.de/sicher unter dem Stichwort „Unterrichten" erhalten Lehrende
- didaktisierte und immer aktuelle Lesetexte (Sicher! – Ihr @ktueller Unterrichtsservice),
- die Audio-Dateien zu Kurs- und Arbeitsbuch als MP3-Daten,
- Grammatikübersichten,
- Anregungen zu Internetrecherchen,
- die Konzeptbeschreibung,
- die Lösungen zu den Übungen in Kurs- und Arbeitsbuch,
- eine Übersicht über prüfungsvorbereitende Aufgaben,
- die Transkriptionen aller Hörtexte aus Kurs- und Arbeitsbuch sowie den DVDs,
- die Unterrichtspläne.

Unter www.hueber.de/sicher erhalten Lernende kostenfreien Zugang zu
- den zusätzlich vertiefenden interaktiven Übungen zum Arbeitsbuch,
- eine Zusammenstellung der Grammatikübersichtsseiten,
- den Lösungen zu den Übungen im Arbeitsbuch,
- den Transkriptionen aller Hörtexte aus Kurs- und Arbeitsbuch sowie den DVDs.

Gegen eine geringe Schutzgebühr können sich Lehrende und Lernende Kopiervorlagen zu berufsbezogenen Themen herunterladen (Sicher! im Beruf).

LEKTION 7 BEZIEHUNGEN

EINSTIEG

Vor dem Öffnen des Buches

SOZIALFORM	ABLAUF	MATERIAL	ZEIT
Plenum	Zeigen Sie nach der Methode **Impuls** (Glossar → S. 152) ein Foto einer Patchwork-Familie oder sehen Sie sich das Foto im KB gemeinsam an und ermutigen Sie die TN, Assoziationen dazu zu finden. Stellen Sie keine zielgerichteten Fragen, sondern notieren Sie an der Tafel alle von den TN genannten Wörter. Steuern Sie dieses Tafelbild nur, indem Sie die genannten Wörter oder Wortgruppen sortieren, also eine Spalte für Nomen (zum Beispiel *Ehemann*), eine für Adjektive (zum Beispiel *geschieden*) etc. Damit fördern Sie vor allem für visuelle Lerner die Aufnahme der Begriffe. **VERTIEFUNG:** Die TN ergänzen die Artikel zu den Nomen an der Tafel. Verwenden Sie die Methode **Artikeltrio** (Glossar → S. 150). Teilen Sie dazu an jeden TN je drei vorgefertigte Kärtchen aus, ein blaues, auf dem *der* steht, ein rotes mit *die* und ein grünes mit *das*. Die TN halten zu jedem Nomen das richtige Kärtchen hoch. Auf diese Weise verschaffen Sie sich auch einen Überblick über die Artikelkenntnisse Ihrer TN. **TIPP:** Laminieren Sie die Kärtchen des Artikeltrios. So können Sie sie immer wieder verwenden.	Foto einer Patchwork-Familie Kärtchen in Blau, Rot und Grün	
Einzelarbeit	**AB 107/Ü1** Wortschatzübung zur Wiederholung des Themenfeldes „familiäre Beziehungen"; auch als Hausaufgabe geeignet.		

1 Familiäre Beziehungen

SOZIALFORM	ABLAUF	MATERIAL	ZEIT
Plenum	a) Die TN sehen das Foto an und beschreiben, wie die Familie auf sie wirkt. Ergänzen Sie Ihr Tafelbild um Adjektive, die neu genannt werden, und klären Sie gegebenenfalls deren Bedeutung.		
Plenum	b) Die TN äußern ihre Vermutungen und begründen sie. Die Lösung dieser Familienkonstellation finden Sie im **AB 107/Ü2**.	AB-CD/2 *AB-CD/41**	

2 Familienkonstellationen

SOZIALFORM	ABLAUF	MATERIAL	ZEIT
Plenum	Die TN sprechen über ihre Familien und Familienkonstellationen. Weisen Sie sie auch auf die Redemittel im Anhang hin. **TIPP:** Wenn die TN zögern, über sich zu sprechen (zum Beispiel weil sie sich noch nicht gut genug kennen), zeigen Sie ein Foto Ihrer eigenen Familie und beginnen Sie, über Ihre persönliche Familienkonstellation zu sprechen. Ihre Offenheit wird die TN ermutigen.	Foto der eigenen Familie	
Einzelarbeit	**AB 107/Ü2** Einsetzübung zum Thema „Familie"; gleichzeitig auch die Auflösung der Frage nach der Familienkonstellation im Kursbuch (→ S. 91/1b). Kontrolle über den Hörtext auf CD; auch als Hausaufgabe geeignet.	AB-CD/2 *AB-CD/41*	

* Die kursiv gedruckte Track-Nummer bezieht sich auf die CD-Angaben des Arbeitsbuches B2 (011207) als Vollband.

LEKTION 7 BEZIEHUNGEN

HÖREN 1

1 Bilderrätsel

SOZIALFORM	ABLAUF	MATERIAL	ZEIT
Einzelarbeit	Die TN vermuten, welche Familienform auf der Fotocollage dargestellt ist und markieren entsprechend. Erklären Sie bei Bedarf den Begriff „Patchwork-Familie". *Lösung: eine „Patchwork-Familie", zusammengesetzt aus Mitgliedern verschiedener Familien*		

2 Eine Radioreportage über Familien in Deutschland

SOZIALFORM	ABLAUF	MATERIAL	ZEIT
Plenum Einzelarbeit Plenum	Lesen Sie gemeinsam den Lerntipp „Richtig hören – vor dem Hören". Stellen Sie sicher, dass die TN alles verstanden haben, indem die TN den Inhalt des Lerntipps in eigenen Worten wiedergeben. Üben Sie dann das Gelesene in der Praxis. Bei Bedarf unterstützen Sie die TN beim Markieren der Schlüsselwörter, bevor Sie Abschnitt 1 vorspielen. Die TN hören die Abschnitte 1–3 und markieren die Lösungen. Kontrolle im Plenum. *Lösung:* Abschnitt 1: *2, 3;* Abschnitt 2: *1, 2;* Abschnitt 3: *1, 3* **LANDESKUNDE:** Lesen Sie zusammen mit den TN den Hinweis *Wussten Sie schon?* Fragen Sie die TN, ob es dieses Phänomen auch in ihren Heimatländern gibt und wenn ja, ob es auch auf Märchen zurückgeht oder andere Ursprünge hat. Fragen Sie, wie man in ihrer Heimat die Kinder seiner Partnerin / seines Partners bezeichnet und ob es dafür eine deutsche Übersetzung gibt.	CD 2/2–4	
Einzelarbeit	**AB 108/Ü3** Landeskundliche Leseübung zum Thema „Stiefmütter in Märchen", angelehnt an *Wussten Sie schon?* im Kursbuch; auch als Hausaufgabe geeignet. **VERTIEFUNG:** Bei Interesse der TN am Themengebiet „Märchen" können sie eine kurze Zusammenfassung eines Märchens, in dem eine Stiefmutter eine wesentliche Rolle spielt, als freiwillige Hausaufgabe verfassen und im Plenum vorlesen. Korrigieren Sie diese Texte, wenn die Verfasser einverstanden sind. So verschaffen Sie sich einen Überblick über den Leistungsstand einzelner TN. Falls Sie für die TN Portfolios angelegt haben oder anlegen, können die Texte schön gestaltet darin abgeheftet werden.		

LEKTION 7 BEZIEHUNGEN

3 Diskussion

SOZIALFORM	ABLAUF	MATERIAL	ZEIT
Gruppenarbeit Plenum Gruppenarbeit	a)+b) Die TN arbeiten in Vierergruppen. Je zwei TN ergänzen die Tabelle zu „Chance", 2 TN die zu „mögliche Probleme". Sind beide Gruppen fertig, diskutieren sie zu viert über das Thema. Weisen Sie die TN auch auf die Redemittel im Anhang hin. Gehen Sie von Gruppe zu Gruppe und hören Sie, ob Fehler eine Wiederholung bestimmter Strukturen nötig machen. Sammeln Sie im Anschluss die Argumente der Gruppen im Plenum. **VERTIEFUNG:** Je ein TN des Paars jeder Vierergruppe schreibt die Satzanfänge seiner Redemittel einzeln auf Kärtchen. Diese kommen dann in die **Wiederholungskiste (Glossar → S. 157)**. In der Wiederholungskiste sammeln Sie in nach Lektionen und Rubriken benannten Briefumschlägen Redemittel, Grammatik oder Wortschatz aus den Lektionen. Zu Beginn der nächsten Stunde oder später zieht ein TN ein Kärtchen und beendet den Satz. Die Inhalte der Wiederholungskiste stehen den TN zu jedem beliebigen Zeitpunkt zur Verfügung, zum Beispiel wenn Sie binnendifferenzierend arbeiten möchten und TN mehr Hilfestellung zu einem Thema benötigen, oder wenn Sie / die TN einfach nur wiederholen möchten.	Kärtchen, Briefumschläge, Wiederholungskiste	

4 Nomen mit Präposition

SOZIALFORM	ABLAUF	MATERIAL	ZEIT
Einzelarbeit	a) Die TN hören einige Sätze der Reportage noch einmal und ergänzen die Nomen mit Präposition. *Lösung: 2 Wunsch nach … nach; 3 „Ersatz" für; 4 Angst vor …; Erfahrung in; 5 Vorstellungen von* **FOKUS GRAMMATIK:** Es gibt Nomen, die fest mit Präpositionen und Akkusativ bzw. Dativ verbunden sind. Die Präpositionen sind oft nicht logisch, funktionieren aber nur in dieser einen Kombination. Deshalb sollen die drei Elemente auch als Einheit gelernt werden: Nomen + Präpositon + Kasus. Weisen Sie die TN auch auf die Grammatikübersicht im Kursbuch (→ S. 104/1) hin.	CD 2/5	
Partnerarbeit Plenum	b) Die TN ordnen zu zweit die Präpositionen zu und notieren neue Ergänzungen. *Lösungsvorschlag:* | der Wunsch	nach (+ Dativ)	mehr Zeit mit der Familie, weniger Streit | |---|---|---| | der Ersatz | für (+ Akk.) | den Schaden, das Haustier | | die Angst | vor (+ Dativ) | dem Neuen, der Veränderung | | die Erfahrung | in (+ Dativ) | dem Familienleben, dem Beruf | | die Vorstellung | von (+ Dativ) | der Zukunft, einer Partnerschaft | Die TN lesen ihre Ergänzungen im Plenum vor. **TIPP:** Achten Sie darauf, dass die Adjektivendungen korrekt sind, und wiederholen Sie sie bei Bedarf.		

LEKTION 7 BEZIEHUNGEN

SOZIALFORM	ABLAUF	MATERIAL	ZEIT
Einzelarbeit Plenum	c) Die TN ergänzen passende Nomen mit Präposition und Artikel. Kontrolle im Plenum. *Lösung: 1 der Wunsch nach; 2 ein Ersatz für; 3 Vorstellungen vom; 4 Erfahrung im*		
Gruppenarbeit	**VERTIEFUNG:** Memo-Spiel zu Nomen mit Präposition. Teilen Sie die TN in Gruppen von drei bis vier TN. Kopieren Sie die Kopiervorlage zu Lektion 7/1 je einmal pro Gruppe, schneiden Sie die Kärtchen aus und kleben Sie sie auf farbiges dickeres Papier (je eine Farbe für die Nomen und eine für die Präpositionen) oder kopieren Sie die Vorlage direkt auf farbigen Karton. Die Kärtchen werden mit der Schrift nach unten auf den Tisch gelegt. Jede/r TN darf reihum zwei Kärtchen aufdecken. Passen sie zusammen, formuliert sie/er einen vollständigen und korrekten Satz mit den Wörtern. Dann darf sie/er das Paar nehmen und ein weiteres Paar aufdecken. Passen Nomen und Präposition nicht zusammen, ist die/der nächste TN an der Reihe. Gewonnen hat die/der TN, die/der am Ende die meisten Kärtchen hat. **TIPP:** Laminieren Sie, sofern möglich, möglichst alle Kärtchen aus den Kopiervorlagen zu den Lektionen. So können Sie sie öfter wiederverwenden und sparen sich Vorbereitungszeit.	Kopiervorlage Lektion 7/1, farbiges, dickeres Papier oder Karton, Schere	
Einzelarbeit	**AB 108/Ü4** Wortschatzübung zu Nomen mit Präposition; auch als Hausaufgabe geeignet.		
Einzelarbeit	**AB 108/Ü5** Wiederholungsübung zu Verben mit Präposition; auch als Hausaufgabe geeignet.		
Einzelarbeit	**AB 109/Ü6–7** Grammatik entdecken bzw. Grammatikübung zu den Nomen mit Präposition; auch als Hausaufgabe geeignet.		

Ich kann jetzt ...

SOZIALFORM	ABLAUF	MATERIAL	ZEIT
Einzelarbeit	Die TN markieren, was auf sie zutrifft.		
Partnerarbeit	**VERTIEFUNG 1:** Die in dieser Lektion behandelten Nomen mit Präposition werden auf Kärtchen geschrieben und in die **Wiederholungskiste** (Glossar → S. 157) gelegt. Es empfiehlt sich eine Wiederholung zu einem späteren Zeitpunkt.	Kärtchen, Briefumschläge, Wiederholungskiste	
Plenum Partnerarbeit	**VERTIEFUNG 2:** Nehmen Sie die Kärtchen in einer der folgenden Unterrichtsstunden aus dem Briefumschlag in der Wiederholungskiste und heften Sie den TN nur die Nomen mit Kreppband an die Brust. Die TN gehen durch den Raum, Sie spielen Musik ab. Wenn Sie die Musik stoppen, gehen die Lernpartner zusammen, die einander am nächsten stehen, und formulieren einen Satz zu dem Nomen mit Präposition der/des anderen.	Kärtchen aus Wiederholungskiste, Musik, Kreppband	

LEKTION 7 BEZIEHUNGEN

WORTSCHATZ

1 Beziehungs- und Lebensformen

SOZIALFORM	ABLAUF	MATERIAL	ZEIT
Plenum	**AKTIVIERUNG:** Die TN stehen im Kreis und sehen sich an. Halten Sie das Ende der Wollschnur fest und werfen Sie das Wollknäuel einer/einem TN zu. Fordern Sie die/den TN auf, eine Beziehungs- oder Lebensform zu nennen. Die/Der TN nennt zum Beispiel *Wohngemeinschaft*, hält die Schnur mit der linken Hand fest und wirft das Knäuel weiter. Sollten Sie mehr TN als Wörter zu Beziehungs- und Lebensformen haben, erlauben Sie auch Wörter zum Thema „Familie". Die TN erklären die Bedeutung ihrer Wörter, falls diese den anderen TN unbekannt sein sollten. Die Aktivierung endet, wenn es keine weiteren Wörter zu nennen gibt oder wenn die Wolle aus ist.	Wollknäuel	
Einzelarbeit Plenum	a) Die TN ordnen die Begriffe zu. Kontrolle im Plenum. *Lösung: 1F, 2C, 3A, 5E, 6D*		
Partnerarbeit Plenum	b) Die Lernpartner vermuten Lebensformen hinter den Klingelschildern wie im Beispiel. Anschließend tauschen die TN ihre Vermutungen im Plenum aus. *Lösungsvorschlag: EG: die (nichteheliche) Lebensgemeinschaft; 1: der Alleinstehende; 2: die Kleinfamilie; 3: die Wohngemeinschaft; 4: die Patchwork-Familie; 5: die Ein-Eltern-Familie*		
Plenum	c) Die TN berichten über Klingelschilder in ihren Ländern (wenn es welche gibt) und was sie über die Bewohner verraten. **LANDESKUNDE:** Klingelschilder zeigen in der Regel mindestens den Familiennamen. In sehr teuren Wohngegenden sind sie oft leer oder es stehen nur die Initialen darauf. Mehr und mehr sind Klingelschilder in Kombination mit kleinen Kameras zu finden, sodass die Bewohner auf einem kleinen Bildschirm sehen können, wer klingelt. Es gibt auch Klingeln, die mit Funk betrieben werden. **INTERKULTURELLES:** Fragen Sie die TN: *Hat in Ihrem Heimatland jede Wohnung ein Klingelschild? Was steht darauf? Ein Name, eine Zahl, nichts? Sind die Klingeln elektrisch oder ist es eine Glocke?* Bitten Sie die TN, wenn möglich, Fotos von Klingelschildern aus ihren Heimatländern mitzubringen.		

2 Statistiken in Worte fassen

SOZIALFORM	ABLAUF	MATERIAL	ZEIT
Plenum	Schreiben Sie verschiedene Prozentzahlen an die Tafel, zum Beispiel: 25 %, 27 %, 50 % etc. Fragen Sie die TN, wie man noch sagen kann, ohne die Zahlen zu nennen. Lösung: ein Viertel, gut ein Viertel, die Hälfte etc. Fordern Sie die TN auf, weitere Prozentzahlen in Zahlen und Worten zu nennen.		
Einzelarbeit Plenum	a) Die TN ordnen die Ausdrücke der Mengenverhältnisse den Prozentzahlen zu. Kontrolle im Plenum. *Lösung: 26 % = gut ein Viertel; 90 % im Vergleich zu 30 % = dreimal so viele; 47 % = fast die Hälfte; 70 % im Vergleich zu 35 % = doppelt so viele*		

LEKTION 7 BEZIEHUNGEN

Plenum	b) Erklären Sie bei Bedarf die Verben im Schüttelkasten und ordnen Sie gemeinsam mit den TN die Verben der richtigen Kategorie zu. *Lösung:* <table><tr><td>**etwas wird weniger**</td><td>**etwas ist unverändert**</td><td>**etwas wird mehr**</td></tr><tr><td>*sinken* *sich verringern*</td><td>*stagnieren* *gleich bleiben*</td><td>*zunehmen* *sich erhöhen* *steigen*</td></tr></table>		
Einzelarbeit Plenum	c) Die TN ergänzen die Verben aus b) in der richtigen Form. Kontrolle im Plenum. *Lösung: 1 hat sich verringert / ist gesunken; 2 hat sich erhöht / hat zugenommen / ist gestiegen; 3 gleich geblieben / stagniert; 4 abnimmt / sinkt; 5 erhöhen / zunehmen / steigen*		
Plenum	Lesen Sie gemeinsam den Lerntipp zu „Informationen auf Schaubildern beschreiben". Klären Sie bei Bedarf unbekanntes Vokabular und sehen Sie sich dann gemeinsam die beiden Statistiken im Kursbuch an. Erarbeiten Sie, welche Punkte des Hinweises auf die beiden Statistiken zutreffen, zum Beispiel ist die Statistik rechts ein Beispiel für eine Grafik aus Prozentzahlen verschiedener Jahre.		
Gruppenarbeit	d) Je zwei Personen einer Vierergruppe beschreiben eine der abgebildeten Statistiken schriftlich. Weisen Sie die TN auf die Redemittel zur Beschreibung von Statistiken im Anhang hin. Sind die TN fertig, kontrollieren Sie die schriftlichen Beschreibungen auf Sprachrichtigkeit. Danach beschreiben die TN ihre Statistik den beiden anderen TN der Gruppe.		
Einzelarbeit	**AB 110/Ü8** Vertiefende Wortschatzübung zu einer Statistik „Haushalte und Familien in Deutschland"; auch als Hausaufgabe geeignet.		

Ich kann jetzt ...

SOZIALFORM	ABLAUF	MATERIAL	ZEIT
Einzelarbeit	Die TN markieren, was auf sie zutrifft.		
Plenum	**VERTIEFUNG:** Zeichnen Sie eine **Zielscheibe (Glossar → S. 157)** an die Tafel und schreiben Sie darüber *Statistiken in Worte fassen*. Die TN markieren darauf, wie gut sie ihrer Meinung nach diese neue Fertigkeit beherrschen: Je näher am Zentrum der Scheibe die TN ihren Punkt setzen, desto sicherer sind sie sich in der Fertigkeit. Dieses Feedback zeigt Ihnen direkt, wo es noch Wiederholungsbedarf gibt. Zeichnen Sie dann eine zweite Zielscheibe zur zweiten *Ich kann jetzt ...*-Beschreibung und verfahren Sie ebenso.		

LEKTION 7 BEZIEHUNGEN

LESEN 1

1 Stimmen zum Erstlingsroman „Das Blütenstaubzimmer"

SOZIALFORM	ABLAUF	MATERIAL	ZEIT
Plenum/ Gruppenarbeit	**AKTIVIERUNG:** Schreiben Sie an die Tafel **Sonnenaufgang** (Glossar → S. 155). Erklären Sie, dass die TN einen Begriff erraten sollen. Teilen Sie die TN dazu in zwei Gruppen, das motiviert und fördert den „Wetteifer". Zeichnen Sie horizontal elf Striche an die Tafel, um anzuzeigen, dass das gesuchte Wort (Blütenstaub) aus elf Buchstaben besteht. Die Gruppen geben Ihnen abwechselnd je einen Buchstaben des Alphabets vor. Enthält das gesuchte Wort ihn, schreiben Sie ihn auf den/die richtigen Strich/e. Falls nicht, notieren Sie den Buchstaben am Rand und beginnen, eine Sonne zu zeichnen, die zwölf Strahlen hat. Bei weiteren Buchstaben, die nicht im Wort enthalten sind, malen Sie je einen Strahl. Die Gruppe, die zuerst das gesuchte Wort errät, hat gewonnen. Haben Sie zwölf Strahlen gezeichnet, haben Sie gewonnen und lösen das Wort auf. Erklären Sie das gefundene Wort.		
Einzelarbeit Plenum	a) Die TN lesen die Kommentare und markieren die richtigen Aussagen. Kontrolle im Plenum. *Lösung: Alle Kritiker äußern großes Lob.*		
Plenum	b) Sprechen Sie im Kurs über die Kommentare in a) und sammeln Sie, was man über die Autorin und die Leser erfährt. *Lösung: Es ist die erste Erzählung der Autorin; der Roman ist einer der ersten und radikalsten der Technogeneration; der Roman ist an die 68er-Eltern adressiert.* **LANDESKUNDE:** Unter 68er-Eltern versteht man die Elterngeneration, die um 1968 herum Kinder erzogen hat. Die Zeit zeichnete sich durch die sogenannte „antiautoritäre Kindererziehung" aus, einer Erziehungsform möglichst ohne Zwänge, sodass die Selbstentfaltung der Kinder gefördert wird, beispielsweise in den Bereichen Selbstbewusstsein, Persönlichkeit, Kreativität oder Gemeinschaftsfähigkeit. Es sollte prinzipiell so weit wie möglich auf Verbote verzichtet werden.		

LEKTION 7 BEZIEHUNGEN

2 Auszug aus dem Roman „Das Blütenstaubzimmer"

SOZIALFORM	ABLAUF	MATERIAL	ZEIT
Einzelarbeit Plenum	Die TN lesen den Romanauszug und beantworten abschnittsweise die Fragen. Kontrolle im Plenum. *Lösung:* Abschnitt 1: *1 Sie befinden sich im Garten; Lucy liest Zeitung, die Erzählerin geht ins Haus, um Frühstück zu holen. 2 Sie könnten …* *– in einer Wohngemeinschaft wohnen.* *– Schwestern oder Mutter und Tochter sein.* *3 Giuseppe hält Vögel im Keller; seine Frau ist an einem Schlaganfall gestorben; Giuseppe hat seine Frau früher häufig angeschrien; möglicherweise isst er seine Vögel.* Abschnitt 2: *2 Lucy schlägt vor, Vito zu sagen, Jo sei ihre jüngere Schwester. Sie möchte nicht, dass er weiß, dass sie eine Tochter hat.* Abschnitt 3: *2 Lucy möchte jünger wirken als sie ist. 3 Jo akzeptiert das Verhalten ihrer Mutter Lucy, ist jedoch wenig interessiert an deren Leben.* Abschnitt 4: *1 Jo würde ihre Mutter gern fragen, ob sie ihren Vater tatsächlich verlassen hat und ob sie wirklich ihre leibliche Mutter ist.* Bei Bedarf klären Sie unbekanntes Vokabular.		
Einzelarbeit	**VERTIEFUNG 1:** Schnellere TN können mithilfe Ihres Wörterbuches die Bedeutung einzelner Wörter klären.	Wörterbuch	
Partnerarbeit	**VERTIEFUNG 2:** Die TN schreiben den Roman weiter: *Wie verläuft der Abend mit Vito, Lucy und Jo wohl?* Wenn genug Zeit zur Verfügung steht, arbeiten die TN in Partnerarbeit zu zweit. Wenden Sie in diesem Fall die Methode Ecriture automatique (Glossar → S. 151) an. Bei dieser Methode schreiben die TN für fünf Minuten ohne Punkt und Komma, was ihnen durch den Kopf geht. Sie dürfen dabei nicht stoppen oder nachdenken. Begleiten Sie das Schreiben zum Beispiel mit klassischer Musik. Bedingung ist, dass dieser Text später nicht zur Kontrolle herangezogen wird. Er dient nur dazu, Schreibblockaden abzubauen und sich sozusagen schriftlich „aufzuwärmen", um dann nahtlos auf das kreative Schreibthema überzuleiten und dieses zu bearbeiten.	CD mit (klassischer) Musik	
Einzelarbeit	**AB 110/Ü9** Schreib- und Zuordnungsübung zum Romanauszug; auch als Hausaufgabe geeignet.		
Einzelarbeit	**AB 111/Ü10** Wortschatzübung zu Adjektiven aus dem Romanauszug; auch als Hausaufgabe geeignet.		
Einzelarbeit	**AB 111/Ü11** Schreibübung zur Fehlerkorrektur; auch als Hausaufgabe geeignet.		

3 Indirekte Rede

SOZIALFORM	ABLAUF	MATERIAL	ZEIT
Plenum Einzelarbeit Plenum	a) Lesen Sie die Sätze noch einmal gemeinsam. Die TN markieren die richtige Aussage. Kontrolle im Plenum. *Lösung: Die Sätze geben die Aussage einer Person wieder.*		
Einzelarbeit Plenum	b) Die TN markieren die Verben. Kontrolle im Plenum. *Lösung: 1 sei … geworden; 2 seist*		

LEKTION 7 BEZIEHUNGEN

Einzelarbeit Plenum	c)+d) Die TN ordnen die Aussagen zu und formen sie in die direkte Rede um. Kontrolle im Plenum. *Lösung 3c: 1 Vergangenheit, 2 Gegenwart; 3d: 1 verrückt geworden; 2 „Wir sagen der Einfachheit halber, dass du meine jüngere Schwester bist."* **FOKUS GRAMMATIK:** Die indirekte Rede gibt wieder, was eine Person gesagt hat. Sie ist in der Regel an einem einführenden Verb des Sagens zu erkennen (*Sie sagt/meint/fragt* …). Indirekte Rede hört und liest man oft in den Medien, immer wenn jemand zitiert wird, ein Politiker, Sportler etc. Die Verbformen stehen im Konjunktiv I bzw. II, wenn sie mit dem Konjunktiv I identisch sind oder eine Zeitform der Vergangenheit in der direkten Rede wiedergeben. Es ändern sich auch andere Formen in der indirekten Rede wie zum Beispiel Personalpronomen oder Zeitangaben (aus *gestern* wird *am Tag zuvor* etc.). Weisen Sie die TN auf die Grammatikübersicht im Kursbuch (→ S. 104/2) hin.		
Einzelarbeit	**AB 112/Ü12** Grammatik entdecken: indirekte Rede in der Gegenwart; in e) liegt der Fokus auf der Änderung der Personalpronomen in der indirekten Rede; auch als Hausaufgabe geeignet.		
Einzelarbeit	**AB 113/Ü13** Einsetzübung zur indirekten Rede in der Gegenwart; auch als Hausaufgabe geeignet.		
Einzelarbeit	**AB 113–114/Ü14** Grammatik entdecken: indirekte Rede in der Vergangenheit; auch als Hausaufgabe geeignet.		
Einzelarbeit	**AB 114/Ü15** Grammatikübung zur indirekten Rede in der Vergangenheit; auch als Hausaufgabe geeignet.		

Ich kann jetzt …

SOZIALFORM	ABLAUF	MATERIAL	ZEIT
Einzelarbeit	Die TN markieren, was auf sie zutrifft.		

LEKTION 7 BEZIEHUNGEN

SCHREIBEN

Vor dem Öffnen des Buches

SOZIALFORM	ABLAUF	MATERIAL	ZEIT
Plenum	Beginnen Sie mit einer **AKTIVIERUNG** nach der Methode **Wer-den-Ball-hat** (Glossar → S. 156): Bringen Sie ein rotes Herz aus Plüsch oder Karton und einen Ball mit. Halten Sie das Herz hoch und fordern Sie die TN auf, kurz und knapp zu sagen, was ihnen zum Thema „Liebe" einfällt. Zur Aktivierung von Vorwissen nennen die TN Begriffe, die ihnen zu diesem Thema einfallen. Damit die spontanen Äußerungen geregelt ablaufen, spricht immer diejenige/derjenige TN, die/der gerade den Ball hat. Werfen Sie einer/einem TN den Ball zu, geben Sie ihr/ihm ca. 30 Sekunden Sprechzeit, dann wirft sie/er den Ball weiter. Mit dieser Methode steigern Sie die Aufmerksamkeit der TN allgemein und unterstützen im Besonderen die kinästhetischen TN. Sie dient außerdem dem **Energieaufbau** (Glossar → S. 151), wenn sie im Stehen angewendet wird. **TIPP:** Realien wie ein Plüschherz haben immer motivierende Wirkung und fördern eine realitätsnahe Auseinandersetzung mit dem Lerninhalt. Sie sprechen außerdem besonders kinästhetische Lerntypen sowie haptische Lerner an. Legen Sie sich einen kleinen Vorrat an Gegenständen an, passend zu den Lektionen des Kursbuches.	Herz, kleiner Ball	

1 Ehe auf Zeit

SOZIALFORM	ABLAUF	MATERIAL	ZEIT
Plenum Einzelarbeit Plenum	Bevor die TN die Zeitungsmeldung lesen, erläutern Sie die Überschrift „Bis dass der Tod euch scheidet" (Bei deutsch(sprachig)en kirchlichen Trauungen ist dies ein Standardsatz). Die TN lesen dann die Meldung und suchen die Begründung der Idee. Kontrolle im Plenum. *Lösung: Es wird über den Vorschlag einer Politikerin berichtet, Ehen zeitlich auf sieben Jahre zu befristen. Die Befürworterin begründet die Idee mit dem Argument, dass dadurch hohe Scheidungskosten gespart werden könnten.*		

2 Leserbrief

SOZIALFORM	ABLAUF	MATERIAL	ZEIT
Einzelarbeit Plenum	a) Die TN bringen die Punkte in eine sinnvolle Reihenfolge. Kontrolle im Plenum. *Lösung: 1 Grund für Ihr Schreiben; 2 Ihre Meinung zum Vorschlag „Ehe auf Zeit"; 3 Bedeutung und Entwicklung der Institution „Ehe" in Ihrem Heimatland; 4 andere Möglichkeiten, die hohen Scheidungsraten zu verringern.*		
Einzelarbeit	b) Die TN notieren sich Stichpunkte.		

LEKTION 7 BEZIEHUNGEN

SOZIALFORM	ABLAUF	MATERIAL	ZEIT
Einzelarbeit Plenum Gruppenarbeit Einzelarbeit Plenum	c) Die TN lesen die Redemittel. Weisen Sie sie auch auf die Redemittel zum Thema „zu einem Thema schriftlich Stellung nehmen" im Anhang hin. Bevor die TN zu schreiben beginnen, lesen Sie gemeinsam den Lerntipp. Sind die TN mit ihren Stellungnahmen fertig, arbeiten Sie mit der Methode **Kommentarlawine** (Glossar → S. 153). Die TN arbeiten in Gruppen mit jeweils vier TN. Jede/r TN liest einen Kommentar aus der Gruppe und kommentiert ihn im Hinblick auf die Vollständigkeit der Inhaltspunkte und auf die im Lerntipp genannten Punkte (logischer Aufbau, Konnektoren, deutliche Meinung). Textstellen können eingekreist und am Rand kommentiert werden. Dann wird der Text an die/den Nächsten weitergegeben etc. So wird weitergemacht, bis jede/r das eigene Blatt zurückbekommt. Anhand der Kommentare überarbeitet nun jede/r TN – wenn nötig mit Ihrer Hilfe – den eigenen Text. Einige Leserbriefe können im Plenum präsentiert werden.		
Einzelarbeit	**AB 114/Ü16** Vertiefende Übung zu den Redemitteln „schriftlich Stellung nehmen". Kontrolle über den Hörtext auf CD; auch als Hausaufgabe geeignet.	AB-CD/3 *AB-CD/42*	

3 Generalisierende Relativsätze

SOZIALFORM	ABLAUF	MATERIAL	ZEIT
Einzelarbeit Plenum	**AB 115/Ü17** Grammatikwiederholung der Relativpronomen. Diese Übung dient auch zur Vorentlastung der generalisierenden Relativsätze. Kontrolle im Plenum.		
Plenum	Die TN markieren das richtige Pronomen in der Kursbuch-Übung. **FOKUS GRAMMATIK:** Generalisierende Relativsätze geben allgemeine Aussagen wieder. Sie beginnen mit „wer, wen, wem", der darauffolgende Hauptsatz beginnt mit einem Demonstrativpronomen. Dieses entfällt, wenn Relativ- und Demonstrativpronomen im gleichen Kasus sind. Diese Art Relativsatz findet sich oft in Sprichwörtern, zum Beispiel: *Wer den Pfennig nicht ehrt, ist des Talers (= ein Geldstück) nicht wert.* Weisen Sie die TN auch auf die Grammatikübersicht im Kursbuch (→ S. 104/3) hin. *Lösung: 1 die; 2 dem*		
Einzelarbeit	**AB 115/Ü18** Grammatik entdecken: generalisierende Relativsätze; auch als Hausaufgabe geeignet.		
Einzelarbeit	**AB 115/Ü19** Grammatikübung zu generalisierenden Relativsätzen; auch als Hausaufgabe geeignet.		
Gruppenarbeit Plenum	**VERTIEFUNG:** Spiel zu generalisierenden Relativsätzen. Kopieren Sie je eine Kopiervorlage zu Lektion 7/2 pro Gruppe von drei bis vier TN. Schneiden Sie die Kopiervorlage wie angegeben auseinander und mischen Sie die Teile. Die TN ordnen die Haupt- und Nebensätze einander zu. **TIPP:** Sie können einen Wettbewerb initiieren: Die Gruppe, die zuerst fertig ist, wird mit Süßigkeiten belohnt. Stellen Sie im Plenum sicher, dass die Sätze richtig zugeordnet sind.	Kopiervorlage Lektion 7/2 kleine Belohnung für die TN	

LEKTION 7 BEZIEHUNGEN

Ich kann jetzt …

SOZIALFORM	ABLAUF	MATERIAL	ZEIT
Einzelarbeit	Die TN markieren, was auf sie zutrifft.		
Gruppenarbeit Plenum	**VERTIEFUNG:** Die TN schreiben auf Kärtchen den Anfang eines generalisierenden Relativsatzes, zum Beispiel: *Wer viel Käse isst, …* und reichen das Kärtchen dann an die/den TN rechts neben sich weiter. Die/Der ergänzt das Kärtchen, und wenn alle TN fertig sind, erfolgt die Präsentation im Plenum. Ermuntern Sie die TN zu lustigen Sätzen, die das Gehirn besser behält und die Lernatmosphäre sehr angenehm machen.	Kärtchen	

HÖREN 2

1 Mini-Gespräche

SOZIALFORM	ABLAUF	MATERIAL	ZEIT
Partnerarbeit Plenum	Die TN öffnen das Buch, sehen sich das Foto an und überlegen sich in Partnerarbeit ein mögliches Gesprächsthema. Dann spielen sie das Mini-Gespräch im Plenum vor. **TIPP 1:** Rollenspiele sollten so realistisch ablaufen wie möglich, denn sie imitieren die Realität. Bitten Sie die TN deshalb aufzustehen, nach vorne zu kommen und eine Sitzhaltung einzunehmen, wie es die beiden Personen auf dem Foto tun. **TIPP 2:** Zwingen oder drängen Sie keine TN zu einer Präsentation, die keine machen möchte. Schaffen Sie vielmehr eine Atmosphäre im Kurs, die offen und herzlich ist, sodass auch schüchterne TN sich wohlfühlen und trauen können.		

2 Zwei Paargespräche

SOZIALFORM	ABLAUF	MATERIAL	ZEIT
Einzelarbeit Plenum	Gespräch 1: „Blau oder Braun?" a) Die TN hören das Gespräch in Abschnitten und ergänzen die Aussagen bzw. beantworten die Fragen. Kontrolle im Plenum. *Lösung:* <u>Abschnitt 1:</u> *Die Frau möchte von ihrem Mann wissen, welches Kleid er besser findet. Er findet, dass ihr das braune Kleid besser steht.* <u>Abschnitt 2:</u> *Weil er nicht das Kleid besser findet, das sie selbst bevorzugt. Am Ende nimmt sie das blaue Kleid, da sie es von Anfang an besser fand.*	CD 2/6–7	
Partnerarbeit	b)+c) Die TN arbeiten zu zweit und ordnen die Sätze des Mannes zu. Kontrolle über den Hörtext auf CD. *Lösung:* Mann: *Das seh' ich sofort – das Braune!* – *Steht dir einfach besser.* – *Doch! Aber das Braune steht dir besser!* – *Beides.* – *Das hab' ich nicht gesagt! Du hast mich gefragt, welches dir besser steht und ich habe gesagt „das Braune".* – *Nein.* – *Nein!* – *Was fragst du mich denn dann?*	CD 2/8	

LEKTION 7 BEZIEHUNGEN

Plenum	Gespräch 2: „Endspiel" a) Hören Sie das Gespräch im Plenum und klären Sie gemeinsam, worum es darin geht. *Lösung: Der Mann fragt seine Frau, ob sie am Abend zu Hause ist, da an diesem Abend das Fußball-Endspiel im Fernsehen gezeigt wird.*	CD 2/9	
Partnerarbeit Plenum	b) Die TN schreiben zu zweit eine Fortsetzung des Gesprächs. Einige Gruppen können ihre Gespräche im Plenum vorlesen. **TIPP 1:** Die TN neigen in der Regel dazu, gerne mit dem direkten Sitznachbarn zu arbeiten. Achten Sie darauf, dass dies nicht immer der Fall ist, sondern dass im Laufe eines Kurses jeder mit jedem arbeitet. Dies trägt zum besseren Kennenlernen bei und äußert sich in einer guten Lernatmosphäre. **TIPP 2:** Um die Lernpartner zu mischen, wenden Sie die Methode Ja oder Nein (Glossar → S. 153) an. Schreiben Sie an die Tafel: *Ich gehe lieber ohne meine Partnerin / meinen Partner Kleidung kaufen.* Hängen Sie in eine Ecke des Raums ein Schild mit der Aufschrift JA, in die andere Ecke eines mit NEIN. Die TN stehen auf und gehen zu der Ecke, die ihre Meinung widerspiegelt. Dann wählen die TN jeweils eine Lernpartnerin / einen Lernpartner aus ihrer Ecke aus, mit der/dem sie bei der nächsten Aufgabe zusammenarbeiten.	Zwei Schilder mit „JA"/„NEIN"	
Plenum	c) Die TN hören das ganze Gespräch und begründen, warum der Mann genervt ist. *Lösung: Der Mann ist genervt, weil seine Frau ihn ständig falsch versteht und er ihr eigentlich nur sagen will, dass er mit seinen Freunden am Abend das Endspiel ansehen wird.*	CD 2/10	
Plenum	d) Die TN beschreiben, wie sie reagieren würden.		
Einzelarbeit	**AB 116/Ü20** Schreibübung zum Thema „Streitanlässe für Paare"; auch als Hausaufgabe geeignet.		

3 Klischee oder Realität?

SOZIALFORM	ABLAUF	MATERIAL	ZEIT
Plenum Gruppenarbeit Plenum	Fragen Sie im Plenum: *Wer hält die beiden Gespräche für realistisch?* Die TN zeigen per Handzeichen ihre Zustimmung. Diese TN bilden die „Pro-Gruppe", die Argumente sammelt, weshalb diese Gespräche realistisch sind. Diejenigen TN, die ihre Hand nicht gehoben haben, bilden die „Kontra-Gruppe", die sich dementsprechend Argumente überlegt, weshalb sie unrealistisch sind. Wenn die TN beider Gruppen Argumente gesammelt haben, diskutieren sie im Plenum. Weisen Sie die TN auch auf die Redemittel „eine Diskussion führen" im Anhang hin.		

Ich kann jetzt ...

SOZIALFORM	ABLAUF	MATERIAL	ZEIT
Einzelarbeit	Die TN markieren, was auf sie zutrifft.		

LEKTION 7 BEZIEHUNGEN

LESEN 2

1 Bedeutung gesucht!

SOZIALFORM	ABLAUF	MATERIAL	ZEIT
Plenum Partnerarbeit	Bereiten Sie Karten vor, auf denen *Fern-* und die anderen Nomen stehen. Die Bücher sind geschlossen. Befestigen Sie Ihre erste Karte mit dem Wort *Fern-* mithilfe eines Magneten in der Mitte des Whiteboards/Flipcharts. Fordern Sie die TN auf, Nomen zu bilden, deren erster Teil *Fern-* ist. Gegebenenfalls heften Sie zum besseren Verständnis eine weitere Ihrer Karten dazu, zum Beispiel: *fahrer*. Am Ende stehen alle Wörter aus dem Kursbuch (→ S. 100) an der Tafel / dem Chart. Nehmen Sie auch leere Karten mit, falls die TN noch zusätzliche Komposita nennen. Die TN klären die Bedeutung zu zweit, gegebenenfalls auch mithilfe eines Wörterbuches.	Whiteboard oder magnetische Rückwand des Flipcharts, Kärtchen, Magnete, Wörterbuch	
Einzelarbeit	**AB 116–117/Ü21** Wortschatzübung zu *Fern-*, *Nah-* und *weit-*; auch als Hausaufgabe geeignet.		

2 Fernbeziehungen

SOZIALFORM	ABLAUF	MATERIAL	ZEIT
Plenum	a) Die TN sprechen über Fernbeziehungen und stellen Vermutungen an, wie eine typische Woche in solch einer Beziehung aussieht. **TIPP:** Fragen Sie im Plenum, ob jemand Erfahrungen mit Fernbeziehungen hat. Ermuntern Sie die/den TN, von ihrer/seiner typischen Woche zu erzählen. Eventuell sind diese TN auch damit einverstanden, diesbezügliche Fragen der anderen TN zu beantworten.		
Einzelarbeit Plenum	b) Die TN überfliegen den Text und markieren die richtige Antwort. Kontrolle im Plenum. *Lösung: Worauf man in einer Fernbeziehung achten sollte.* **TIPP:** Machen Sie im Anschluss die Lesetechnik „Überfliegen eines Textes" bewusst, indem Sie die TN fragen, wie sie (so schnell) auf die richtige Antwort gekommen sind. Mögliche Antworten: *durch Lesen der Überschrift, Anlesen der einzelnen Abschnitte, Imperative zu Beginn einiger Abschnitte, Begriff „Tipps", Handlungsaufforderungen wie „Nur wer ...", „Weder ungelöste Konflikte ... sollten ..."*		
Einzelarbeit Plenum	c) Nach einem zweiten Lesen ordnen die TN die Überschriften den Abschnitten zu. Kontrolle im Plenum. *Lösung: 1 Kommunikation ist alles! 2 Gönnen Sie sich Zeit für Spontaneität und bloßes Nichtstun. 4 Achten Sie auf sich selbst. 5 Genießen Sie auch die Zeit allein. 6 „Verschonen" Sie Ihren Partner nicht. 7 Sorgen Sie für gemeinsame Perspektiven.* Klären Sie bei Bedarf unbekanntes Vokabular. **VERTIEFUNG:** Schnellere TN können (möglichst) zu zweit Wortigel zu Vorteilen und Nachteilen von Fernbeziehungen erstellen.		
Gruppenarbeit Plenum	d) In Gruppen von drei bis vier TN tauschen sich die TN aus, welche Tipps sie besonders nützlich und realistisch finden und welche weniger. Die TN begründen ihre Meinung wie im Beispiel. **TIPP:** Fordern Sie die TN anschließend im Plenum dazu auf, per Handzeichen abzustimmen, welche Gruppen Tipp 1, 2, ... nützlich finden. So führen Sie die Gruppen zusammen und regen die TN eventuell dazu an, nach der Stunde weiterzudiskutieren.		

LEKTION 7 BEZIEHUNGEN

3 Vergleichssätze

SOZIALFORM	ABLAUF	MATERIAL	ZEIT
Einzelarbeit Plenum	a) Die TN lesen die Sätze, analysieren die Satzstruktur und markieren weitere Sätze dieser Art. Kontrolle der gefundenen Sätze im Plenum. Weisen Sie die TN auch auf die Grammatikübersicht im Kursbuch (→ S. 104/4) hin. *Lösung: „Je" steht am Satzanfang, „desto/umso" steht direkt nach dem Komma. Weitere Beispielsätze aus dem Text: Je attraktiver ..., desto besser ... (Zeile 20); Je interessanter ..., umso rascher (Zeile 23); Je ehrlicher ..., umso näher (Zeile 27)*		
Plenum	b) Besprechen Sie die Lösung zur Verbstellung im Plenum. *Lösung: Im Satz mit „je" steht das Verb am Ende und im „desto/umso"-Satz steht das Verb nach dem Komparativ.*		
Plenum	c) Ergänzen Sie die Tabelle gemeinsam mit den TN. *Lösung:* | **Nebensatz** | **Hauptsatz** | | je + Komparativ | desto / umso + Komparativ |		
Einzelarbeit	**AB 117/Ü22** Grammatik entdecken: Übung zur Struktur der Vergleichssätze; auch als Hausaufgabe geeignet.		
Einzelarbeit Plenum	d) Die TN bilden die Vergleichssätze. Kontrolle im Plenum. *Lösung: 1 Je länger Sie Ihren Partner nicht sehen, desto größer ist die Freude auf das Wiedersehen. 2 Je besser man sich kennt, desto/umso leichter kann man in einer Fernbeziehung leben. 3 Je seltener Sie sich sehen, desto/umso mehr haben sie sich zu erzählen.*		
Einzelarbeit	**AB 117–118/Ü23–24** Grammatikübungen zu Vergleichssätzen; auch als Hausaufgabe geeignet.		

Ich kann jetzt …

SOZIALFORM	ABLAUF	MATERIAL	ZEIT
Einzelarbeit	Die TN markieren, was auf sie zutrifft.		
Plenum	**VERTIEFUNG:** Mithilfe der Methode **Smiley (Glossar → S. 155)** können Sie sich einen schnellen Überblick darüber verschaffen, wie die TN ihre Fertigkeiten einschätzen. Verteilen Sie (am besten laminierte) Kärtchen mit Smileys. Jeder TN erhält einen lächelnden, einen neutralen und einen traurigen Smiley. Sie lesen die Fertigkeiten vor, zum Beispiel *Ich kann jetzt Wörter mit Fern- erklären*. Die TN halten dann gleichzeitig das für sie zutreffende Kärtchen hoch.	Kärtchen mit Smileys	

LEKTION 7 BEZIEHUNGEN

SPRECHEN

1 Bikulturelle Beziehungen

SOZIALFORM	ABLAUF	MATERIAL	ZEIT
Plenum	Die Bücher sind geöffnet. Lesen Sie das Thema „Bikulturelle Beziehungen" vor. Falls nötig, erklären Sie den Begriff. Im Anschluss berichten die TN zu den Fragen des Kursbuches wie im Beispiel und begründen ihre Vermutungen.		

2 Ein ansprechendes Titelbild wählen

SOZIALFORM	ABLAUF	MATERIAL	ZEIT
Gruppenarbeit / Plenum	a) Die TN einigen sich in Dreiergruppen auf ein Titelbild. Stellen Sie dabei sicher, dass alle drei Bilder bearbeitet werden. Sie können dazu im Plenum fragen, welche Gruppe sich mit Bild 1, 2 und 3 befassen möchte. Die TN ordnen den Fotos den jeweiligen Hauptaspekt zu und erklären ihn mithilfe der angegebenen Redemittel. Ermuntern Sie die TN, auch Aspekte zu finden, die nicht im Kursbuch genannt werden. Weisen Sie die TN auch auf die Redemittel im Anhang hin. Jede Gruppe beschreibt im Anschluss ihre Bilder mithilfe der Redemittel.		
Plenum	b) Lesen Sie gemeinsam die Redemittel. Die TN wählen eines aus jeder Rubrik und bereiten eine Diskussion über die Wahl des Titelbildes vor. **TIPP:** Besonders kinästhetische Lerner schreiben gerne. Geben Sie den TN deshalb die Freiheit, sich mündlich oder auch schriftlich auf die Diskussion vorzubereiten. Sehen Sie sich schriftliche Vorbereitungen an und korrigieren Sie Fehler. So verhindern Sie, dass während der Diskussion Fehler vorgetragen werden, die die Lernpartner eventuell übernehmen.		
Gruppenarbeit	c) Die TN diskutieren mithilfe der Redemittel in Dreiergruppen und einigen sich auf ein Titelbild.		
Einzelarbeit	**AB 118/Ü25** Übung zu den Redemitteln zum Thema „Freundschaft im Alter"; auch als Hausaufgabe geeignet.		

Ich kann jetzt …

SOZIALFORM	ABLAUF	MATERIAL	ZEIT
Einzelarbeit	Die TN markieren, was auf sie zutrifft.		
Partnerarbeit	**VERTIEFUNG:** Die TN schreiben die Redemittel dieser Lektion (Seiten 91, 95, 98, 102) auf Kärtchen und ordnen sie in die **Wiederholungskiste (Glossar → S. 157)** ein.	Kärtchen, Briefumschläge, Wiederholungskiste	

LEKTION 7 BEZIEHUNGEN

SEHEN UND HÖREN

1 Du baust einen Tisch

SOZIALFORM	ABLAUF	MATERIAL	ZEIT
Plenum	a) Die TN sehen den Anfang des Videos <u>ohne Ton</u> und sprechen über die Fragen im Kursbuch. *Lösung: Die Frau steht auf dem Parkplatz eines Baumarktes. Normalerweise kauft man dort Baumaterialien oder Werkzeug; die Frau spricht auf dem Parkplatz etwas in die Kamera.* **TIPP:** Wenn die TN frei Vermutungen äußern, kommt oft sehr gutes Vokabular zur Sprache. Halten Sie es an der Tafel fest und ermutigen Sie die TN nach dem freien Sprechen, sich die Wörter zu notieren, die sie lernen möchten.	DVD 2/1	
Plenum	b) Die TN sehen das Video <u>mit Ton</u> einmal ganz an und sagen, wie es auf sie wirkt.	DVD 2/2	
Einzelarbeit Plenum	c) Zeigen Sie jetzt das Video in Abschnitten. Geben Sie den TN nach jedem Abschnitt genug Zeit, um ihre während des Hörens gemachten Notizen gegebenenfalls ergänzen zu können. Bei Bedarf spielen Sie das Video noch einmal vor. Kontrolle der Lösungen bzw. Diskussion der Vermutungen der TN im Plenum. *Lösung:* <u>Abschnitt 1:</u> *1 Die Frau trägt ein modernes Gedicht vor.* <u>Abschnitt 2:</u> *1 Realität: „Ich habe dich Bretter über eine Kreuzung tragen sehen." Vorstellung: „Einen Tisch baust du." – „Tisch für vier Ellbogen …" – „Einen Tisch für euch zwei …"; 2 Sie stehen für zwei Personen; Die Wiederholungen betonen diese zwei Personen. 3 Die Frau ist wütend und traurig; das ist am fast schon aggressiven Vortrag des Gedichts und dem Text der letzten Zeilen zu erkennen.* <u>Abschnitt 3:</u> *1 Darüber, dass sie im Leben dieses Mannes keine Rolle mehr spielt. 2 Sie deutet den Wunsch an, selbst wieder mit dem Mann an diesem Tisch sitzen zu wollen und somit wieder eine Rolle in seinem Leben zu spielen.* **TIPP:** Stellen Sie sicher, dass Sie genug Zeit haben, um *Sehen und Hören* am Stück und ohne Unterbrechungen durchführen zu können. Verteilen Sie es nicht auf verschiedene Kurstage.	DVD 2/3–5	
Plenum	**LANDESKUNDE:** Lesen Sie zusammen mit den TN den Hinweis *Wussten Sie schon?*.		
Plenum	**INTERKULTURELLES:** Fragen Sie die TN: *Gibt es so etwas Ähnliches auch in Ihrem Heimatland? Wo finden diese Veranstaltungen statt? Wie sind sie organisiert? Haben Sie schon einmal an einem Poetry Slam teilgenommen? Wie waren Ihre Erfahrungen?*		
Einzelarbeit	**AB 118–119/Ü26** Lesetext über einen deutschen Poetry-Slam-Dichter, angelehnt an *Wussten Sie schon?* im Kursbuch; auch als Hausaufgabe geeignet.		

Mein Dossier

SOZIALFORM	ABLAUF	MATERIAL	ZEIT
Einzelarbeit	**AB 119/Ü27** Die TN ergänzen den Stammbaum und schreiben über sich und ihre Familie; auch als Hausaufgabe geeignet. Wenn die TN möchten, können sie Fotos aufkleben, diese Seite mitbringen und im Kursraum aufhängen oder in ihrem Portfolio abheften.		

LEKTION 7 BEZIEHUNGEN

Ich kann jetzt …

SOZIALFORM	ABLAUF	MATERIAL	ZEIT
Einzelarbeit Partnerarbeit Plenum	Die TN markieren, was auf sie zutrifft. **VERTIEFUNG 1:** Ermutigen Sie die TN zu einem eigenen Poetry Slam. Die TN verfassen ein kurzes Gedicht, das sie dann im Plenum vortragen. Wenn es Anlaufschwierigkeiten beim Dichten gibt, lassen Sie die TN zuerst einfache Reimpaare finden, zum Beispiel *Bett – fett*, *schnell – hell* etc. Diese Reimpaare können die TN dann auch untereinander austauschen, sodass ein/e Lernpartner/in ein Gedicht zu den Reimwörtern der/des anderen schreibt. Applaudieren Sie in der Präsentationsphase kräftig, loben Sie die Ergebnisse und hängen Sie sie an der Wand im Kursraum auf. **VERTIEFUNG 2:** Packen Sie die inzwischen gut gefüllte **Wiederholungskiste** (Glossar → S. 157) aus und wiederholen Sie die Themengebiete, die die TN für nötig halten.	Wiederholungskiste	

AUSSPRACHE: Prosodie (Arbeitsbuch → S. AB 120)

1 Poetry Slam

SOZIALFORM	ABLAUF	MATERIAL	ZEIT
Plenum	a) Wiederholen Sie, was man unter dem Begriff „Poetry Slam" versteht. Eventuell lesen Sie auch noch einmal gemeinsam den landeskundlichen Hinweis im Kursbuch (→ S. 103). Vor diesem Hintergrund lesen die TN das Gedicht von Hellmuth Opitz und äußern danach ihre Meinung dazu. Regen Sie eine Diskussion an, indem Sie die TN auffordern zu begründen, warum ihnen das Gedicht gefällt bzw. warum nicht. **TIPP:** Erklären Sie die doppelte Bedeutung der Zeile: „zwei schwarz gebrannte Scheiben springen". Mit *Scheibe* bezeichnet man zum einen Brotscheiben (hier Toast), die der Toaster scheinbar zu schwarz röstet. Aber auch CDs oder Schallplatten, wie sie auf der Zeichnung zu sehen sind, werden als *Scheiben* bezeichnet. **FOKUS PHONETIK:** Unter Prosodie versteht man den Teilbereich der Phonologie, der sich mit den lautlichen Strukturen einer Sprache beschäftigt. Dazu zählen u.a. Wort- und Satzakzent, Intonation und Satzmelodie, Sprechtempo, Rhythmus und Pausen beim Sprechen. Diese Stimmmodulationen beeinflussen die Interaktion zweier im Dialog stehender Personen entscheidend. **TIPP:** Um den TN zu zeigen, in welchem Ausmaß Prosodie die Interaktion beeinflusst, fordern Sie sie auf, sich in die Rolle einer Mutter / eines Vaters zu versetzen. Sie als KL spielen das große Geschwisterkind, das dem kleineren ein Spielzeug kaputt gemacht hat. Sagen Sie den folgenden Satz einmal stolz/überheblich, dann voller Schuldgefühle und schließlich nervös: *Ich hab' das Spielzeugauto von Carola kaputt gemacht.* Tragen Sie immer nur eine prosodische Variante vor und fragen Sie die TN dann, wie sie als Elternteil reagieren würden. Die TN erfahren so, dass sie intuitiv negativ auf die überhebliche Variante, verständlich auf die Variante mit Schuldgefühlen und beruhigend auf die nervöse Variante reagieren würden und verstehen so die Bedeutung von Prosodie.		

LEKTION 7 BEZIEHUNGEN

Einzelarbeit Plenum	b) Die TN hören eine Lesung des Gedichts und markieren die Emotion des Sprechers, die sie vermuten. Kontrolle im Plenum. *Lösungsvorschlag: belustigt, ironisch*	AB-CD/4 *AB-CD/43*	
Einzelarbeit Plenum	c) Die TN lesen das Gedicht noch einmal und unterstreichen die sich reimenden Wörter am Zeilenende. Kontrolle im Plenum. *Lösung: Vers 2: Edelstahl – illegal; Vers 3: singen – springen; Vers 4: drauf – auf*		
Einzelarbeit Plenum	d) Spielen Sie das Gedicht ein weiteres Mal vor. Die TN markieren die betonten Wörter. Kontrolle im Plenum. *Lösung: Mein Toaster hält sich für was Besseres. Wie er da steht und vornehm tut, als sei er Unterhaltungselektronik und nicht nur Toaster – aus Erfahrung gut. Ich weiß nicht, ob er sich für einen iPod hält, so weiß gelackt mit einem Hauch von Edelstahl. Wie jemand aus dem Music Business, so gibt er sich. So lässig, cool – ja, fast halb illegal. Wer kennt den Grund für seinen Größenwahn? Er kann nicht tanzen, kann nicht singen. Er ist kein DJ. Doch halt. Ab und zu, da lässt er schon zwei schwarz gebrannte Scheiben springen. Der Frühstückstisch bebt vor Erwartung. Die Marmelade ist gut drauf. Gleich hallt es wieder durch die Küche: Jetzt legt MC Toaster auf!*	AB-CD/4 *AB-CD/43*	

2 Ein Gedicht vortragen

SOZIALFORM	ABLAUF	MATERIAL	ZEIT
Gruppenarbeit	a) Die TN entscheiden sich für eine Strophe des Gedichts und üben, sie mit einer bestimmten Emotion zu sprechen. Weisen Sie die TN darauf hin, auch auf Betonung und Pausen zu achten und die Strophen mit Gestik und Körpersprache zu begleiten. **TIPP:** Um sicherzugehen, dass die TN an vielen verschiedenen Emotionen arbeiten, bereiten Sie Kärtchen vor, auf denen Sie je eine der sechs in 1b) aufgelisteten Emotionen schreiben. Teilen Sie Ihren Kurs möglichst in sechs Gruppen auf und lassen Sie jede Gruppe ein Kärtchen ziehen. Die TN bearbeiten die Strophe unter dem Aspekt, den sie gezogen haben.	Kärtchen	
Plenum	b) Die Gruppen präsentieren ihre Strophen. Die anderen TN raten, um welche Emotion es sich wohl handelt. **TIPP:** Applaudieren Sie und würdigen Sie die Präsentationen Ihrer TN. Verfahren Sie auch hier nach dem Grundsatz der Freiwilligkeit: Wer nicht möchte, muss keine Strophe vortragen. Die Gruppen bestimmen deshalb auch selbst, welches Gruppenmitglied die Präsentation im Plenum übernimmt. **VERTIEFUNG 1:** Wenn die TN Freude daran haben, einzelne Strophen in bestimmten Emotionen vorzutragen, räumen Sie ihnen die Zeit ein, das ganze Gedicht auf diese Weise vorzutragen. **VERTIEFUNG 2:** Fordern Sie die TN auf, selbst kreativ zu werden und ein Gedicht über eines ihrer Haushaltsgeräte zu verfassen. Sie dürfen sich formal und inhaltlich an dem Gedicht von Hellmuth Opitz orientieren. Als Auftakt dazu bitten Sie die TN, sich in einem Kreis aufzustellen und mithilfe des Balls nach der Methode **Wer-den-Ball-hat** (Glossar → S. 156) Haushaltsgeräte zu nennen. Die genannten Geräte dienen gleichzeitig als Inspiration für die eigenen, individuellen Gedichte.	kleiner Ball	

LEKTION 7 BEZIEHUNGEN

LERNWORTSCHATZ (Arbeitsbuch → S. AB 121)

SOZIALFORM	ABLAUF	MATERIAL	ZEIT
Einzelarbeit	**LERNSTRATEGIE-TIPP:** Motivieren Sie die TN, sich immer wieder mit Musik in deutscher Sprache zu beschäftigen. Vielleicht gibt es ja schon die eine oder andere deutschsprachige Band, die die TN mögen? Sie können auch in einer speziellen Kursstunde deutschsprachige Musik aus unterschiedlichen Musikrichtungen (zum Beispiel die Sportfreunde Stiller, die Fantastischen Vier, Helene Fischer, die Ärzte, Culcha Candela etc.) mitbringen oder von den TN mitbringen lassen und mit ihnen über die Musik, die Songtexte, etc. sprechen. Geben Sie den TN den Hinweis, regelmäßig deutschsprachige Musik bewusst zu hören und dabei die Texte (leise) mitzusingen. Zur Unterstützung können sie sich auch im Internet die entsprechenden Songtexte suchen. So trainieren sie auf spielerische Art und Weise gleichzeitig das Hören, das Verstehen und die Aussprache von Texten, die durch die Verbindung mit einer Melodie und einem Rhythmus in einem inhaltlichen Zusammenhang gelernt und gefestigt werden.	deutschsprachige Musik	

LEKTIONSTEST 7 (Arbeitsbuch → S. AB 122)

SOZIALFORM	ABLAUF	MATERIAL	ZEIT
Einzelarbeit	Mithilfe des Lektionstests haben die TN die Möglichkeit, ihr neues Wissen in den Bereichen Wortschatz, Grammatik und Redemittel zu überprüfen. Wenn die TN mit einzelnen Bereichen noch Schwierigkeiten haben, können Sie gezielt einzelne Module wiederholen.		

REFLEXION DER LEKTION

SOZIALFORM	ABLAUF	MATERIAL	ZEIT
Gruppenarbeit Plenum	**VERTIEFUNG:** Die TN überlegen sich in Kleingruppen Wohnformen der Zukunft anhand der Frage: *Wie werden die Menschen in 20 Jahren wohl leben?* Sie entwerfen Konzepte und halten diese auf Plakaten fest. Ermutigen Sie die TN, auch zu zeichnen, und halten Sie genügend Plakate bereit. Die Konzepte der einzelnen Gruppen werden im Plenum vorgestellt, wobei die TN bei der Präsentation auf Nomen mit Präpositionen (Kursbuch → S. 93) zurückgreifen können, zum Beispiel *Das Bedürfnis nach mehr Platz für Patchwork-Familien führt zum Bau von größeren Häusern.*	Plakate	

LEKTION 8 ERNÄHRUNG

EINSTIEG

Vor dem Öffnen des Buches

SOZIALFORM	ABLAUF	MATERIAL	ZEIT
Plenum	**Aktivierung** nach der Methode **Wer-den-Ball-hat** (Glossar → S. 156). Die TN stellen sich im Kreis auf, sodass jeder jeden sehen kann. Sie nennen Lebensmittel mit ihrem Artikel. Jeder darf nur eines nennen, dann wird der Ball weitergeworfen. Auf diese Weise aktivieren Sie das Vorwissen der TN. Sie beginnen, werfen den Ball einem TN zu und sagen zum Beispiel *die Banane*.	kleiner Ball	

1 Kaum zu glauben – aber wahr!

SOZIALFORM	ABLAUF	MATERIAL	ZEIT
Plenum / Einzelarbeit	a) Fragen Sie die TN: *Was glauben Sie, wie viel Bier trinkt der Durchschnittsdeutsche in seinem Leben?* Die TN äußern ihre Vermutungen. Lesen Sie dann die konkrete Zahl aus der Tabelle vor und erklären Sie, dass die Tabelle den Lebensmittelkonsum eines Durchschnittsdeutschen im gesamten Leben widerspiegelt. Die TN ordnen die anderen Zahlen den Lebensmitteln zu.		
Partnerarbeit	b) Die TN sprechen zu zweit über ihre Zuordnungen und vergleichen sie dann mit den Lösungen im Arbeitsbuch (→ S. AB 210). **TIPP:** Variieren Sie bei der Gruppenfindung, zum Beispiel mithilfe der Methode **Vier Ecken** (Glossar → S. 156). Hängen Sie in die vier Ecken des Kursraums je einen Zettel, auf denen jeweils eines der folgenden Wörter steht: *Fisch, Fleisch, Gemüse, Nudeln*. Stellen Sie eine Frage, die zur Folge hat, dass sich die TN auf die Ecken verteilen, zum Beispiel: *Was essen Sie am liebsten?* Die TN gehen in die entsprechende Ecke, finden dort eine Lernpartnerin / einen Lernpartner und bearbeiten mit ihr/ihm Aufgabe b).	Zettel	
Plenum	c) Fordern Sie die TN auf, im Raum herumzugehen und sich eine Zufallspartnerin / einen Zufallspartner zu suchen, mit der/dem sie die Frage besprechen: *Wie würde so eine Statistik in Ihrem Heimatland aussehen?* Nach ca. drei Minuten wechseln die Gesprächspartner. Beenden Sie die Gesprächsrunde und lassen Sie einige TN exemplarisch im Plenum berichten, was sie von TN anderer Nationalitäten erfahren haben. **VERTIEFUNG:** Schlagen Sie den TN vor, als freiwillige Hausaufgabe eine Statistik über ihr Heimatland zu erstellen und im Plenum vorzustellen. **INTERKULTURELLES:** Fragen Sie die TN: *Warum essen Sie viel/wenig/kein …? Trinken Sie oft …? Wie sieht ein typisches Festtagsessen in Ihrem Land aus? …* Bitten Sie die TN auch, Fotos von typischen Landesgerichten mitzubringen.		
Einzelarbeit	**AB 123/Ü1** Wortschatzübung zur Wiederholung des Themenfeldes „Essen"; auch als Hausaufgabe geeignet.		

LEKTION 8 ERNÄHRUNG

LESEN 1

1 Du bist, was du isst.

SOZIALFORM	ABLAUF	MATERIAL	ZEIT
Plenum Einzelarbeit	a) Sehen Sie gemeinsam mit den TN die Bilder an. Was ist darauf jeweils dargestellt? Lesen Sie dann die Überschriften und den ersten Absatz. Die TN äußern ihre Erwartungen zu dem Inhalt des Artikels und lesen im Anschluss den restlichen Text. **VERTIEFUNG:** Schnellere TN können eine für sie typische Einkaufsliste erstellen, die sie später präsentieren.		
Plenum	b) Wenn alle TN den Artikel gelesen haben, klären Sie bei Bedarf zunächst unbekanntes Vokabular. Die TN sprechen dann darüber, ob ihre Vermutungen bestätigt wurden.		
Partnerarbeit Plenum	c) Die TN ergänzen in Partnerarbeit die Tabelle mit Stichworten. Kontrolle im Plenum. *Lösung:* 	*Ernährungstypen*	*Gründe*
---	---
Fleischesser	*…, für den menschlichen Organismus wichtig, liefert Eisen, Vitamine und Mineralstoffe, ohne Fleisch gibt es Mangelerscheinungen*
Flexitarier	*gegen Massentierhaltung, für Schutz der Umwelt, für gesunde Ernährung*
Vegetarier	*Glaubensgründe, gesündere Lebensweise, Tier- und Umweltschutz*
Veganer	*Tierschutz endet nicht beim Fleischverzicht*
Frutarier	*ethische Gründe: Der Natur darf kein Schaden zugefügt werden, Lebensmittel jeglicher Art dürfen bei der Ernte nicht sterben*			
Plenum	d) Die TN äußern ihre Meinung zur Frage, wer am gesündesten isst, sowie ihre Vermutung, welche Ernährungsweise genussorientierter ist, und begründen beides.		
Plenum Partnerarbeit Plenum	e) Fragen Sie die TN, zu welcher der im Text genannten Ernährungstypen sie sich selbst zählen. Danach sprechen die TN mit ihrer Lernpartnerin / ihrem Lernpartner über ihre jeweiligen persönlichen Ernährungsgewohnheiten. **VERTIEFUNG:** Stoßen Sie eine „Geständnisrunde" an, indem Sie zum Beispiel sagen: *Ich soll keine Chips essen, aber ich bin verrückt nach Essigchips.* Fragen Sie die TN, ob auch sie etwas trinken oder essen, was nicht gesund ist bzw. sie nicht zu sich nehmen sollten. Das Gespräch wird alle TN interessieren und bewirkt eine entspannte Atmosphäre. **INTERKULTURELLES:** Fragen Sie: *Essen/Trinken Sie etwas, weil es ein „Muss" in der Gesellschaft ist, zum Beispiel wenn Sie Gäste haben? Essen/Trinken Sie etwas nicht, weil es ihre Kultur verbietet?* Stellen Sie sicher, dass keine Wertung der von den TN genannten Lebensmittel erfolgt, die unter anderem aus religiösen Gründen nicht gegessen/getrunken werden.		
Einzelarbeit	**AB 123/Ü2** Hörübung zum Thema „Vegetarismus", die Kontrolle erfolgt über den Hörtext auf CD; auch als Hausaufgabe geeignet.	AB-CD/5 AB-CD/44	
Einzelarbeit	**AB 123/Ü3** Wortschatzübung zu Begriffen aus dem Lesetext in Lesen 1 im Kursbuch; auch als Hausaufgabe geeignet.		

LEKTION 8 ERNÄHRUNG

2 Subjektive Bedeutung des Modalverbs *sollen*

SOZIALFORM	ABLAUF	MATERIAL	ZEIT
Einzelarbeit	a) Die TN lesen die Sätze und markieren die richtige Antwort. *Lösung: Es gibt etwas wieder, was jemand gehört oder gelesen hat.*		
Einzelarbeit Plenum	b) Die TN schreiben die Sätze ohne *sollen*. Kontrolle im Plenum. *Lösung: 1 Man sagt, dass es weltweit eine Milliarde Vegetarier, davon mehr als 200 Millionen Inder, gibt. 2 Es wird behauptet, dass in Deutschland schon 42 Millionen Menschen diesen Ernährungsstil übernommen haben.*		
Einzelarbeit Plenum	c) Die TN bilden Sätze mit *sollen*. Kontrolle im Plenum. **FOKUS GRAMMATIK:** Mit *sollen* kann wiedergegeben werden, was andere Personen gesagt haben (Zitat) bzw. was man gehört hat. Diese Form wird bevorzugt verwendet, wenn man nicht sagen möchte, woher man seine Informationen hat oder wer das gesagt hat. Manchmal ist die Informationsquelle auch allgemein bekannt: *Es soll morgen sonnig werden.* Der Konjunktiv I dagegen gibt wörtlich wieder, was eine andere Person geäußert hat, siehe dazu auch Lektion 7. Weisen Sie die TN auch auf die Grammatikübersicht im Kursbuch (→ S. 118/1) hin. *Lösung: 1 Männer sollen doppelt so viel Fleisch und Wurst wie Frauen essen. 2 Der Verzicht auf tierische Produkte soll zu Nährstoffmangel führen.*		
Einzelarbeit	**AB 124/Ü4** Grammatikwiederholung zu *müssen* und *sollen*; auch als Hausaufgabe geeignet.		
Einzelarbeit	**AB 124/Ü5** Grammatik entdecken: subjektive Bedeutung des Modalverbs *sollen*; auch als Hausaufgabe geeignet.		
Einzelarbeit	**AB 125/Ü6** Grammatikübung zu *sollen*; auch als Hausaufgabe geeignet.		

LEKTION 8 ERNÄHRUNG

Ich kann jetzt …

SOZIALFORM	ABLAUF	MATERIAL	ZEIT
Einzelarbeit	Die TN markieren, was auf sie zutrifft.		
Plenum	**VERTIEFUNG 1:** Methode Stadt-Land-Fluss (Glossar → S. 155): Die TN nehmen ein Blatt quer und teilen es in fünf Spalten. Jede Spalte bekommt eine Überschrift, zum Beispiel: *Getränk, Obst, Gemüse, Süßes, Sonstiges*. Dann sagt ein/e TN den Buchstaben *A* laut und geht so lange still durch das Alphabet, bis ihr/sein Nachbar „stopp" sagt. Sie/Er nennt den Buchstaben, bei dem sie/er im Alphabet stehen geblieben ist, zum Beispiel *M*. Die TN füllen so schnell wie möglich ihre Spalten mit Wörtern, die mit *M* beginnen, zum Beispiel: *Milch, Mandarine, Mangold, Marmelade, Mandeln*. Wer als Erste/r fertig ist, ruft „stopp". Alle TN hören sofort auf zu schreiben. Vergleichen Sie die Antworten im Plenum. Haben mehrere TN das gleiche Wort, gibt es 5 Punkte, hat nur ein TN das Wort, bekommt er 10 Punkte, hat nur ein TN überhaupt ein Wort in dieser Kategorie, ist das 20 Punkte wert. So geht es reihum. Wer am Ende die meisten Punkte hat, hat gewonnen. Diese Methode eignet sich auch zwischendurch zur Wiederholung bereits bekannten Vokabulars.	Blatt Papier	
Gruppenarbeit	**VERTIEFUNG 2:** Stoßen Sie mithilfe der Methode Denkhüte (Glossar → S. 151) eine Diskussion zu der Frage *Essen Sie Fleisch?* an. Bringen Sie genug Papierhüte für alle TN in drei Farben mit in den Unterricht. Jeder Farbe wird eine bestimmte Sichtweise bzw. Charaktereigenschaft zugeordnet – zum Beispiel sind die TN mit dem *grünen* Hut Fleischesser, die mit dem *orangefarbenen* Flexitarier, die mit dem *roten* Vegetarier. Dann wird der Kurs in diese vier Farbgruppen aufgeteilt und alle TN mit der gleichen Hutfarbe überlegen sich Argumente, die zu ihrer Sichtweise passen (auch mithilfe der Aufgabe 1c des Kursbuches). Bei Bedarf helfen Sie den Gruppen bei der Formulierung ihrer Argumente. Dann einigt sich der Kurs auf jeweils eine/n TN aus jeder Gruppe, die/der sich je einen Hut aufsetzt und die Diskussion stellvertretend für die Gruppe durchführt. Nach einer Weile wird gewechselt.	verschiedenfarbige Papierhüte	
Plenum			

HÖREN

1 Selbst Speisen zubereiten

SOZIALFORM	ABLAUF	MATERIAL	ZEIT
Plenum Partnerarbeit	Sehen Sie mit den TN die beiden Fotos an. Fragen Sie: *Kochen Sie gern? Könnten Sie sich vorstellen, als Koch zu arbeiten?* Nach dem Gespräch im Plenum sprechen die Lernpartner/innen über die Fragen im Kursbuch.		

LEKTION 8 ERNÄHRUNG

2 Kochkurse

SOZIALFORM	ABLAUF	MATERIAL	ZEIT
Einzelarbeit Plenum	a) Spielen Sie den Anfang der Nachricht auf dem Anrufbeantworter vor. Die TN hören, wer wen anruft und worum es geht. Kontrolle im Plenum. *Lösung: Caroline, die Leiterin des Kochstudios, ruft Alex vom „Kochstudio Schlemmerwerkstatt" an. Das Kursprogramm für Mai muss noch ergänzt und korrigiert werden, bevor es ins Internet gestellt werden kann.*	CD 2/11	
Plenum Einzelarbeit Plenum	b) Lesen Sie gemeinsam mit den TN die Aufgabenstellung und dann den Lerntipp, dessen Inhalt die TN gleich beim Hören der CD in die Praxis umsetzen können. Lesen Sie dann ebenfalls gemeinsam das Kochkursprogramm. Klären Sie bei Bedarf unbekanntes Vokabular. Spielen Sie Track 12 vor, die TN ergänzen die fehlenden Informationen im Programm. Kontrolle im Plenum. *Lösung: 1 vegetarisch; 2 22.5.; 3 Blaue Küche, 1. Stock; 4 Peter; 5 76,– € pro Person*	CD 2/12	
Plenum	c) Die TN sprechen über die Kurse, die sie besuchen würden.		
Einzelarbeit	**AB 125/Ü7** Leseübung zum Filmtipp „Sushi in Suhl"; auch als Hausaufgabe geeignet.		
Einzelarbeit	**AB 126/Ü8** Leseübung zum Thema „Kochkurs zu Hause"; auch als Hausaufgabe geeignet.		

Ich kann jetzt …

SOZIALFORM	ABLAUF	MATERIAL	ZEIT
Einzelarbeit	Die TN markieren, was auf sie zutrifft.		
Plenum Partnerarbeit Plenum	**VERTIEFUNG 1:** Flammende Rede (Glossar → S. 152): Die TN ziehen ein individuelles Resümee. Nennen Sie das Thema der Fertigkeit, das die TN kommentieren sollen, zum Beispiel *Hauptinformationen einer Nachricht auf dem Anrufbeantworter verstehen*. Der Reihe nach zündet jede/r TN ein Streichholz an und zieht ihr/sein persönliches Resümee, solange das Streichholz brennt. Dann ist die/der Nächste an der Reihe. Dabei lernen die TN, sich kurz zu fassen und ihre Gedanken zu zentrieren. Gleichzeitig bekommen Sie einen guten Eindruck, wie sicher sich die TN in der Fertigkeit einschätzen. **VERTIEFUNG 2:** Die TN bieten einen eigenen Kochkurs an. Dazu arbeiten sie zu zweit. Ihr Angebot soll auf die folgenden Fragen eingehen: *Was ist das Ziel des Kurses? Wie ist der Kursname? Was müssen die TN mitbringen? Wie lange dauert der Kurs? Wie gestalten Sie den Kurs? Wie viele TN hat der Kurs?* Sobald alle TN ein schlüssiges Konzept haben, erklären Sie, dass je ein/e TN jeder Gruppe ihren/seinen Kurs vorstellt. Bitten Sie die anderen TN, für einen Moment den Kursraum zu verlassen. Den Verbliebenen erklären Sie, dass heute „Tag der offenen Kochschule" ist. Ihre Aufgabe ist es, ihren Kochkurs so zu präsentieren, dass sie möglichst viele TN für ihren Kurs gewinnen. Je realistischer Sie den Tag der offenen Kochschule gestalten, desto motivierender. Schieben Sie also die Tische in einen Kreis und fordern Sie die „Anbieter" auf, sich an ihren „Stand" zu stellen. Dann holen Sie die „Besucher" in den Raum und erklären ihnen, dass sie am „Tag der offenen Kochschule" von Stand zu Stand gehen, sich alle Angebote anhören, Fragen stellen und sich schließlich für einen Kurs entscheiden sollen. Die/Der Gewinner/in des Rollenspiels sind die Anbieter, die die meisten „Kursanmeldungen" sammeln konnten.	Streichhölzer	

LEKTION 8 ERNÄHRUNG

SPRECHEN 1

1 „Kalter Hund" & Co.

SOZIALFORM	ABLAUF	MATERIAL	ZEIT
Einzelarbeit Plenum	a) Die TN sehen sich die Fotos der Gerichte an und ordnen die Namen den Speisen zu. Kontrolle im Plenum. *Lösung: A Geschnetzeltes mit Rösti; B Kalter Hund; C Kaiserschmarrn*		
Partnerarbeit Plenum	b) Die TN sprechen zu zweit darüber, aus welchem Land die Gerichte wohl kommen. Danach äußern sie ihre Vermutungen im Plenum. *Lösung: A Schweiz; B Deutschland; C Österreich*		
Einzelarbeit Plenum	c) Die TN ordnen die Zutaten den Speisen zu. Klären Sie bei Bedarf unbekanntes Vokabular. Kontrolle im Plenum. *Lösung: 1C; 2A; 3B*		
Plenum	d) Die TN sprechen über andere typische Gerichte aus deutschsprachigen Ländern. **TIPP:** Wenn das Gespräch zäh anläuft, sprechen Sie zunächst über typische Gerichte wie Apfelstrudel, Wiener Schnitzel etc. **VERTIEFUNG:** Fragen Sie die TN, welches die Hauptzutaten der Gerichte sind, die Sie genannt haben. Gerade bei Mehlspeisen wird ihnen wohl Vokabular fehlen, zum Beispiel: *Stärke, Backpulver* etc. Klären Sie unbekanntes Vokabular, jedoch nicht im Detail, da in Übung 2 näher auf das Thema eingegangen wird. Diese Vertiefung dient auch der Vorentlastung von Übung 2.		

2 Speisen aus Ihrer Region

SOZIALFORM	ABLAUF	MATERIAL	ZEIT
Einzelarbeit	a) Verteilen Sie leere, DIN-A6 große Zettel. Die TN schreiben darauf die Zutaten für ein typisches Gericht aus ihrer Heimatregion.	DIN-A6-Zettel	
Plenum	b) Sammeln Sie die Zettel ein, mischen Sie sie und verteilen Sie sie im Kurs. Stellen Sie sicher, dass die TN zuerst die Namen der Gerichte nennen, für die sie die Zutatenliste geschrieben haben, und dann beginnen, die jeweilige Zutatenliste zu lesen, die sie bekommen haben. Wenn die TN glauben, dass sie die passende Zutatenliste zu einem der genannten Gerichte haben, melden sie sich und lesen sie vor.		
Plenum Gruppenarbeit	c) Gehen Sie gemeinsam mit den TN die sechs genannten Punkte durch. Die TN bilden Fragen dazu, zum Beispiel: *Bei welcher Gelegenheit / Zu welchem Anlass isst man das Gericht?* Fordern Sie sie auf, die aufgeführten Redemittel zu benutzen. Weisen Sie die TN auch auf die Redemittel im Anhang hin. Dann tauschen sich die TN zu viert aus.		
Einzelarbeit	**AB 126–127/Ü9** Übung zu Maßeinheiten und Redemitteln zum Thema „Kochen"; auch als Hausaufgabe geeignet.		
Einzelarbeit	**AB 127/Ü10** Schreibübung zum Thema „Ein Gericht, das mich an zu Hause erinnert"; auch als Hausaufgabe geeignet.		

LEKTION 8 ERNÄHRUNG

Ich kann jetzt …

SOZIALFORM	ABLAUF	MATERIAL	ZEIT
Einzelarbeit	Die TN markieren, was auf sie zutrifft.		
Plenum	**VERTIEFUNG:** Organisieren Sie ein Projekt „Gemeinsam kochen". Wenn Sie eine Küche im Kursgebäude zur Verfügung haben, können Sie dort gemeinsam kochen. Wenn Sie nicht genügend Zeit zur Verfügung haben, veranstalten Sie das gemeinsame Kochen außerhalb der Kurszeit privat. Fordern Sie die TN dabei auf, die in der Lektion gelernten deutschen Begriffe aus dem Wortfeld „Essen/Kochen" zu verwenden. Realistische Sprechanlässe wie gemeinsames Kochen bieten die besten Lernvoraussetzungen.		

WORTSCHATZ

1 Ein breites Angebot

SOZIALFORM	ABLAUF	MATERIAL	ZEIT
Einzelarbeit Plenum	a) Die TN sehen die Anzeigen an und ergänzen die fehlenden Teile der Werbetexte. Kontrolle im Plenum. *Lösung: Neue Ernte:* Leckeres junges Gemüse …; *Das absolute In-Getränk:* prickelnd, kalorienarm …; *Geht schneller als Kuchenbacken:* … und schmeckt …; *Blitzschnelle Zubereitung:* Zwei Minuten in die …; *Aus rein biologischem Anbau:* Nur das Gesündeste …		
Plenum	b) Die TN berichten, welche Anzeige sie anspricht und warum.		

2 Nominalisierung von Verben

SOZIALFORM	ABLAUF	MATERIAL	ZEIT
Plenum	Beginnen Sie mit der Wiederholung von typischen Endungen bei Nominalisierungen. Schreiben Sie dazu Wörter wie *Gesundheit, Wissenschaftler, Pädagogik, Bäckerei* an die Tafel und lassen Sie einzelne TN die jeweilige Endung markieren. Alternativ können Sie auch mit Übung 11 im Arbeitsbuch (→ S. AB 128) beginnen.		
Einzelarbeit Plenum	a) Die TN ordnen die Nomen aus den Anzeigen der mittleren Spalte zu und tragen dann in die linke Spalte die dazu passenden Verben ein. Kontrolle im Plenum. *Lösung:* <table><tr><th>Verben</th><th>Nominalisierung der Verben …</th><th>Beispiele</th></tr><tr><td>anbauen</td><td>vom Verbstamm</td><td>der Anbau</td></tr><tr><td>trinken, backen</td><td>durch Vorsilbe Ge-</td><td>das Getränk, das Gebäck</td></tr><tr><td>Kuchen backen</td><td>vom Infinitiv</td><td>das Kuchenbacken</td></tr><tr><td>ernten</td><td>durch Endung -e</td><td>die Ernte</td></tr><tr><td>zubereiten</td><td>durch Endung -ung</td><td>die Zubereitung</td></tr></table>		

LEKTION 8 ERNÄHRUNG

Einzelarbeit Plenum	b) Aus den vorgegebenen Verben wählen die TN das richtige aus und nominalisieren es. Kontrolle im Plenum. *Lösung: 2 Geschmack; 3 Herstellung; 4 Aufbewahrung; 5 Anbau; 6 Ernte* **FOKUS GRAMMATIK:** Nominalisierungen von Verben sind ein zentrales Wortbildungsprinzip des Deutschen. Mithilfe von Nachsilben bzw. Vorsilben lassen sich aus Verben Nomen bilden. Umgekehrt lassen sich aus Nomen auch Verben bilden. Weisen Sie die TN auch auf die Grammatikübersicht im Kursbuch (→ S. 118/2) hin.		
Plenum	**VERTIEFUNG:** Veranschaulichen Sie das Prinzip der Nominalisierung von Verben mithilfe der **Visualisierung (Glossar → S. 156)**, indem Sie die Nomen aus Aufgabe 2a) und b) einzeln auf Kärtchen schreiben und an die TN verteilen. Schreiben Sie die Wortbildungsprinzipien an das Whiteboard, zum Beispiel: die Verbindung „-en", streichen Sie „en" durch und schreiben Sie „→ + er" daneben (ähnlich der Tabelle im Kursbuch). Verfahren Sie mit den anderen Wortbildungsprinzipien jeweils genauso. Die TN stehen dann auf, nehmen einen Magneten und heften ihr Nomen in die richtige Kategorie. Die TN schreiben auch das Verb dazu. Wenn Sie kein Whiteboard haben, können Sie Ihre Tafel für die Wortbildungsprinzipien und eine große Tischfläche für die Kärtchen benutzen. Kontrolle im Plenum. Diese Methode kommt besonders visuellen Lernern entgegen.	Kärtchen, Whiteboard, Magnete/ großer Tisch	
Einzelarbeit	**AB 128/Ü11** Wiederholungsübung zu Endungen von Nomen; auch als Hausaufgabe geeignet. Diese Übung dient auch der Vorentlastung von Aufgabe 2 im Kursbuch.		
Einzelarbeit	**AB 128/Ü12** Grammatik entdecken: Nominalisierung von Verben; auch als Hausaufgabe geeignet.		
Einzelarbeit	**AB 129/Ü13** Grammatikübung: Nominalisierung von Verben zum Thema „Welches Getränk schmeckt am besten?"; auch als Hausaufgabe geeignet.		

3 Wissensspiel – Was uns ernährt

SOZIALFORM	ABLAUF	MATERIAL	ZEIT
Gruppenarbeit	Die TN arbeiten zu viert in zwei Teams und stellen sich einander abwechselnd die Fragen auf den Kärtchen. Weisen Sie die TN auch auf die Lösungen im Arbeitsbuch (→ S. AB 210) hin. Das Team mit den meisten Punkten gewinnt.		
Plenum	**TIPP:** Gruppenfindung nach der Methode **Zwei Hälften (Glossar → S. 157)**: Schreiben Sie Komposita zum Thema „Gerichte" (oder „Gerichte, deren Namen aus zwei Teilen bestehen") aus der Lektion auf kleine Papierstreifen. Es müssen immer zwei Papierstreifen ein Kompositum ergeben. Zum Beispiel: *Kalbs-* und *-schnitzel* oder *Kartoffel-* und *-brei*. Die TN bewegen sich im Raum, finden ihre Wortergänzung und somit ihre Lernpartnerin / ihren Lernpartner. Weil die TN hier zu viert arbeiten, müssen sie anschließend das passende Paar zu ihrem Gericht finden, zum Beispiel passt *Kartoffelbrei* zu *Kalbsschnitzel*. Diese vier TN arbeiten zusammen. Weitere mögliche Gerichte: *Wiener* und *Schnitzel* mit *Pommes* und *frites*, *Kaiser-* und *-schmarrn* mit *Puder-* und *-zucker* etc.	Papierstreifen	
Einzelarbeit	**AB 129/Ü14** Wortschatzübung zum Thema „Ernährung"; auch als Hausaufgabe geeignet.		

LEKTION 8 ERNÄHRUNG

Ich kann jetzt …

SOZIALFORM	ABLAUF	MATERIAL	ZEIT
Einzelarbeit	Die TN markieren, was auf sie zutrifft.		

SCHREIBEN

1 Eine Kundin meldet sich

SOZIALFORM	ABLAUF	MATERIAL	ZEIT
Plenum Einzelarbeit Plenum Plenum	Sehen Sie sich gemeinsam die Zeichnung des Früchtedrinks an. Fragen Sie: *Welche Zutaten, glauben Sie, sind in dem Drink?* Die TN antworten. Sagen Sie: *Das hatte Frau Abel auch gedacht. Lesen wir ihre Mail.* Die Reklamationsmail wird von den TN gelesen, im Anschluss beantworten sie die Fragen 1 bis 5. Kontrolle im Plenum. *Lösung: 1 Sie wendet sich an die Firma „Zettel GmbH". Sie möchte sich über ein Produkt der Firma beschweren. 2 Sie erwartet, dass in dem Frühstücksdrink die Zutaten enthalten sind, die auf der Verpackung abgebildet sind. 3 Sie fühlt sich getäuscht, weil in dem Getränk der Anteil an Früchten, die sie darin erwartet hatte, weniger als ein Viertel beträgt und dafür weitere Früchte enthalten sind, die nicht auf der Vorderseite der Packung abgebildet oder erwähnt wurden. 4 Man müsse Bild und Text auf der Flasche ändern oder den Anteil an Kirschen und Trauben deutlich erhöhen. Außerdem bittet sie um eine schlüssige Erklärung und eine Entschädigung. 5 Sie droht damit, sich an die Verbraucherzentrale zu wenden.* **VERTIEFUNG:** Fragen Sie die TN, ob sie ähnliche Erfahrungen mit Lebensmitteln gemacht haben. Falls das Gespräch zögernd anläuft, beginnen Sie, indem Sie zum Beispiel sagen: *Ich habe neulich festgestellt, dass in Hühnersuppe gerade mal 5 % Hühnerfleisch ist.* Geben Sie keinen Kommentar dazu, sondern warten Sie auf Äußerungen der TN. Diese Vertiefung dient auch zur Vorentlastung von Aufgabe 3 im Kursbuch.		

2 Konditionale Zusammenhänge

SOZIALFORM	ABLAUF	MATERIAL	ZEIT
Partnerarbeit Plenum	a)+b) Die TN lesen in Partnerarbeit die Sätze und markieren die richtige Antwort. Kontrolle im Plenum. *Lösung: a) wenn; b) Varianten 1, 3* **FOKUS GRAMMATIK:** *Falls* und *sofern* leiten ebenso wie *wenn* eine Bedingung ein. Im Unterschied zu *wenn* aber drücken sie aus, dass die Sprecherin / der Sprecher die Möglichkeit erwägt, dass die Bedingung gar nicht eintritt. Erklären Sie dies anhand folgender Sätze: 1 <u>Wenn</u> ich sie sehe, dann gebe ich ihr den Brief. 2 <u>Falls</u> ich sie sehe, dann gebe ich ihr den Brief. Bei Satz 2 ist der Sprecher nicht sicher, ob er die Person sieht, bei Satz 1 ist er sicher, weiß aber nicht genau, wann. *Bei* + Dativ drückt ebenfalls einen konditionalen Zusammenhang aus, wird aber eher in der Schriftsprache benutzt. Weisen Sie die TN auch auf die Grammatikübersicht im Kursbuch (→ S. 118/3) hin.		

LEKTION 8 ERNÄHRUNG

Einzelarbeit Plenum	c) Die TN formulieren die Sätze um. Kontrolle im Plenum. *Lösung: 1 ... sie sich an den Hersteller wenden. 2 ... Verbraucher etwas reklamieren, bieten viele Firmen Gratisprodukte an. 3 Beim Kauf von Fertigprodukten achte ich immer auf die Zutaten.*		
Einzelarbeit	**AB 130/Ü15** Grammatik entdecken: konditionale Zusammenhänge; auch als Hausaufgabe geeignet.		
Einzelarbeit	**AB 130–131/Ü16** Grammatikübung zu *wenn, falls/sofern, bei*; auch als Hausaufgabe geeignet.		
Einzelarbeit	**AB 131/Ü17** Schreibübung zu konditionalen Zusammenhängen; auch als Hausaufgabe geeignet.		

3 Ihre Erfahrungen

SOZIALFORM	ABLAUF	MATERIAL	ZEIT
Plenum	a) Die TN berichten über Lebensmittel, mit denen sie unzufrieden waren, und begründen ihre Aussagen.		
Partnerarbeit Plenum/Gruppenarbeit	b) Verfahren Sie wie in der Arbeitsanweisung. **TIPP 1:** Nutzen Sie die Gelegenheit, sich wiederholte Fehler bei der freien Sprachproduktion der TN zu notieren, um sie später in anonymisierter Form korrigieren zu lassen. Zum Beispiel können Sie die Sätze auf einem Arbeitsblatt zusammenfassen und in Gruppen korrigieren lassen oder auch auf Folie auf dem Overheadprojektor zeigen und im Plenum korrigieren. **TIPP 2:** Es gilt das Freiwilligenprinzip: Wer das Gespräch nicht im Plenum vorstellen möchte, muss nicht.		
Einzelarbeit Plenum	c) Analog zu der Beschwerde in Aufgabe 1 und mithilfe der Redemittel verfassen die TN einen Beschwerdebrief. Weisen Sie die TN auch auf die Redemittel zum Thema „einen Beschwerdebrief formulieren" im Anhang hin. Einige TN können ihre Beschwerdebriefe exemplarisch im Plenum vorlesen.		
Einzelarbeit	**AB 131/Ü18** Übung zu den Redemitteln „einen Beschwerdebrief formulieren"; auch als Hausaufgabe geeignet.		
Plenum	**LANDESKUNDE:** Lesen Sie gemeinsam den Hinweis *Wussten Sie schon?* Bringen Sie zur Veranschaulichung eine Tafel Schokolade oder Pralinen mit und lesen Sie die Angaben vor. Lassen Sie sich die Schokolade/Pralinen danach gemeinsam schmecken. **INTERKULTURELLES:** Fragen Sie die TN: *Gibt es in Ihrem Land eine Zutatenliste auf der Verpackung der Lebensmittel? Gibt es Warnungen vor allergischen Reaktionen? Steht die Anschrift des Herstellers auf der Verpackung? Achten Sie auf diese Angaben?*	Schokolade/ Pralinen	
Einzelarbeit	**AB 132/Ü19** Landeskundliche Übung, angelehnt an *Wussten Sie schon?* im Kursbuch; auch als Hausaufgabe geeignet.		

Ich kann jetzt ...

SOZIALFORM	ABLAUF	MATERIAL	ZEIT
Einzelarbeit	Die TN markieren, was auf sie zutrifft.		

LEKTION 8 ERNÄHRUNG

LESEN 2

1 In meinem Kühlschrank

SOZIALFORM	ABLAUF	MATERIAL	ZEIT
Plenum	Spielen Sie **Sonnenaufgang** (Glossar → S. 155) im Plenum. Erklären Sie, dass die TN ein Wort erraten sollen, das von zentraler Bedeutung für die folgende Übung ist *(Mindesthaltbarkeitsdatum)*.		
Plenum Einzelarbeit Partnerarbeit	a) Sehen Sie gemeinsam das Foto eines gefüllten Kühlschranks an und fragen Sie die TN, was sie darin erkennen. Anschließend machen sich die TN Notizen zu den Fragen im Kursbuch und tauschen sich dann mit ihrer Lernpartnerin / ihrem Lernpartner aus.		
Einzelarbeit	b) Die TN markieren, wann sie Lebensmittel wegwerfen.		
Gruppenarbeit Plenum	c) Fordern Sie die TN dazu auf, mit mindestens vier Lernpartnern über die Fragen in 1b) zu sprechen und sich Notizen zu machen. Diese Notizen tragen die TN dann im Plenum zusammen. So entsteht eine Klassenstatistik, über die Sie im Anschluss gemeinsam im Plenum sprechen können. **TIPP:** Während die TN mit ihren Lernpartnerinnen/Lernpartnern sprechen, schreiben Sie als Überschrift an die Tafel: *Wann werfen Sie Lebensmittel weg?* und notieren in Stichworten untereinander die vier in Aufgabe 1b) genannten Möglichkeiten, zum Beispiel so: *MHD überschritten, zu viel gekauft, beim Kühlschrankputzen, wenn unvermeidbar.* Wenn die TN ihre Gruppenergebnisse präsentieren, machen Sie einen Strich hinter dem entsprechenden Grund. Weitere Gründe ergänzen Sie an der Tafel. Haben alle TN ihre Rückmeldung gegeben, fordern Sie die TN auf, die Klassenstatistik an der Tafel in ganzen Sätzen zu formulieren, zum Beispiel *Die Hälfte der Kursteilnehmer ...* Weisen Sie die TN dabei auch auf die Redemittel zum Thema „eine Statistik beschreiben" im Anhang hin. Bei Bedarf lesen Sie die Redemittel noch einmal gemeinsam.		

2 Über den Umgang mit Lebensmitteln

SOZIALFORM	ABLAUF	MATERIAL	ZEIT
Einzelarbeit Plenum	Die TN lesen den Zeitungsbericht und markieren jeweils die zutreffende Aussage. Kontrolle im Plenum. *Lösung: 1b; 2a; 3b; 4c; 5a*		
Einzelarbeit	**TIPP:** Schnellere TN können Verben mit *v* aus dem Text heraussuchen *(vernichten, variieren, verwirren, ...)* oder auch Nomen, die die Wortteile *-datum* und *Lebensmittel-* enthalten. Lassen Sie diese Wörter auf Kärtchen schreiben und nutzen Sie sie zu einem späteren Zeitpunkt zur Wiederholung im Plenum.	Kärtchen	
Plenum Einzelarbeit	**AB 132/Ü20** Wortschatzübung zum Thema „Haltbarkeit von Lebensmitteln"; auch als Hausaufgabe geeignet.		

3 Konzessive Zusammenhänge

SOZIALFORM	ABLAUF	MATERIAL	ZEIT
Einzelarbeit	**AB 133/Ü21** Grammatikwiederholung zu *obwohl* und *trotzdem*. Die Übung eignet sich zur Vorentlastung des Themas „konzessive Konnektoren und Präpositionen"; auch als Hausaufgabe geeignet.		

LEKTION 8 ERNÄHRUNG

SOZIALFORM	ABLAUF	MATERIAL	ZEIT
Einzelarbeit Plenum	a) Die TN lesen die Sätze und markieren die richtige Antwort. Kontrolle im Plenum. *Lösung: obwohl*		
Einzelarbeit Plenum	b) Die TN lesen die Sätze und erkennen die Verbposition. Kontrolle im Plenum. *Lösung: 1 „Dennoch" leitet einen Hauptsatz ein. Das Verb steht an zweiter Position. 2 „Obwohl" leitet einen Nebensatz ein. Das Verb steht am Ende.*		
Einzelarbeit Plenum	c) Die TN entscheiden, für welche Konnektoren sie *obgleich* und *trotzdem* einsetzen können. Kontrolle im Plenum. *Lösung: Für „obwohl" kann man auch „obgleich" einsetzen und statt „dennoch" kann man auch „trotzdem" schreiben.*		
Plenum	**FOKUS GRAMMATIK:** Ebenso wie konditionale Zusammenhänge können auch konzessive Zusammenhänge verbal und nominal ausgedrückt werden, wobei auch hier die nominale Form überwiegend in der Schriftsprache genutzt wird. Weisen Sie die TN auch auf die Grammatikübersicht im Kursbuch (→ S. 118/4) hin.		
Plenum	**VERTIEFUNG 1:** Üben Sie die Satzstellung konzessiver Konnektoren und Präpositionen, indem Sie einen kurzen Satz an die Tafel schreiben, zum Beispiel: *Obwohl er krank ist, geht er arbeiten.* Schreiben Sie (oder auch die TN selbst) alle den TN bekannten Konnektoren und Präpositionen einzeln auf Kärtchen. Jeder von den TN zieht eines und formuliert den Satz entsprechend um.	Kärtchen	
Gruppenarbeit	**VERTIEFUNG 2:** Spiel zu konzessiven Zusammenhängen. Die TN spielen zu dritt oder viert und haben pro Gruppe eine Kopie der Kopiervorlage zu Lektion 8. Jede/r TN bekommt eine Spielfigur und jede Gruppe mindestens einen Würfel. Die TN stellen die Figuren auf „Start", würfeln, lesen ihr Feld und bilden dann einen Satz mit einem der Wörter in der Spielfeldmitte. Beispiel: *Leni hat ihre Mikrowelle verkauft → Trotz → Trotz des Verkaufs der Mikrowelle hat Leni nicht genug Geld.* Ist der Satz korrekt, darf die/der TN auf dem Feld stehen bleiben. Ist er nicht korrekt, muss sie/er auf das Ausgangsfeld zurückgehen. Dann kommt die/der nächste Mitspieler/in an die Reihe. Wer als Erste/r im Ziel ist, hat gewonnen.	Kopiervorlage Lektion 8, Spielfiguren, Würfel	
Einzelarbeit	**AB 133/Ü22** Grammatik entdecken: konzessive Zusammenhänge; auch als Hausaufgabe geeignet.		
Einzelarbeit	**AB 134/Ü23** Grammatikübung zur Bildung konzessiver Satzverbindungen; auch als Hausaufgabe geeignet.		

Ich kann jetzt ...

SOZIALFORM	ABLAUF	MATERIAL	ZEIT
Einzelarbeit	Die TN markieren, was auf sie zutrifft.		

LEKTION 8 ERNÄHRUNG

SPRECHEN 2

1 Aktionstag gegen Lebensmittelverschwendung

SOZIALFORM	ABLAUF	MATERIAL	ZEIT
Plenum Partnerarbeit Plenum	Lesen Sie gemeinsam mit den TN die Überschrift *Aktionstag gegen Lebensmittelverschwendung* und fragen Sie, was sich die TN darunter vorstellen. Zu zweit ordnen die TN dann den Bildern Titel zu. Kontrolle im Plenum. *Lösung: A Wo Nutztiere es gut haben …; B Urbane Landwirtschaft …; C Bewusst und maßvoll einkaufen …; D An einem Wochentag … auf Fleisch verzichten*		

2 Ein Projekt vorstellen

SOZIALFORM	ABLAUF	MATERIAL	ZEIT
Gruppenarbeit	a) Die TN wählen ein Projekt aus und finden sich zu dritt oder viert zusammen. **TIPP:** Schaffen Sie bei zeitintensiven Projekten wie diesen eine besonders angenehme Unterrichtsatmosphäre, indem Sie zum Beispiel Obst (oder Süßigkeiten) mitbringen, die Sie in einem Korb in die Mitte der Tische stellen, sodass sich jede/r TN „Energienachschub" holen kann.	kleine Belohnung für die TN	
Gruppenarbeit	b) Die TN machen sich Notizen zu den vorgegebenen Punkten.		
Gruppenarbeit	c) Nun bereiten die TN mithilfe der Redemittel die Präsentation vor, sie strukturieren sie zunächst und formulieren dann eine Textvorlage. Weisen Sie die TN darauf hin festzulegen, wer welchen Teil der Präsentation übernimmt. Gehen Sie in dieser Phase des Projekts zwischen den Gruppen hin und her und helfen Sie, wo nötig. Weisen Sie die TN auch auf die Redemittel im Anhang hin.		
Plenum	d) Die Gruppen präsentieren ihre Projekte. **TIPP:** Vergessen Sie nicht, die Gruppen zu loben und ihre Arbeit angemessen zu würdigen. Bieten Sie auch an, die ausformulierten Texte zu korrigieren. **VERTIEFUNG:** Mithilfe des **Atomspiels (Glossar → S. 150)** werden die Redemittel automatisiert. Sie bereiten dazu Kärtchen mit den zu lernenden Redemitteln vor. Die TN ziehen je eines, laufen dann durch den Raum und sagen immer wieder ihren Satz(teil) vor sich hin. Gleichzeitig hören sie auf die anderen Redemittel. Erstes Ziel ist es, dass sich die TN entsprechend ihrer Redemittel in Gruppen zusammenfinden, d.h. alle TN, die zum Beispiel Redemittel zu *die Idee eines Projekts darlegen* vor sich hin sprechen, bilden eine Gruppe. Im zweiten Schritt stellen sich die Gruppen dann in der richtigen Reihenfolge ihrer Redemittel auf (erste Gruppe: *die Idee eines Projekts darlegen*, zweite Gruppe: *den Ablauf des Projekts schildern*, dritte Gruppe: *die Zuhörer um ein Feedback bitten*). Kontrollieren Sie die Gruppen am Ende auf Richtigkeit innerhalb der Gruppe und deren Reihenfolge.	Kärtchen	
Einzelarbeit	**AB 134/Ü24** Übung zu den Redemitteln zur Projektpräsentation; auch als Hausaufgabe geeignet.		

LEKTION 8 ERNÄHRUNG

Ich kann jetzt ...

SOZIALFORM	ABLAUF	MATERIAL	ZEIT
Einzelarbeit	Die TN markieren, was auf sie zutrifft.		

SEHEN UND HÖREN

1 Bildgeschichte

SOZIALFORM	ABLAUF	MATERIAL	ZEIT
Plenum	Sehen Sie gemeinsam die drei Fotos im Kursbuch an und erläutern Sie gegebenenfalls, was auf den Bildern vor sich geht. *Mögliche Antworten: Auf Bild 1 holen zwei junge Männer etwas aus einer Abfalltonne. Auf Bild 2 sieht man einen der beiden Männer in einer Küche. Vor ihm liegen viel Gemüse und Obst. Auf Bild 3 bereitet er Gemüse für ein Essen vor.*		
Partnerarbeit Plenum	Die TN überlegen sich in Partnerarbeit eine Geschichte zu den Fotos und präsentieren diese anschließend im Plenum.		

2 Umgang mit Nahrungsmitteln

SOZIALFORM	ABLAUF	MATERIAL	ZEIT
Plenum	Abschnitt 1: Die TN sehen Abschnitt 1 der Reportage gemeinsam an. Sie sprechen darüber, wo die Männer sind, was sie dort machen, und vermuten, wie es wohl weitergeht. *Lösung: Sie sind auf dem Gelände eines Supermarktes unterwegs und suchen in den Abfalltonnen nach Lebensmitteln, die noch essbar sind.*	DVD 2/6	
Einzelarbeit Plenum	Abschnitt 2: Nachdem sie Abschnitt 2 gesehen haben, markieren die TN die richtigen Sätze und äußern ihre Vermutungen, wie Danny seine Aktionen begründen wird. Kontrolle im Plenum. *Lösung: 1 c, e, f*	DVD 2/7	
Einzelarbeit Plenum	Abschnitt 3: Die TN bearbeiten die Aufgaben 1–3 nach dem Abspielen von Abschnitt 3. Kontrolle im Plenum. *Lösung: 2 Von den Lebensmitteln, die täglich weggeworfen werden, könnten ein paar Familien leben. 3 sie einer sozialen Einrichtung, genannt „Tafel", zur Verfügung stellen.*	DVD 2/8	
Plenum	Abschnitt 4: Die TN sprechen darüber, was Danny mit den Lebensmitteln macht und was er sich diesbezüglich wünscht. *Lösung: 1 Er verwertet sie selbst oder verschenkt sie an Freunde und Verwandte. 2 Er wünscht sich einen sinnvolleren Umgang mit Lebensmitteln, also zum Beispiel eine bessere Politik der Supermärkte in Bezug auf das Wegwerfen von noch genießbaren Lebensmitteln.*	DVD 2/9	

3 Ihre Meinung

SOZIALFORM	ABLAUF	MATERIAL	ZEIT
Plenum	Sehen Sie die Reportage noch einmal ganz an. Informieren Sie die TN, dass Studenten aus Kiel den Film gemacht haben, und stoßen Sie danach eine Diskussion zum Thema an, indem Sie fragen, wie die TN diese Idee finden.	DVD 2/10	

LEKTION 8 ERNÄHRUNG

Einzelarbeit	**VERTIEFUNG:** Um die Darstellung der eigenen Meinung einzuüben, lassen Sie die TN ihre Meinung zur Frage in Aufgabe 3 schriftlich formulieren. Weisen Sie dazu auch auf die Redemittel im Anhang hin. Bieten Sie an, die schriftliche Ausarbeitung zu korrigieren.		
Einzelarbeit	**AB 135/Ü25** Leseübung zum Thema „Tipps zur Müllvermeidung"; auch als Hausaufgabe geeignet.		

Mein Dossier

SOZIALFORM	ABLAUF	MATERIAL	ZEIT
Einzelarbeit	**AB 135/Ü26** Die TN schreiben ein Rezept ihres Lieblingsgerichts. Eventuell haben sie auch ein Foto des Gerichts, das sie aufkleben können; auch als Hausaufgabe geeignet. **TIPP:** Schlagen Sie den TN vor, eine kleine Kostprobe ihres Lieblingsgerichts in die nächste Kursstunde mitzubringen.		

Ich kann jetzt ...

SOZIALFORM	ABLAUF	MATERIAL	ZEIT
Einzelarbeit	Die TN markieren, was auf sie zutrifft.		

AUSSPRACHE: Der Konsonant *h* (Arbeitsbuch → S. AB 136)

1 Der Hauchlaut *h*

SOZIALFORM	ABLAUF	MATERIAL	ZEIT
Einzelarbeit Plenum	a) Die TN hören die Wörter und markieren. Kontrolle im Plenum. *Lösung: 1 hin; 2 Ort; 3 herbe; 4 Hund; 5 alle; 6 hoffen*	AB-CD/7 AB-CD/46	
Plenum Partnerarbeit	b) Die TN hören die Sätze und sprechen sie nach. **VERTIEFUNG:** Erklären Sie, dass man sich selbst kontrollieren kann, ob die Aussprache des Hauchlautes *h* korrekt ist oder nicht. Nehmen Sie dazu ein Blatt Papier und halten Sie es mit einer Hand von oben locker zwischen Daumen und Zeigefinger sehr nah an Ihren Mund. Sprechen Sie dann einen der drei Sätze. Die TN sehen, wie sich das Papier vor Ihrem Mund beim Konsonanten *h* leicht bewegt. Die TN machen es Ihnen nach. Die Lernpartnerin / Der Lernpartner achtet auf die Bewegung des Blattes. Alternativ können die TN auch ihre Hand vor den Mund halten, oder Sie bringen Teelichter mit in den Kurs. An der Flamme sieht man den Hauch sehr gut. **TIPP:** Wer Schwierigkeiten mit dem Hauchlaut *h* hat, kann die Wörter und Sätze aus Aufgabe 1 als persönlichen Lernsatz nutzen und mithilfe eines Blattes Papier, einer Kerze oder einem Teelicht die richtige Aussprache üben.	AB-CD/8 AB-CD/47 Blatt Papier/ Teelichter	

LEKTION 8 ERNÄHRUNG

Plenum	c) Spielen Sie den Zungenbrecher vor. Die TN sprechen ihn nach, erst langsam, dann immer schneller. **TIPP:** Veranstalten Sie einen Wettbewerb: Wer kann den Zungenbrecher am schnellsten fehlerfrei sprechen?	AB-CD/9 *AB-CD/48*	
Partnerarbeit	**VERTIEFUNG:** Ermutigen Sie die TN, in Partnerarbeit selbst einen Zungenbrecher zu schreiben, der viele Wörter mit *h* im Anlaut enthält. Geben Sie als Beispiel vor: *Hannas hundert Hunde hetzen hundert Hasen hinterher.* Die Zungenbrecher werden im Plenum präsentiert und gewürdigt. Lassen Sie die TN den lustigsten bzw. besten wählen.		
Plenum			

2 Das Dehnungs-*h*

SOZIALFORM	ABLAUF	MATERIAL	ZEIT
Plenum Einzelarbeit	a) Erklären Sie den TN, dass der Buchstabe *h* am Ende einer Silbe den vorangehenden Vokal verlängert. **TIPP:** Führen Sie den TN diesen Sachverhalt mithilfe eines klaren Beispiels vor Augen, zum Beispiel dem Wortpaar *Bohne – Bonn*. Dann hören die TN und sprechen nach. **FOKUS PHONETIK:** Im Deutschen unterscheidet man zwischen dem Hauchlaut *h* und dem Dehnungs-*h*, das auch *stummes h* genannt wird, weil es nicht zu hören ist. Im Anlaut, also auch im Silbenanlaut im Wortinneren, findet sich der Hauchlaut *h*, zum Beispiel in *Hase* oder *Uhu*. Das Dehnungs-*h* ist nicht zu hören, zum Beispiel in *Zahl*, und verlängert den vorangehenden Vokal.	AB-CD/10 *AB-CD/49*	
Einzelarbeit Plenum	b) Die TN hören und markieren. Kontrolle im Plenum. *Lösung: 1, 2, 3, 7* **TIPP:** Bei Problemen der TN, das *h* zu hören, sprechen Sie die Wörter mit und ohne *h* mit übertriebener Aussprache vor.	AB-CD/11 *AB-CD/50*	
Plenum Einzelarbeit Plenum/ Partnerarbeit	c) Die TN hören die Sätze und sprechen sie nach. **TIPP:** Lassen Sie die TN alle Dehnungs-*h* unterstreichen und kontrollieren Sie dies im Plenum. Erst dann sprechen die TN nach. Alternativ können Ihre TN auch zu zweit arbeiten: eine/r spricht nach, während die jeweilige Lernpartnerin / der jeweilige Lernpartner zuhört und kontrolliert, ob die unterstrichenen *h*-Laute auch wirklich gedehnt gesprochen werden.	AB-CD/12 *AB-CD/51*	

3 Partnerdiktat

SOZIALFORM	ABLAUF	MATERIAL	ZEIT
Partnerarbeit	Die Lernpartner diktieren sich gegenseitig Teil 1 bzw. 2, wobei die/der Schreibende das Buch geschlossen hat. Nach den Diktaten korrigieren sich die TN mithilfe des Kursbuches selbst. Die TN, die geschrieben haben, lesen ihren Text dann noch einmal laut vor. **VERTIEFUNG:** Um den TN noch einmal den Unterschied zwischen Hauchlaut *h* und Dehnungs-*h* im Deutschen vor Augen zu führen, unterstreichen die TN in den Diktattexten jeweils alle *h*-Laute und kategorisieren sie dann: Dehnungs-*h* oder Hauchlaut *h*.		

LEKTION 8 ERNÄHRUNG

LERNWORTSCHATZ (Arbeitsbuch → S. AB 137)

SOZIALFORM	ABLAUF	MATERIAL	ZEIT
Einzelarbeit	**LERNSTRATEGIE-TIPP:** Vokabeln lassen sich langfristig einfacher abrufen, wenn sie beim Lernen mit bestimmten Sinneswahrnehmungen verbunden werden. Geben Sie den TN deshalb den Tipp, Vokabeln möglichst mit allen Sinnen zu lernen. Sie können aufgeschrieben, laut und stumm vorgelesen oder auch mit einem Aufnahmegerät aufgenommen und immer wieder angehört werden. Bei dem Thema „Ernährung" dieser Lektion können Sie die TN darauf hinweisen, die zu lernenden Vokabeln, zum Beispiel bei Wörtern wie *Vitamin, würzen, exotisch, Strauch*, etc. mit bestimmten Sinneseindrücken zu verbinden (optische Eindrücke, Gerüche, Geschmäcker etc.) und mit den jeweiligen Empfindungen im Gedächtnis abzuspeichern. Je mehr Sinne beim Lernen beteiligt sind, desto fester prägt sich das Erlernte ein.		

LEKTIONSTEST 8 (Arbeitsbuch → S. AB 138)

SOZIALFORM	ABLAUF	MATERIAL	ZEIT
Einzelarbeit	Mithilfe des Lektionstests haben die TN die Möglichkeit, ihr neues Wissen in den Bereichen Wortschatz, Grammatik und Redemittel zu überprüfen. Wenn die TN mit einzelnen Bereichen noch Schwierigkeiten haben, können Sie gezielt einzelne Module wiederholen.		

REFLEXION DER LEKTION

SOZIALFORM	ABLAUF	MATERIAL	ZEIT
Gruppenarbeit Plenum	Die Lektion 8 beinhaltet mehrere anspruchsvolle Lesetexte. Um eine weitere intensive Beschäftigung mit den Lesetexten zu erreichen, erstellen die TN nach der Methode **Textquiz (Glossar → S. 156)** Quizfragen zu den Texten. Die TN wählen in Gruppen einen der Lesetexte aus und schreiben dazu drei bis fünf Quizfragen, die im Anschluss den anderen Gruppen gestellt werden. Die Gruppe, die als Erste korrekt antwortet, bekommt einen Punkt. Gewonnen hat die Gruppe mit den meisten Punkten.		

LEKTION 9 AN DER UNI

EINSTIEG

1 Im Studium

SOZIALFORM	ABLAUF	MATERIAL	ZEIT
Plenum/ Partnerarbeit	a) Beginnen Sie Lektion 9 damit, dass Sie mit den TN gemeinsam das Foto auf S. 119 im Kursbuch betrachten. Die TN stellen im Plenum Vermutungen anhand der Fragen an. Alternativ können Sie auch nach der Methode **Murmelgruppe (Glossar → S. 154)** vorgehen. Bei dieser Methode sprechen die TN in Partnerarbeit auf einen Impuls hin (hier sind es die Fragen) miteinander, was ihnen dazu in den Sinn kommt. Geben Sie den TN nur wenige Minuten Zeit und lassen Sie die Kommunikation ganz natürlich erfolgen. Eine Zusammenfassung im Plenum muss nicht unbedingt anschließen. Diese Methode eignet sich sehr gut als Einstieg in ein neues Thema und ist besonders für auditive Lernertypen sehr geeignet.		
Partnerarbeit	b) Die TN äußern in Zweiergruppen ihre Vermutungen und ergänzen die Adjektive im Schüttelkasten um weitere Adjektive, die sie in diesem Kontext kennen.		
Plenum	c) Die TN begründen ihre Vermutungen aus b). Fragen Sie gezielt nach, um was für ein Fach es sich, außer den im Schüttelkasten genannten, handeln könnte.		

2 Wenn Sie (noch einmal) studieren könnten: Was würden Sie gern studieren? Wo? Warum?

SOZIALFORM	ABLAUF	MATERIAL	ZEIT
Partnerarbeit	Die TN beantworten die Fragen im **Speed-Dating (Glossar → S. 155)**. Sie sitzen oder stehen sich in zwei Reihen jeweils paarweise gegenüber und sprechen über die Fragen. Nach 30 Sekunden geben Sie ein Zeichen, und die TN einer Reihe gehen einen Platz weiter nach rechts und sprechen mit ihrem neuen Gegenüber. So können alle TN gleichzeitig sprechen, was den Sprachfluss fördert. Zudem werden wichtige Sprachmittel eingeübt. **TIPP:** Um die Übung interessanter zu machen und einen weiteren Sprechanlass zu generieren, wenden Sie die Methode **Wahrheit oder Lüge? (Glossar → S. 156)** an. Jede/r TN zieht vor Beginn der Übung einen Zettel. Darauf steht „Wahrheit" oder „Lüge". Die TN lügen bzw. sagen entsprechend ihrem Zettel die Wahrheit im Speed-Dating. Begrenzen Sie die Anzahl der Lügner auf drei bis fünf TN. Nach dem Speed-Dating sprechen die TN über die Studienvorlieben der Lernpartnerinnen / Lernpartner und versuchen gemeinsam herauszufinden, wer gelogen hat. Die Neugier, die Lüge zu finden, motiviert und fördert das natürliche Sprechen.	Stoppuhr/ Handy Zettel	

LEKTION 9 AN DER UNI

WORTSCHATZ

1 Von der Schule zur Uni

SOZIALFORM	ABLAUF	MATERIAL	ZEIT
Einzelarbeit Plenum	a) Die TN ordnen die Bildunterschriften den Fotos zu und begründen ihre Entscheidung. Kontrolle im Plenum. *Lösung: A Studierende in einer Vorlesung (älteres Aussehen der Personen, Tische/Bänke typisch für Vorlesungssäle); B Schüler in einem Klassenzimmer (Alter der Kinder, Tische/Bänke typisch für Klassenzimmer)*		
Partnerarbeit	b) Die TN ergänzen zu zweit die Tabelle. Bei Bedarf erklären Sie unbekanntes Vokabular. *Lösung:*		
Plenum	**VERTIEFUNG:** Fragen Sie die TN, ob die Wörter „Examen, Semester, Mensa, Professor, Kommilitone" Ähnlichkeit mit ihren Muttersprachen haben, also Internationalismen sind. Vergleiche wie diese zu ziehen, erleichtert das Einprägen der Wörter, schafft einen guten Sprechanlass und zeigt den TN internationale Fremdwörter sowie auch Wortbildungsprinzipien auf, die Sie an dieser Stelle nicht vertiefen müssen, denn Internationalismen zum Thema „Universität" werden auf der Seite „Lesen" in dieser Lektion (→ S. 123) explizit thematisiert.		

in der Schule	*an der Uni*
die Schülerin / der Schüler	die/der Studierende
die Unterrichtsstunde	die Vorlesung, das Seminar, die Übung
die Abschlussprüfung	das Examen
die Lehrerin / der Lehrer	der/die Dozent/in, der/die Professor/in
die Prüfung	die Klausur
die Kantine	die Mensa
das Schulhalbjahr	das Semester
der Aufsatz / die Facharbeit	die Seminararbeit / die Hausarbeit
das Klassenzimmer	der Hörsaal
das Schulfach	das Studienfach, der Studiengang

2 Richtig studieren

SOZIALFORM	ABLAUF	MATERIAL	ZEIT
Plenum	a) Die TN sehen die Fotos an und stellen Vermutungen an, was die Studierenden wohl machen. *Lösung: 1 zusammen lernen; 2 eine Vorlesung besuchen; 3 Fachliteratur in der Bibliothek suchen*		
Einzelarbeit	**AB 139/Ü1** Wiederholungsübung zum Thema „Rund ums Studium", sehr gut geeignet zur Vorentlastung von Aufgabe 2b) im Kursbuch; auch als Hausaufgabe geeignet.		
Partnerarbeit Plenum	b) Die TN ordnen zu zweit die Verben zu. Weisen Sie sie darauf hin, dass manche Verben mehrmals passen. Kontrolle im Plenum. *Lösung: 1 bewerben; 2 einschreiben (= immatrikulieren) / bewerben; 4 zusammenstellen; 5 besuchen; 6 schreiben/verfassen; 7 halten; 8 schreiben; 9 absolvieren; 10 halten/machen; 11 suchen/finden; 12 teilnehmen; 13 ablegen/schreiben; 14 erhalten/bekommen*		

LEKTION 9 AN DER UNI

Plenum	c) Mit der Methode **Wer-den-Ball-hat** (Glossar → S. 156) setzen die TN nun die gerade zugeordneten Verben kommunikativ um wie im Beispiel in der Sprechblase. Die TN gehen chronologisch vor, wobei jede/r TN einen Satz sagt und dann den Ball weiterwirft. Beginnen Sie damit, dass ein/e TN das Beispiel in der Sprechblase vorliest. Reihum wird aus jeder Vorgabe in 2b) ein Satz gebildet.	kleiner Ball	
Plenum	d) Falls Sie es nicht schon in Übung 2b) getan haben, stellen Sie sicher, dass die Bedeutung des Begriffs „Seminar" in Abgrenzung zu „Vorlesung" und „Übung" allen TN klar ist, bevor Sie gemeinsam die Arbeitsanweisung zu Aufgabe d) lesen und sie im Plenum lösen. Die TN formulieren jeweils einen Satz zu jedem Schritt. *Lösung: Schritt 2: wichtige Informationen und Ideen zusammenfassen und kommentieren; Schritt 3: eine Gliederung entwerfen; Schritt 4: den Text formulieren; Schritt 5: die Arbeit Korrektur lesen; Schritt 6: die Seminararbeit abgeben*		
Einzelarbeit	**AB 139/Ü2** Wortschatzübung zu den Verben *lernen, lehren, studieren, unterrichten*; auch als Hausaufgabe geeignet.		
Einzelarbeit	**AB 139/Ü3** Hörübung zum Thema „Was macht man alles im Studium?" Die Kontrolle erfolgt über den Hörtext auf CD; auch als Hausaufgabe geeignet.	AB-CD/13 *AB-CD/52*	
Einzelarbeit	**AB 140/Ü4** Vertiefende Wortschatzübung zu einem Interview mit einem Studenten. Die Kontrolle erfolgt über den Hörtext auf CD; auch als Hausaufgabe geeignet.	AB-CD/13 *AB-CD/52*	
Einzelarbeit	**AB 140–141/Ü5** Leseübung zum Thema „Univeranstaltungen"; auch als Hausaufgabe geeignet.		

3 Spiel

SOZIALFORM	ABLAUF	MATERIAL	ZEIT
Plenum	Die TN schreiben Begriffe aus den Aufgaben 1 und 2 sowie deren Definition auf Zettel. Stärkere TN können auch zwei oder drei Zettel schreiben. Wenn möglich korrigieren Sie die eingesammelten Zettel (bis zur nächsten Stunde), damit keine Fehler vorgelesen werden. Verfahren Sie dann wie in der Spielanleitung erklärt. **TIPP:** Unterstützen Sie aufkommenden Wetteifer und belohnen Sie den Gewinner (den mit den meisten gelösten Begriffen) mit Gummibärchen oder dergleichen. **LANDESKUNDE:** Lesen Sie gemeinsam die Informationen zum ECTS-Punktesystem in *Wussten Sie schon?* Gehen Sie näher darauf ein, wenn seitens der TN Interesse besteht bzw. nicht näher, wenn Ihre TN Studenten in/aus Europa sind und mit dem System schon vertraut sind oder generell wenig Interesse am Thema besteht. Nähere Informationen zu den ECTS-Punkten finden Sie auf verschiedenen Webseiten im Internet. **INTERKULTURELLES:** Fragen Sie die TN bei Interesse an dem Thema „Leistungsnachweise an der Universität": *Gibt es das ECTS-System in Ihrem Heimatland? Wenn ja, seit wann? Wie weisen nicht-europäische Studenten ihre Studienleistungen nach? Ist das System dem ECTS-System ähnlich? Worin liegen die Vorteile, worin die Nachteile?*	Zettel kleine Belohnung für die TN	
Einzelarbeit	**AB 141/Ü6** Landeskundliche Leseübung zum Thema „ECTS-Punkte", angelehnt an *Wussten Sie schon?* im Kursbuch; auch als Hausaufgabe geeignet.		

LEKTION 9 AN DER UNI

Ich kann jetzt …

SOZIALFORM	ABLAUF	MATERIAL	ZEIT
Einzelarbeit	Die TN markieren, was auf sie zutrifft.		
Partnerarbeit	**VERTIEFUNG:** Zur Wiederholung und Automatisierung starten Sie eine **Improvisationsübung** (Glossar → S. 152) zum Thema „Schule und Universität". Dazu stellen sich je zwei TN gegenüber auf. Ein/e TN gibt ein Wort aus diesem Themengebiet vor, die Lernpartnerin / der Lernpartner sagt schnell ein anderes dazu passendes Wort, zum Beispiel *Korrektur – lesen*. Achten Sie darauf, dass die TN möglichst schnell agieren und keine großen Pausen entstehen. Das fördert die sprachliche Automatisierung enorm und ist außerdem eine sehr gute Konzentrationsübung. Lassen Sie die TN so lange sprechen, bis der letzten Gruppe keine Wörter mehr einfallen.		

LESEN

1 Die Ruhr-Universität Bochum

SOZIALFORM	ABLAUF	MATERIAL	ZEIT
Plenum	Fragen Sie die TN, ob sie deutsche Universitäten kennen, wenn ja, welche, und wofür sie bekannt sind (für spezielle Studienfächer? Oder haben sie einen besonders guten/… Ruf?). a) Sehen Sie dann die drei Fotos gemeinsam an und stellen Sie Vermutungen an, an wen sich die Broschüre wohl richtet.		
Einzelarbeit Plenum	b) Die TN lesen die Zwischenüberschriften und erläutern dann im Plenum, für welchen Absatz bzw. welche Informationen sie sich am meisten interessieren und warum.		
Einzelarbeit Plenum	c) Erinnern Sie die TN daran, dass sie bei Lesetexten stets zuerst die komplette Aufgabenstellung und erst dann den Text lesen. So sparen sie bei einer Prüfung wertvolle Zeit, können effektiver arbeiten und wissen schon beim ersten Lesen des Textes, auf welche Schlüsselwörter sie achten müssen. Kontrolle im Plenum. Klären Sie bei Bedarf unbekanntes Vokabular. *Lösung: 2 International Office; 3 Campus und Kultur; 4 Porträt/Zahlen und Fakten; 5 Zentrale Studienberatung; 6 Studienbeitrag*		

2 Informationen zur Ruhr-Universität Bochum

SOZIALFORM	ABLAUF	MATERIAL	ZEIT
Partnerarbeit Plenum	Die TN finden die gesuchten Informationen im Text und ergänzen die Tabelle mit Stichworten. Kontrolle im Plenum. *Lösung: 1 Metropolregion Ruhrgebiet; 2 370.000 Einwohner; 4 Bachelor/Master/Doktor; 5 38.600 Studierende; 6 Theater, Konzerthallen, Kinos, Museen, Kneipenmeile*		

LEKTION 9 AN DER UNI

3 Internationalismen

SOZIALFORM	ABLAUF	MATERIAL	ZEIT
Einzelarbeit Plenum	Wenn Sie die Internationalismen bereits in Wortschatz 1b) angesprochen haben, gehen Sie direkt zur Übung über. Wenn nicht, greifen Sie nun auf den vertiefenden Hinweis in Wortschatz 1b) zurück und gehen Sie näher auf Internationalismen im universitären Kontext ein. Kontrolle im Plenum. *Lösung: 1H; 2D; 3G; 4C; 5F; 7E; 8A*		
Einzelarbeit	**AB 142/Ü7** Wortschatzübung zu Internationalismen und deutschen Begriffen im Universitätskontext; auch als Hausaufgabe geeignet.		

4 Konsekutive Zusammenhänge

SOZIALFORM	ABLAUF	MATERIAL	ZEIT
Einzelarbeit Plenum	a) Die TN lesen die Zitate und markieren, was ihnen bei der Wahl einer Universität wichtig ist. Kontrolle im Plenum. *Lösung:* <u>Anton:</u> *Ich möchte jetzt am liebsten was mit Medien studieren.* <u>Sophie:</u> *… Uni, an der ich noch meinen Master machen kann.* <u>Juhani:</u> *Ich möchte während meines Auslandsaufenthalts möglichst viel vom Kulturangebot nutzen.* <u>Sara:</u> *Mir ist eine gute Betreuung durch die Dozenten sehr wichtig.*		
Plenum	b)+c) Lesen Sie gemeinsam die Zusammenfassung. Die TN markieren, welche Wörter eine Folge ausdrücken und ergänzen diese Wörter dann in der Tabelle. **FOKUS GRAMMATIK:** Nachdem die TN in Lektion 8 ihr Wissen um konditionale und konzessive Zusammenhänge wiederholt bzw. erweitert haben, liegt der Fokus jetzt auf konsekutiven Zusammenhängen, die ebenfalls verbal mit Konnektoren und nominal mit Präpositionen ausgedrückt werden können. Weisen Sie die TN auch auf die Grammatikübersicht im Kursbuch (→ S. 132/1) hin. *Lösung:* b <u>Infolgedessen</u> *(Z. 4),* <u>sodass</u> *(Z. 5),* <u>Folglich</u> *(Z. 6)* c | *Konnektor* | *Präposition* | *Adverb* | |---|---|---| | sodass | infolge | infolgedessen folglich |		
Einzelarbeit	**AB 142/Ü8** Grammatik entdecken: konsekutive Zusammenhänge; auch als Hausaufgabe geeignet.		
Einzelarbeit	**AB 143/Ü9** Grammatikübung zu *folglich/infolgedessen, infolge, so …, dass, sodass*; auch als Hausaufgabe geeignet.		
Einzelarbeit	**AB 143/Ü10** Schreibübung zu konsekutiven Zusammenhängen; auch als Hausaufgabe geeignet.		

5 Wie ist das in Ihrem Heimatland?

SOZIALFORM	ABLAUF	MATERIAL	ZEIT
Partnerarbeit Plenum	Die TN sprechen mithilfe der Redemittel über die Studienwünsche von Personen aus ihren Heimatländern. Weisen Sie die TN auch auf die Redemittel im Anhang hin. **VERTIEFUNG:** Sie können diese Aufgabe auch im Plenum vertiefen, indem Sie zum Beispiel fragen: *Warum sind gerade diese Studiengänge gefragt? Welche anderen Studiengänge boomen? Welche werden neu angeboten? Für welche Studiengänge finden sich schwer Studenten? Möchten die Interessenten in ihrem Heimatland studieren oder im Ausland? Wo im Ausland?*		

Ich kann jetzt …

SOZIALFORM	ABLAUF	MATERIAL	ZEIT
Einzelarbeit Plenum	Die TN markieren, was auf sie zutrifft. **VERTIEFUNG:** Lassen Sie sich von den TN Feedback mithilfe der Methode **Smiley** (Glossar → S. 155) geben.	Kärtchen mit Smileys	

SPRECHEN 1

1 Eine Uni auswählen

SOZIALFORM	ABLAUF	MATERIAL	ZEIT
Gruppenarbeit	a) Anknüpfend an Lesen 4a) geht es noch einmal um Kriterien, die bei der Wahl einer Universität eine Rolle spielen. Die TN unterhalten sich zu dritt über die Kriterien im Schüttelkasten und ergänzen weitere Kriterien, die sie für wichtig halten.		
Plenum Gruppenarbeit	b) Lesen Sie zuerst die Aufgabenstellung gemeinsam und verweisen Sie die TN dann auf die vier angebotenen Gruppen von Redemitteln zum Thema „Angebote bewerten und darauf reagieren" sowie „beim Gesprächspartner nachfragen". Weisen Sie die TN auch auf die Redemittel im Anhang hin. In Gruppen diskutieren die TN dann die Fragen mithilfe der Redemittel.		
Einzelarbeit	**AB 143/Ü11** Schreibübung zu den Redemitteln der Lektion; auch als Hausaufgabe geeignet.		

LEKTION 9 AN DER UNI

Gruppenarbeit	**VERTIEFUNG:** Spiel zu den Redemitteln: Kopieren Sie die Kopiervorlage zu Lektion 9 je einmal pro Gruppe (es sollten nicht mehr als vier TN in einer Gruppe sein) auf festerem Papier oder Karton und schneiden Sie die größere Karte sowie die Kärtchen aus. Die Redemittel sollen dabei alle auf einer Karte stehen, die Aussagen auf jeweils eigenen Kärtchen. Jede Gruppe erhält die größere Karte mit den Redemitteln und einen Stapel mit den Aussage-Kärtchen. Die Aussagen liegen mit der Schrift nach unten auf dem Tisch. Die Redemittel liegen offen. Die/Der erste TN nimmt die oberste Karte vom verdeckten Stapel (Aussagen) und verbindet sie mit einem Redemittel, zum Beispiel *Umzugshelfer ist der beste Studentenjob* und *Ich bin ganz deiner Meinung, weil …* → *Ich bin ganz deiner Meinung, dass Umzugshelfer der beste Studentenjob ist, weil ich kräftig bin und man sehr gut als Umzugshelfer verdienen kann.* Ist der Satz richtig, behält die/der TN die Aussagekarte. Wer am Ende die meisten Aussagekarten hat, hat gewonnen.	Kopiervorlage Lektion 9, festeres Papier oder Karton, Schere	
Plenum	**LANDESKUNDE:** Lesen Sie die landeskundlichen Informationen in *Wussten Sie schon?* gemeinsam. Bei Interesse können die TN eine vertiefende Internetrecherche durchführen und in der folgenden Kursstunde im Plenum darüber berichten. **INTERKULTURELLES:** Wenn die TN zum Thema „Universitäten in Ihrem Heimatland" gut informiert sind, fragen Sie nach, was sich in Bezug auf die Unterrichtssprache wie und wann geändert hat. Die TN können auch eine Uni im Ausland/Heimatland mit einem bestimmten Studiengang im Kurs vorstellen. **TIPP:** Wie immer bei authentischer Kommunikation und freier Sprachproduktion der TN machen Sie sich Notizen, welche Redemittel oder Strukturen einer Auffrischung bedürfen. Lassen Sie Fehler in anonymisierter Form auf einem Arbeitsblatt zu einem späteren Zeitpunkt von den TN korrigieren.		
Einzelarbeit	**AB 144/Ü12** Landeskundliche Leseübung angelehnt an *Wussten Sie schon?* im Kursbuch; auch als Hausaufgabe geeignet.		

Ich kann jetzt …

SOZIALFORM	ABLAUF	MATERIAL	ZEIT
Einzelarbeit	Die TN markieren, was auf sie zutrifft.		

SCHREIBEN

1 Bewerbung um einen Studienplatz

SOZIALFORM	ABLAUF	MATERIAL	ZEIT
Partnerarbeit Plenum	a) Die TN lernen eine Studentin der Ruhr-Universität Bochum kennen und markieren, welche Unterlagen sie für ein Studium an der Universität Fribourg/Schweiz braucht. Kontrolle im Plenum. *Lösung: Anschreiben, Foto, Lebenslauf, Motivationsschreiben, Zeugnis des Schulabschlusses*		
Plenum	b) Die TN berichten, was man in ihrem Heimatland für eine Studienbewerbung braucht.		

LEKTION 9 AN DER UNI

2 Motivationsschreiben

SOZIALFORM	ABLAUF	MATERIAL	ZEIT
Einzelarbeit Plenum	a) Die TN lesen das Motivationsschreiben und erklären seine Funktionen. Kontrolle im Plenum. *Lösung: Vorstellen der eigenen Person, Grund/Motivation des Schreibens, Zusammenfassungen der eigenen Kenntnisse/Fähigkeiten, zum Beispiel Sprachkenntnisse, Erwartungen an das Studium, berufliche Ziele erläutern*		
Einzelarbeit Plenum	b) Beim zweiten Lesen ordnen die TN den Absätzen die Überschriften zu. Kontrolle im Plenum. *Lösung: 1 Mein Interesse an einem Studium an Ihrem Institut; 2 Meine Kenntnisse und Fähigkeiten; 3 Meine Erwartungen an das Studium in Fribourg; 4 Meine beruflichen Ziele*		
Einzelarbeit	**AB 145/Ü13** Schreibübung: Korrigieren eines Motivationsschreibens; auch als Hausaufgabe geeignet.		

3 Feste Verbindungen von Nomen mit Verben

SOZIALFORM	ABLAUF	MATERIAL	ZEIT
Einzelarbeit Plenum	a) Die TN lesen das Motivationsschreiben in 2 noch einmal und ordnen dann den Nomen die Verben zu. Kontrolle im Plenum. *Lösung: seine Chancen verbessern, ein Praktikum absolvieren, einen großen Schritt weiterbringen, Kenntnisse vertiefen, Kontakte knüpfen, sich mit der Forschung vertraut machen, sich theoretische Grundlagen aneignen, über Kenntnisse verfügen* **FOKUS GRAMMATIK:** Die deutsche Schriftsprache benutzt sehr gerne Nomen-Verb-Verbindungen, an deren Stelle die gesprochene Sprache nur ein Verb bevorzugt. Diese Verbindungen stellen eine Herausforderung für die TN dar, weil sie für die Alltagssprache nicht notwendig sind und nur in bestimmten Kombinationen existieren. Sie gehören einem höheren Sprachniveau an. Manche Nomen treten mit nur einem Verb auf, andere mit mehreren. Weisen Sie die TN auch auf die Grammatikübersicht im Kursbuch (→ S. 132/2) hin.		
Einzelarbeit Plenum	b) Die TN ordnen den Nomen-Verb-Verbindungen die Verben zu. Kontrolle im Plenum. *Lösung: 1 eine Lösung finden; 2 über Kenntnisse verfügen; 4 Verantwortung übernehmen; 5 eine Meinung vertreten; 6 eine Bedeutung haben*		
Einzelarbeit	**AB 146/Ü14–15** Übung 14 ist eine Leseübung, auf die die anschließende Übung 15, Grammatik entdecken, aufbaut; auch als Hausaufgabe geeignet.		
Einzelarbeit	**AB 147/Ü16** Grammatikübung zu festen Verbindungen von Nomen mit Verben; auch als Hausaufgabe geeignet.		
Gruppenarbeit	**VERTIEFUNG 1:** Teilen Sie Plakate aus, auf denen die TN alle ihnen bisher bekannten festen Verbindungen von Nomen mit Verben aufschreiben und so visualisieren. Hängen Sie diese im Kursraum gut sichtbar auf. Die Plakate dienen als Grundlage für die Vertiefungen 2 und 3.	Plakate	

LEKTION 9 AN DER UNI

Plenum	c) Die TN formulieren Beispielsätze zu dem Nomen „Eindruck" und den vorgegebenen vier Verben. *Lösungsvorschlag: Ich konnte einen guten Eindruck von dem Campus gewinnen. Ich habe insgesamt einen guten Eindruck von der Uni. Ich glaube, ich habe bei dem Professor einen guten Eindruck hinterlassen.* **VERTIEFUNG 2:** Sammeln Sie an der Tafel weitere Nomen, die mit mehreren Verben eine feste Verbindung eingehen. Sie finden weitere Beispiele in Übung 17 im Arbeitsbuch (→ S. AB 147).		
Einzelarbeit Gruppenarbeit	**AB 147/Ü17** Grammatikübung zu Nomen, die mehrere Verben in festen Verbindungen haben können; auch als Hausaufgabe geeignet. **VERTIEFUNG 3:** Die TN ergänzen in Gruppen ihre angefertigten Plakate um all die Nomen-Verb-Verbindungen, die sie zwischenzeitlich zusätzlich kennengelernt haben. Stellen Sie sicher, dass auch die Verbindungen aus den Übungen im Arbeitsbuch auf die Plakate mit aufgenommen werden.	Plakate	

4 Verfassen Sie ein Motivationsschreiben.

SOZIALFORM	ABLAUF	MATERIAL	ZEIT
Einzelarbeit Plenum	Die TN notieren sich Stichpunkte zu den Fragen und verfassen dann ihr Motivationsschreiben. Weisen Sie die TN auch auf die Textteile zum Thema „Motivationsschreiben" hin, die im Schüttelkasten der Übung 13 im Arbeitsbuch (→ S. AB 145) zu finden sind. Ermutigen Sie die TN, ihr Motivationsschreiben im Plenum vorzulesen.		

Ich kann jetzt ...

SOZIALFORM	ABLAUF	MATERIAL	ZEIT
Einzelarbeit	Die TN markieren, was auf sie zutrifft.		
Partnerarbeit	**VERTIEFUNG:** Methode Auf Zeit (Glossar → S. 150): Diese Methode eignet sich sehr gut zum Einschleifen der Nomen-Verb-Verbindungen, die die TN auf ihren Plakaten im Kursraum sehen. Eine Lernpartnerin / ein Lernpartner nennt ein Nomen, die/der andere sitzt mit dem Rücken zu den Plakaten und muss so schnell wie möglich ein passendes Verb nennen. Es kann mehrere Lösungen geben. Wichtig ist es, schnell zu antworten. Nach einer von Ihnen festgelegten Zeit wechseln die Lernpartner die Rollen und die Stühle.		

LEKTION 9 AN DER UNI

HÖREN

1 Wofür Studierende Geld brauchen

SOZIALFORM	ABLAUF	MATERIAL	ZEIT
Plenum	Vor dem Öffnen des Buches: Initiieren Sie zum Einstieg eine **A-B-C-Kette** (Glossar → S. 150). Fragen Sie die TN, wofür sie Geld ausgeben und werfen Sie den Ball einer/einem TN zu, die/der zum Beispiel *Bücher* antwortet und den Ball weiterwirft. Die/Der nächste TN muss nun ein Wort nennen, das mit dem letzten Buchstaben des vorangegangenen Wortes beginnt, also hier mit dem Buchstaben *R*. Die/Der TN sagt zum Beispiel *Reparaturen*. Am besten stehen die TN im Kreis, die Übung funktioniert aber auch im Sitzen.	kleiner Ball	
Einzelarbeit Partnerarbeit Plenum	Schlagen Sie nun das Buch auf. Die TN überlegen zunächst für sich, wofür Studierende wohl das meiste Geld ausgeben. Anschließend vergleichen sie mit der Lernpartnerin / dem Lernpartner. Die TN begründen auch, warum sie so entschieden haben. **LANDESKUNDE:** Lesen Sie die landeskundlichen Informationen in *Wussten Sie schon?* im Plenum. Die TN sprechen im Plenum: Wer weiß etwas über Uni-Städte im deutschsprachigen Raum, die eher teuer oder eher günstig sind? Gibt es bei den TN besonders beliebte Uni-Städte? **INTERKULTURELLES:** Fragen Sie die TN: *Wie viel kostet ein Studium in Ihrem Heimatland? Variieren die Lebenshaltungskosten innerhalb des Landes? Verfügen die Studenten über das Geld? Wie finanzieren sie ihr Studium?*		
Einzelarbeit	**AB 147/Ü18** Wortschatzübung zum Thema „Den Lebensunterhalt finanzieren"; auch als Hausaufgabe geeignet.		
Einzelarbeit	**AB 148/Ü19** Landeskundliche Leseübung zum Thema „Was das Studentenleben kostet", angelehnt an *Wussten Sie schon?* im Kursbuch; auch als Hausaufgabe geeignet.		

2 Finanzierung des Studiums

SOZIALFORM	ABLAUF	MATERIAL	ZEIT
Einzelarbeit Plenum	a) Die TN hören den Anfang des Vortrags und notieren sich Stichpunkte zu den Fragen. Kontrolle im Plenum. *Lösung:* <u>Wer:</u> *Der Leiter des Studentenwerks Hermann Schönfelder;* <u>Wo:</u> *Im Studentenwerk der Technischen Universität Bergakademie Freiberg;* <u>Worum:</u> *Vortragsreihe für Abiturienten und Abiturientinnen mit dem Thema „Wie gehe ich mit meinem Geld um?"*	CD 2/13	

LEKTION 9 AN DER UNI

Plenum Einzelarbeit Plenum	b) Lesen Sie gemeinsam mit den TN den Lerntipp „Richtig Hören: Schlüsselwörter" und sehen Sie sich die Umsetzung des Tipps im Beispiel an. Geben Sie den TN dann genug Zeit, die Fragen zu den Abschnitten 1–4 zu lesen und den Tipp umzusetzen, indem sie individuell Schlüsselwörter markieren. Spielen Sie anschließend Track 14 ab. Danach spielen Sie die Tracks 15–18 vor, dieses Mal aber mit Pausen nach jedem Abschnitt. Die TN kontrollieren ihre markierten Antworten aus dem ersten Hören. Im Anschluss kontrollieren Sie die Antworten noch einmal im Plenum. *Lösung:* Abschnitt 1: *1b, 2b;* Abschnitt 2: *1b, 2c;* Abschnitt 3: *1b, 2a;* Abschnitt 4: *1b, 2a* **TIPP:** Wenn mehrere TN Lösungen falsch markiert haben, spielen Sie die entsprechende Stelle noch einmal vor bzw. lesen Sie die Transkription vor, sodass keinerlei Zweifel daran bleiben, warum ihre Lösungen falsch sind. Die Transkriptionen finden Sie im Anhang des Lehrerhandbuches (→ S. 160).	CD 2/14–18	

3 Welchen Tipp des Vortragenden fanden Sie am interessantesten? Warum?

SOZIALFORM	ABLAUF	MATERIAL	ZEIT
Partnerarbeit Plenum	Die TN einigen sich zunächst in Zweiergruppen auf den für sie interessantesten Tipp. Im Anschluss diskutieren die Gruppen ihre jeweilige Wahl im Plenum. **TIPP:** Nutzen Sie die Gelegenheit, den TN bei der freien Sprachproduktion genau zuzuhören und Fehler zu notieren, die Sie zu einem späteren Zeitpunkt thematisieren, zum Beispiel mit der Methode **Fehlerteufel (Glossar → S. 152):** Schreiben Sie die Äußerungen wortwörtlich an die Tafel und markieren Sie die fehlerhaften Stellen. Erklären Sie zunächst nichts und machen Sie normal mit der Aufgabe weiter. In der Regel kommen automatisch Reaktionen von den TN. Sobald jemand einen Verbesserungsvorschlag geäußert hat, verbessern Sie den Fehler an der Tafel. Diese Methode können Sie immer bei mündlichen Äußerungen Ihrer TN anwenden. Sie macht unbewusste Fehler bewusst, sodass man sie beim nächsten Mal eher vermeiden kann.		

Ich kann jetzt …

SOZIALFORM	ABLAUF	MATERIAL	ZEIT
Einzelarbeit	Die TN markieren, was auf sie zutrifft.		
Einzelarbeit Plenum	**VERTIEFUNG:** Bei Interesse seitens der TN können Sie sie ermutigen, im Internet zu den Themen „Studienfinanzierung" und „Staatliche Unterstützung für Studierende" zu recherchieren und ihre Ergebnisse in einer der nächsten Kursstunden zu präsentieren.		

LEKTION 9 AN DER UNI

SPRECHEN 2

1 Ferien- und Aushilfstätigkeiten

SOZIALFORM	ABLAUF	MATERIAL	ZEIT
Partnerarbeit	a) Die TN sprechen zu zweit über die vier Fragen.		
Partnerarbeit Plenum	b) Die TN vermuten, wo die abgebildeten jungen Leute wohl arbeiten und worin ihre Tätigkeit besteht. Kontrolle im Plenum. *Lösung:* Bilder A, B, C: *Erntehelferin;* Bilder D, E, F: *Umzugshelfer;* Bilder G, H, I: *Servicekraft bei einer Sandwichkette*		
Gruppenarbeit	c) In Kleingruppen von drei bis fünf TN tauschen sich die TN aus, für welchen der Jobs sie sich entscheiden würden und begründen ihre Wahl. Gehen Sie von Gruppe zu Gruppe und helfen Sie gegebenenfalls.		

2 Erfahrungsaustausch

SOZIALFORM	ABLAUF	MATERIAL	ZEIT
Partnerarbeit	a) In Gesprächen zu zweit berichten die TN mithilfe der vorgegebenen Redemittel über ihre Erfahrungen mit Ferien- und Aushilfsjobs. Sollten Sie TN im Kurs haben, die noch nie einen Ferien- oder Aushilfsjob angenommen haben, dürfen diese TN sich einen Job ausdenken und die Tätigkeiten beschreiben. Weisen Sie die TN auch auf die Redemittel im Anhang hin.		
Plenum	b) Abschließend berichten die TN im Plenum über die Erfahrungen ihrer jeweiligen Lernpartnerin / ihres Lernpartners.		
Einzelarbeit	**AB 148/Ü20** Hörübung zu einem Erfahrungsbericht einer Erntehelferin. Die Kontrolle erfolgt über den Hörtext auf CD; auch als Hausaufgabe geeignet.	AB-CD/14 *AB-CD/53*	
Einzelarbeit	**AB 149/Ü21** Wortschatzübung zu den Redemitteln zum Thema „Ferienjob"; auch als Hausaufgabe geeignet.		
Einzelarbeit	**AB 149/Ü22** Schreibübung zum Thema „Sich Geld im Studium verdienen"; auch als Hausaufgabe geeignet.		

Ich kann jetzt ...

SOZIALFORM	ABLAUF	MATERIAL	ZEIT
Einzelarbeit Plenum	Die TN markieren, was auf sie zutrifft. **VERTIEFUNG:** Spielen Sie „Studentenjobs raten". Bereiten Sie dazu Karten vor – für jeden TN eine. Darauf schreiben Sie Jobs, die typischerweise auch Studierende ausüben und die die TN nicht schon aus der Lektion kennen, zum Beispiel *Babysitter, Postbote, Statist beim Film, Aufsicht im Museum, Messe-Hostess, Nikolaus, Skilehrer,* etc. Jede/r TN zieht eine Karte und beschreibt dann im Plenum ihren/seinen Job so allgemein wie möglich, sodass die anderen TN ihn nicht so leicht erraten können.	Karten	

LEKTION 9 AN DER UNI

SEHEN UND HÖREN

1 Sehen Sie das Foto an.

SOZIALFORM	ABLAUF	MATERIAL	ZEIT
Plenum	Die TN betrachten das Foto des Studenten und beschreiben es genauer. Fragen Sie die TN nach der Methode **Sinnesfoto** (Glossar → S. 155): *Was sieht der junge Mann wohl? Was hört er? Wie fühlt er sich vermutlich? Riecht er etwas?* Die TN nehmen das Foto auf diese Weise ganzheitlich wahr und sind offen für die folgenden Aufgaben. Fragen Sie dann, was die TN über den Studenten denken, zum Beispiel: *Was macht er gerade? Warum wohl? Was geht ihm vielleicht durch den Kopf?* etc.		

2 Studentenleben

SOZIALFORM	ABLAUF	MATERIAL	ZEIT
Partnerarbeit	a) Spielen Sie die Geräusche des Films im Plenum vor. Die TN sprechen darüber, was sie gehört haben, und stellen Vermutungen an, worum es in dem Film wohl geht.	DVD 2/11	
Partnerarbeit Plenum	b) Nach dem Film sprechen die TN zu zweit über die Richtigkeit ihrer Vermutungen bezüglich der Geräusche. Anschließend signalisieren die TN per Handzeichen, wer richtig vermutet hatte. Sammeln Sie Ideen, wofür *FHB* stehen könnte und erklären Sie die Abkürzung, indem Sie die Lösung an die Tafel schreiben. *Lösung: Fachhochschule Brandenburg*	DVD 2/12	
Gruppenarbeit Plenum	c) Die TN bilden Kleingruppen und notieren, während sie den Film sehen, die Aktivitäten des Studenten. Die TN einer Gruppe vergleichen ihre Notizen dann miteinander und zählen, wie viele Aktivitäten sie gefunden haben (Aktivitäten, die mehrere Gruppenmitglieder aufgeschrieben haben, zählen nur ein Mal). Gewonnen hat die Gruppe mit den meisten Aktivitäten. Sie ermitteln die Gewinnergruppe, indem Sie sich von jeder Gruppe die Anzahl der Aktivitäten nennen lassen. Notieren Sie die einzelnen Aktivitäten dabei an der Tafel und fordern Sie die anderen Gruppen auf, ihre Listen zu vervollständigen. So bereiten Sie Aufgabe d) vor.	DVD 2/12	
Plenum	d) Mithilfe der Liste der Aktivitäten des Studenten fassen die TN seinen Tagesablauf mündlich zusammen. Nennen Sie seine erste Tätigkeit und werfen Sie einen Ball an eine/n TN weiter, die/der die zweite nennt etc. **VERTIEFUNG:** Fragen Sie die TN, ob sie Filme kennen, die das Studentenleben anders darstellen. Lassen Sie sich beschreiben, wie es dargestellt wird und warum (eventuell weil es ein Werbefilm für eine Uni ist oder eine Komödie ...).	kleiner Ball	

LEKTION 9 AN DER UNI

3 Traumstudium?

SOZIALFORM	ABLAUF	MATERIAL	ZEIT
Plenum	a)+b) Die TN erklären das Motto und sprechen darüber, wie der Film das Studentenleben zeigt.		
Gruppenarbeit Plenum	c) Die TN finden sich nach Nationalität bzw. Wissen über das Studentenleben in anderen Ländern zu Gruppen zusammen und stellen Vergleiche zu dem im Film gezeigten Studentenleben an, zum Beispiel *In Spanien beginnen die Vorlesungen viel später als in Deutschland*. Diese Unterschiede tragen die Gruppen dann im Plenum zusammen. Fragen Sie abschließend: *Wo würden Sie gerne studieren und warum?*		

4 Bewertungen

SOZIALFORM	ABLAUF	MATERIAL	ZEIT
Plenum	a) Die TN äußern Vermutungen, warum der Film in einem Filmwettbewerb für Studentenfilme wohl Sieger war.		
Einzelarbeit Plenum	b) Dann lesen die TN die Kommentare aus dem Internet und schreiben abschließend einen eigenen Kommentar. Helfen Sie gegebenenfalls individuell und geben Sie Anregungen, indem Sie auf folgende Aspekte hinweisen: Machart des Films, eigene Erfahrungen als Studentin/Student, eigene Erwartungen an das Studentenleben etc. Einige der TN lesen ihre Kommentare im Plenum vor. Bieten Sie allen TN an, ihre Kommentare zu korrigieren.		

5 Negation durch Vor- und Nachsilben bei Adjektiven

SOZIALFORM	ABLAUF	MATERIAL	ZEIT
Partnerarbeit Plenum	Die TN markieren Vor- und Nachsilben in 4b) und bilden dann Adjektive, die das Gegenteil ausdrücken. Kontrolle im Plenum. *Lösung: anspruchslos – anspruchsvoll; non-verbal – verbal; uninteressant – interessant; irrelevant – relevant; missverständlich – verständlich; atypisch – typisch; desillusioniert – Ø* **FOKUS GRAMMATIK:** Zur Negation eines Adjektivs gibt es in der deutschen Sprache sechs Vorsilben und eine Nachsilbe. Manche Adjektive sind nur mit Vorsilbe gebräuchlich, zum Beispiel *desillusioniert*. Adjektive mit den Nachsilben *-voll* und *-los* werden immer aus Nomen gebildet. Weisen Sie die TN auch auf die Grammatikübersicht (→ S. 132/3) hin.		
Einzelarbeit	**AB 150/Ü23** Leseübung zum Thema „Universitätsbetrieb"; auch als Hausaufgabe geeignet.		
Einzelarbeit	**AB 150–151/Ü24** Grammatikübung zur Negation durch Vor- und Nachsilben bei Adjektiven bezogen auf Übung 23 im Arbeitsbuch; auch als Hausaufgabe geeignet.		

LEKTION 9 AN DER UNI

Mein Dossier

SOZIALFORM	ABLAUF	MATERIAL	ZEIT
Einzelarbeit	**AB 151/Ü25** Die TN schreiben über eine Person, die in ihren Augen einen vorbildlichen Ausbildungsweg zurückgelegt hat. Fordern Sie die TN auf, ein Foto zu ihrem Text zu kleben, und stellen Sie die Arbeiten der TN zu *Mein Dossier* im Kursraum aus. Sie können auch die Methode **Kursausstellung** (Glossar → S. 153) anwenden. Bei dieser Methode werden die Arbeiten der TN wie Ausstellungsstücke im Kursraum aufgehängt. Die TN gehen von Arbeit zu Arbeit, machen sich Notizen und besprechen diese danach gemeinsam im Kurs. Kündigen Sie vorher an, dass die Arbeiten später ausgestellt werden sollen. Dadurch steigt die Motivation, sich bei der Produktion besonders viel Mühe zu geben und auch auf Details zu achten. Sie wiederum können durch die Kursausstellung den TN und ihren Arbeiten gegenüber eine besondere Wertschätzung ausdrücken und sie damit weiter motivieren.		

Ich kann jetzt …

SOZIALFORM	ABLAUF	MATERIAL	ZEIT
Einzelarbeit	Die TN markieren, was auf sie zutrifft.		

AUSSPRACHE: Vokalneueinsatz (Arbeitsbuch → S. AB 152)

1 Vokalneueinsatz

SOZIALFORM	ABLAUF	MATERIAL	ZEIT
Einzelarbeit Plenum	a) Die TN hören die Wortpaare und markieren mit *P* bzw. *V*, ob sie eine Pause *(P)* zwischen den Wörtern hören. Kontrolle im Plenum. *Lösung: 2 elf Fahrten (V), elf Arten (P); 3 mit dir (V), mit ihr (P); 4 willig (V), will ich (P); 5 am Ast (P), am Mast (V); 6 mit Ina (P), mit Tina (V); 7 viel lieber (V), viel über (P); 8 ab Bamberg (V), ab Amberg (P)*	*AB-CD/15* *AB-CD/54*	
Plenum	b) Die TN hören noch einmal und sprechen jeweils ein Vergleichspaar nach.	*AB-CD/15* *AB-CD/54*	

LEKTION 9 AN DER UNI

Einzelarbeit Plenum	c) Die TN markieren, was ihnen bezüglich der Pausen in den Wörtern in a) aufgefallen ist. Kontrolle im Plenum. *Lösung: Vor Vokalen am Wortanfang* **FOKUS PHONETIK:** Im Deutschen werden Vokale am Wort- oder Silbenanfang nicht gebunden. Vielmehr wird beim Sprechen eine Pause gemacht und dann neu eingesetzt. Dieser Vokalneueinsatz beginnt mit einem sogenannten „Glottisschlag", auch „Knacklaut" genannt. Es handelt sich dabei um einen Konsonanten, der durch das Verschließen der Stimmlippen gebildet wird. Erst darauf folgt der eigentliche Vokal. In vielen Sprachen gibt es diesen Knacklaut nicht, weshalb er oft Probleme bereitet. **TIPP:** Verdeutlichen Sie den TN diesen Sachverhalt, indem Sie übertrieben sprechen, also die Pause und den Neueinsatz übertrieben betonen, zum Beispiel bei dem Wort *re*ell*. Erinnern Sie die TN auch an das Dehnungs-*h*, bei dem ebenfalls ein Neueinsatz zu hören ist, zum Beispiel bei dem Wort *Tier*haltung*. Indem Sie an bereits Bekanntes anknüpfen, erleichtern Sie den TN das Verständnis für ähnliche Sachverhalte, auch in der Phonetik.		
Einzelarbeit Plenum	d) Die TN hören die Wortpaare und markieren mit einem Sternchen (*), wo die Wörter der rechten Spalte einen Vokalneueinsatz bzw. eine Pause beinhalten. Kontrolle im Plenum. *Lösung: 1 ge*ändert; 3 be*eindruckt; 4 des*illusioniert; 5 Seminar*arbeit; 6 Fach*aufsatz; 7 Studien*abschluss; 8 Auslands*aufenthalt*	AB-CD/16 *AB-CD/55*	
Plenum	e) Die TN hören noch einmal und sprechen nach.	AB-CD/16 *AB-CD/55*	
Einzelarbeit Plenum	f) Die TN markieren, was ihnen bezüglich der Pausen in den Wörtern aus d) aufgefallen ist. Kontrolle im Plenum. *Lösung: Vor Vokalen und Umlauten am Silbenanfang*		
Partnerarbeit Plenum	g) Die TN lesen den Text und markieren den Vokalneueinsatz mit einem Apostroph. Kontrolle im Plenum. *Lösung: Ich habe 'ein 'Auslandssemester 'an der 'Universität Newcastle 'in 'Australien verbracht. Nach 'einigen 'organisatorischen Schwierigkeiten – man muss vor'ab viele Dinge be'achten 'und vor 'allem die Papiere rechtzeitig be'antragen – war 'es 'insgesamt 'eine spannende 'und be'eindruckende 'Erfahrung, die 'ich 'allen 'empfehlen kann. Newcastle 'ist für 'einen 'Auslands'aufenthalt 'auf jeden Fall ge'eignet.*	AB-CD/17 *AB-CD/56*	
Partnerarbeit	**VERTIEFUNG:** Die TN schreiben einen ähnlichen kurzen Text, der viele Vokale am Wort- und Silbenanfang enthält. Diesen tauschen sie mit einer Lernpartnerin / einem Lernpartner aus, die/der dann die Vokaleinsätze darin markiert.		

LEKTION 9 AN DER UNI

2 Stille Post

SOZIALFORM	ABLAUF	MATERIAL	ZEIT
Einzelarbeit Plenum	Lesen Sie gemeinsam mit den TN das Beispiel im Kursbuch. Die TN schreiben dann einen ähnlichen Satz, der möglichst viele Wörter und Silben enthält, die mit einem Vokal beginnen. Sind sie damit fertig, setzen sich alle in einen Stuhlkreis. Ein/e TN beginnt, ihren/seinen Satz der Person rechts neben ihr/ihm ins Ohr zu flüstern. Auf diese Weise macht ihr/sein Satz die Runde. Die Person links neben der/dem TN, die/der begonnen hat, sagt dann laut, was bei ihr/ihm angekommen ist. Die beiden vergleichen den ursprünglichen Satz mit dem Ergebnis der stillen Post. Dann schickt die/der nächste TN seinen Satz in die Runde. **TIPP:** Diese Übung verdeutlicht den Vokalneueinsatz besonders, da man beim Flüstern automatisch deutlicher sprechen muss, um verstanden zu werden. Lassen Sie die TN deshalb gerade bei Phonetikübungen immer wieder flüstern. **VERTIEFUNG:** Anhand des Spiels „Stille Post" bietet es sich an, das klassische „Sender-Empfänger-Kommunikationsmodell" zu erläutern. Dieses erklärt, dass eine Nachricht kodiert und über einen Übertragungskanal dem Empfänger übermittelt wird. Dabei können Störungen verschiedener Art auftreten, die die Nachricht verfälschen. Genau diese Erfahrung machen die TN während des Spiels.		

LERNWORTSCHATZ (Arbeitsbuch → S. AB 153)

SOZIALFORM	ABLAUF	MATERIAL	ZEIT
Einzelarbeit	**LERNSTRATEGIE-TIPP:** Bei der Grammatik dieser Lektion bietet es sich an, den TN den Tipp zu geben, Vokabeln immer in einem grammatikalischen Zusammenhang zu lernen. Statt also zum Beispiel das Nomen *Kenntnisse* und das Verb *verfügen* einzeln zu verinnerlichen, ist der Lernerfolg größer, wenn solche festen Nomen-Verb-Verbindungen immer gleich als eine Einheit *(über Kenntnisse verfügen)* gelernt werden. Bei Nomen, die mit mehreren Verben verbunden werden können, zum Beispiel *einen Eindruck + gewinnen, bekommen, haben* oder *hinterlassen*, sollten die TN die unterschiedlichen Verbindungen am besten gleich in ganze Satzzusammenhänge bringen, also beispielsweise *Ich habe von der Universität einen sehr guten Eindruck gewonnen, denn sie erscheint mir gut organisiert.* Diese Lernstrategie sorgt für nachhaltigen Lernerfolg.		

LEKTION 9 AN DER UNI

LEKTIONSTEST 9 (Arbeitsbuch → S. AB 154)

SOZIALFORM	ABLAUF	MATERIAL	ZEIT
Einzelarbeit	Mithilfe des Lektionstests haben die TN die Möglichkeit, ihr neues Wissen in den Bereichen Wortschatz, Grammatik und Redemittel zu überprüfen. Wenn die TN mit einzelnen Bereichen noch Schwierigkeiten haben, können Sie gezielt einzelne Module wiederholen.		

REFLEXION DER LEKTION

SOZIALFORM	ABLAUF	MATERIAL	ZEIT
Einzelarbeit Plenum	Nach der Methode **Mein Lieblingswort** (Glossar → S. 154) wählen die TN ihre drei Lieblingswörter dieser Lektion und schreiben sie auf Karten. Sammeln Sie die Karten ein, mischen Sie sie und verteilen Sie sie neu. Die Wörter dürfen nicht vorgelesen werden, sondern müssen umschrieben bzw. definiert werden. Diejenige/Derjenige, die/der das Wort errät, bekommt die Karte. Es gewinnt, wer am Ende die meisten Karten hat. Auf diese Weise können Sie spielerisch Vokabular wiederholen und gleichzeitig das Sprechvermögen steigern. **TIPP:** Denken Sie an eine kleine Belohnung für alle zum Abschluss dieser Lektion, vielleicht bringen Sie Kekse oder selbst gebackenen Kuchen mit oder aber Sie fragen die TN, ob sie auch etwas mitbringen möchten, das sie alle zusammen genießen können.	Karten kleine Belohnung für die TN	

LEKTION 10 SERVICE

EINSTIEG

Vor dem Öffnen des Buches

SOZIALFORM	ABLAUF	MATERIAL	ZEIT
Plenum	Schreiben Sie *Service* mittig an die Tafel und fragen Sie die TN, wo überall im Alltag sie Service geboten bekommen. Gehen Sie nach der Methode **Blitzlicht (Glossar → S. 150)** vor, das heißt, die TN antworten nur kurz und knapp auf die Frage. Es werden Antworten genannt werden wie *im Restaurant, im Flugzeug, an der Tankstelle*. Leiten Sie zum Thema der Lektion über, indem Sie sagen: *Auch auf der Straße gibt es Service*. Dann schlagen die TN das Buch auf.		

1 Service im Alltag

SOZIALFORM	ABLAUF	MATERIAL	ZEIT
Einzelarbeit Plenum	a) Die TN stellen Vermutungen an, um welchen Service es sich auf dem Foto handelt, und markieren die Antwort. Kontrolle im Plenum. *Lösung: der schnelle Transport von Briefen oder kleinen Päckchen*		
Plenum	b) Die TN sprechen darüber, ob sie so einen Service schon einmal in Anspruch genommen haben, und begründen ihre Antwort. Gehen Sie nach der Methode **Wer-den-Ball-hat (Glossar, → S. 156)** vor, nach der nur die/der TN, die/der gerade den Ball hat, spricht.	kleiner Ball	

2 Deutschlern-Service gesucht!

SOZIALFORM	ABLAUF	MATERIAL	ZEIT
Plenum Einzelarbeit Plenum	Fragen Sie die TN, welchen Service beim Deutschlernen sie gerne in Anspruch nehmen würden. Die TN lesen zuerst das Beispiel im Kursbuch links und schreiben dann ihren Wunsch in der gleichen Art auf einen Zettel. Sammeln Sie die Wünsche auf einem großen Tisch, um den sich alle herumstellen, und lesen Sie sie gemeinsam. Die TN erklären, welchen Service sie anbieten könnten, nehmen den Zettel und begründen ihre Wahl. Siehe dazu auch die Sprechblase rechts im Kursbuch als Beispiel.	Zettel	
Einzelarbeit	**AB 155/Ü1** Wortschatzwiederholung zum Thema „Dienstleistungen früher"; auch als Hausaufgabe geeignet.		
Einzelarbeit	**AB 155/Ü2** Radiosendung zum Thema „Lieferwagen der Zukunft"; die Kontrolle erfolgt über den Hörtext auf CD; auch als Hausaufgabe geeignet.	AB-CD/18 *AB-CD/57*	

LEKTION 10 SERVICE

WORTSCHATZ

1 Alles ist machbar!

SOZIALFORM	ABLAUF	MATERIAL	ZEIT
Einzelarbeit Plenum	a) Die TN sehen die Bilder an und ordnen ihnen die Dienstleistungen zu. Kontrolle im Plenum. *Lösung: 1 Schlüsseldienst; 2 schneller Transport kleinerer Dinge; 3 privater Zusatzunterricht für Schüler; 4 Pizzalieferservice; 5 Reinigungshilfe; 6 günstiger Einkauf gebrauchter Waren; 7 Unterbringungsmöglichkeit für Haustiere; 8 Bücherbestellservice*		
Plenum	**VERTIEFUNG 1:** Lenken Sie die Aufmerksamkeit der TN auf Bild 7. Die Bildunterschrift *für alle Felle* kann man beim Sprechen nicht von *für alle Fälle* unterscheiden. *Felle* und *Fälle* sind Homophone, d.h. ihre Aussprache ist gleich, ihre Bedeutung jedoch verschieden. Die Bildunterschrift spielt also mit zwei Bedeutungen: *Für alle Felle*, also alle Tiere, die Fell haben, und *für alle Fälle*, was bedeutet *zur Sicherheit*.		
Plenum	**VERTIEFUNG 2:** Bei Interesse der TN an Homophonen können Sie das Thema vertiefen und weitere Beispiele nennen *(Konten – konnten, isst – ist, rein – Rhein ...)* oder aber von den TN finden lassen, zum Beispiel mithilfe des Internets.		
Partnerarbeit Plenum	b) Die Bilder werden zu zweit den Werbesprüchen zugeordnet. Kontrolle im Plenum. *Lösung: 1 Ausgeschlossen? ...; 3 Bald sind knifflige Matheaufgaben ...; 4 Frisch aus dem Steinbackofen ...; 5 Wir kümmern uns um Ihre Wohnung ...; 6 Bringen Sie uns Ihre gebrauchte Ware ...; 7 Optimale Versorgung Ihres geliebten Vierbeiners ...; 8 Bei uns ist alles Gedruckte erhältlich ...*		
Plenum	c) Im Anschluss erklären die TN, in welchen Situationen man diese Dienstleistungen in Anspruch nimmt.		
Einzelarbeit	**AB 156/Ü3** Leseübung zum Thema „Dienstleistungen"; auch als Hausaufgabe geeignet.		

2 Alternativen zum Passiv (I)

SOZIALFORM	ABLAUF	MATERIAL	ZEIT
Einzelarbeit Plenum	**AB 157/Ü4** Zum Einstieg in das Thema „Alternativen zum Passiv" wiederholen die TN das Passiv mit *können*. Kontrolle im Plenum; auch als Hausaufgabe geeignet.		
Plenum	a) Erklären Sie, dass es auch andere Möglichkeiten gibt, das Passiv auszudrücken, als verbal. Zeichnen Sie dazu nach der Methode **Sonnenaufgang (Glossar → S. 155)** sieben Striche an die Tafel, die TN geben Ihnen Buchstaben und kommen so auf das Wort „machbar", das sie aus Aufgabe 1 kennen. Erklären Sie, dass es „kann gemacht werden" bedeutet. Dann unterstreichen die TN in 1b) alle Adjektive, die auf *-bar* und *-lich* enden. Kontrolle im Plenum.		
Einzelarbeit Plenum	*Lösung: 1 lieferbar; 2 unschlagbar; 3 erhältlich, bestellbar; 4 unbezahlbar; 5 unersetzlich; 6 lösbar; 7 unverkäuflich; 8 erreichbar*		
Einzelarbeit Plenum	b) Die TN markieren, was *lieferbar* bedeutet. Kontrolle im Plenum. *Lösung: kann geliefert werden*		

LEKTION 10 SERVICE

Plenum	c)+d) Zuerst erklären die TN die Bedeutung von *unverkäuflich*, dann umschreiben sie die anderen in a) gefundenen Adjektive. *Lösung 2c: kann nicht verkauft werden* *Lösungsvorschlag 2d:* unschlagbar: *kann nicht übertroffen werden;* erhältlich: *ist zu kaufen;* bestellbar: *kann bestellt werden;* unbezahlbar: *ist nicht zu bezahlen, sehr teuer;* unersetzlich: *ist nicht zu ersetzen, unbedingt notwendig;* lösbar: *kann gelöst werden;* erreichbar: *kann erreicht werden* **FOKUS GRAMMATIK:** Passive Bedeutung kann man nicht nur mithilfe einer Verbkonstruktion ausdrücken. Auch Adjektive können angeben, dass etwas gemacht werden kann: solche mit der Endung auf *-bar* fast immer und mit der Endung auf *-lich* manchmal. Diese Adjektive sind immer von Verben abgeleitet: zum Beispiel *lieferbar* von dem Verb *liefern* oder *verkäuflich* vom Verb *verkaufen*. Die Negation der Adjektive auf *-bar* und *-lich* wird in der Regel mit der Vorsilbe *un-* gebildet, zum Beispiel: *unverkäuflich*. Weisen Sie die TN auch auf die Grammatikübersicht im Kursbuch (→ S. 144/1a) hin.		
Einzelarbeit	**AB 157/Ü5** Grammatik entdecken: Wörter, die auf *-bar* und *-lich* enden; auch als Hausaufgabe geeignet.		
Einzelarbeit	**AB 158/Ü6–7** Grammatikübungen zu Adjektiven mit passiver Bedeutung; auch als Hausaufgabe geeignet.		

3 Arbeiten Sie in Kleingruppen. Formulieren Sie einen Werbespruch zu einem Service Ihrer Wahl. Die anderen raten.

SOZIALFORM	ABLAUF	MATERIAL	ZEIT
Plenum Gruppenarbeit Plenum	Lesen Sie zuerst das Beispiel im Kursbuch rechts und fordern Sie die TN auf, sich in Gruppen eigene Werbesprüche zu überlegen, die sie dann im Plenum vortragen. Die anderen TN raten, welcher Service jeweils beworben wird. **VERTIEFUNG:** Bringen Sie Beispiele aus Zeitungen und Zeitschriften mit, die einen Service anbieten. Hängen Sie sie im Kursraum auf. Die TN gehen dann von Angebot zu Angebot und vermuten, um welchen Service es sich wohl handelt. Fragen Sie die TN auch, welchen Werbespruch sie besonders gut finden und warum.	Werbung aus Zeitungen/ Zeitschriften	

Ich kann jetzt ...

SOZIALFORM	ABLAUF	MATERIAL	ZEIT
Einzelarbeit	Die TN markieren, was auf sie zutrifft.		
Einzelarbeit Plenum	**VERTIEFUNG:** Ermutigen Sie die TN, im Fernsehen und Radio Werbesprüche zu verschiedenen Arten von Service zu sammeln und sie auf Zetteln festzuhalten. Lassen Sie diese im Plenum vorlesen, wobei die anderen TN raten, um welchen Service es sich dabei handelt. Diese Aufgabe ist besonders bei Radiowerbung nicht einfach, aber machbar.		

LEKTION 10 SERVICE

SPRECHEN

1 Dienstleistungen in meinem Alltag

SOZIALFORM	ABLAUF	MATERIAL	ZEIT
Einzelarbeit Gruppenarbeit	Die TN schreiben eine Liste wie im Kursbuch mit Dienstleistungen, die sie selbst in Anspruch nehmen. Zusätzlich notieren sie Tätigkeiten, für die es Dienstleister gibt, die die TN aber selbst erledigen. Im Anschluss tauschen sich die TN in Kleingruppen über ihre Listen aus und sprechen wie im Beispiel im Kursbuch. **TIPP 1:** Bereiten Sie pro TN einen Zettel vor. Je nach Ihrer Kursgröße haben drei bis fünf Zettel die Aufschrift „Lüge", die übrigen „Wahrheit"; siehe auch die Methode **Wahrheit oder Lüge?** (Glossar → S. 156). Die TN ziehen und lesen sie, ohne dass die Nachbarn sehen, was auf dem Zettel steht. Entsprechend ihrer Zettel lügen die TN bei der Angabe, welche Dienstleistungen sie in Anspruch nehmen, oder sie sagen die Wahrheit. Es erhöht die Spannung im Kurs und ebenso die Konzentration, die Lügner ausfindig zu machen. **TIPP 2:** Variieren Sie bei der Methode zur Gruppenfindung und lassen Sie für Aufgabe 1 diejenigen TN zusammenarbeiten, die Pullover bzw. T-Shirts in derselben Farbe tragen. Sollte eine Farbe an diesem Tag dominieren, dann wählen Sie Schuh- oder Jackenfarbe oder bilden Sie zwei Gruppen mit TN, die beispielsweise schwarze Schuhe tragen.	Zettel	
Einzelarbeit	**AB 159/Ü8** Schreibübung zum Thema „Hausmeisterservice", bei der es um Fehlerkorrektur geht; auch als Hausaufgabe geeignet.		

2 Total verrückte Dienstleistungen

SOZIALFORM	ABLAUF	MATERIAL	ZEIT
Partnerarbeit	Nun lassen die TN ihrer Fantasie freien Lauf und wünschen sich eine mehr oder weniger realisierbare Dienstleistung. Falls die Umsetzung der Aufgabe zögernd läuft, gehen Sie mit einem Beispiel voran und sagen Sie: *Ich hätte gern einen Frühstücksservice, der mir jeden Morgen eine heiße Tasse Kaffee direkt an mein Bett bringt.* **TIPP:** Kreativität braucht Zeit. Setzen Sie die TN nicht unter Zeitdruck und loben Sie die außergewöhnlichen Dienstleistungen, die sie sich ausdenken. Diese Aufgabe dient auch der Vorbereitung von Aufgabe 3.		

3 Ideenbörse

SOZIALFORM	ABLAUF	MATERIAL	ZEIT
Partnerarbeit	a) Die TN überlegen zu zweit, welchen eigenen Service sie anbieten möchten und machen sich Notizen, was sie zur Umsetzung ihrer Idee benötigen.		

LEKTION 10 SERVICE

SOZIALFORM	ABLAUF	MATERIAL	ZEIT
Partnerarbeit	b) Die TN gestalten einen Flyer mit einem passenden Werbespruch und einem kreativen Logo zu ihrem Service. **TIPP:** Fördern Sie die Kreativität Ihrer TN, indem Sie möglichst viele verschiedene Materialien mitbringen, mit deren Hilfe die TN ihre Flyer gestalten können. Achten Sie auf verschiedene Farben bei Papier und Stiften. Geben Sie den TN auch hier genug Zeit. Wenn Sie unter Zeitdruck stehen, können Sie die Flyer und Logos als Hausaufgabe erledigen lassen. Geben Sie in diesem Fall die notwendigen Materialien mit nach Hause, falls möglich.	verschiedene Stifte, buntes Papier	
Gruppenarbeit	c) Gestalten Sie die Präsentation der Flyer und Dienstleistungen nach der Methode Kursausstellung (Glossar → S. 153). Die TN stellen ihren Service einem anderen Team vor, beantworten Fragen dazu und versuchen, das andere Team von ihrem Angebot zu überzeugen. Weisen Sie die TN auch auf die Redemittel zum Thema „einen Service anbieten" und „kritisch nachfragen" im Anhang hin.		
Einzelarbeit	**AB 159/Ü9** Wortschatzübung zu den Redemitteln; auch als Hausaufgabe geeignet.		

Ich kann jetzt …

SOZIALFORM	ABLAUF	MATERIAL	ZEIT
Einzelarbeit	Die TN markieren, was auf sie zutrifft.		

HÖREN 1

1 Schnäppchen jagen – ein neues Hobby

SOZIALFORM	ABLAUF	MATERIAL	ZEIT
Plenum	Schreiben Sie das Wort *Schnäppchen* mittig an die Tafel und fragen Sie, ob die TN seine Bedeutung kennen. Falls nicht, erklären Sie, dass es von dem Verb *schnappen* kommt. Machen Sie eine passende Handbewegung dazu: schnell nach etwas greifen. Fragen Sie, warum man schnell nach etwas greift und fordern Sie die TN zu Antworten auf. Warten Sie, bis eine Antwort folgenden Inhalts kommt: *weil etwas sehr günstig ist und man es haben möchte, bevor jemand anderes es nimmt.* Führen Sie die TN gegebenenfalls mit kleinen Tipps in die richtige Richtung. **VERTIEFUNG:** Fragen Sie, wo die TN Schnäppchen jagen. Diese Frage wird nicht nur auf allgemeines Interesse stoßen, sondern ist auch eine gute Gelegenheit, Vokabular und grammatische Strukturen zu wiederholen (auf dem Flohmarkt, über Anzeigen in der kostenlosen Wochenzeitung, im Secondhandladen …).		
Einzelarbeit	a) Die TN markieren die richtige Antwort. *Lösung: ein Artikel, der zu einem besonders günstigen Preis angeboten wird*		

LEKTION 10 SERVICE

Plenum	b) Die TN sprechen darüber, wie eine Schnäppchen-Jagd im Internet funktionieren könnte. Fragen Sie: *Welche Schnäppchen gibt es im Internet? Wie funktioniert die Jagd? Was muss man machen, um das Schnäppchen zu bekommen?* Mögliche Antworten: schnell sein, zur richtigen Zeit online sein, mehr Geld als andere bieten. **TIPP:** Falls Sie TN in Ihrem Kurs haben, die gern an Online-Auktionen teilnehmen, räumen Sie ihnen Redezeit ein. Sie können nicht nur andere TN mit ihren Erfolgen bei der Schnäppchen-Jagd anstecken und so das Interesse am Unterrichtsthema steigern, sondern Sie erfahren auch direkt, welches Vokabular zum Thema noch fehlt. Dieses können Sie an die Tafel schreiben, während die TN sprechen, und später im Plenum erläutern.		
Einzelarbeit Plenum	c) Im Anschluss lesen die TN die Internetanzeige und markieren, welche Informationen sie erhalten. Kontrolle im Plenum. *Lösung: Man bekommt ein Angebot zu einem extrem günstigen Preis. Das Angebot gibt es nur für eine limitierte Zeit.*		

2 Ein Internetservice

SOZIALFORM	ABLAUF	MATERIAL	ZEIT
Plenum Einzelarbeit	a) Lesen Sie die Aufgabenstellung gemeinsam mit den TN und erinnern Sie sie an die Bedeutung der Schlüsselwörter, wie schon im Lerntipp in Lektion 9, S. 128, gelesen und besprochen. Geben Sie ihnen Zeit, die Schlüsselwörter in Einzelarbeit zu markieren, und spielen Sie die Gesprächsrunde erst dann einmal ganz vor, wenn alle TN mit ihren Markierungen fertig sind. *Lösungsvorschlag:* Abschnitt 1: Wer – beteiligt; Abschnitt 2: Wie – funktioniert – „Sei dabei"; Abschnitt 3: Erfahrungen – Nutzerin; Abschnitt 4: Was – Restaurantbesitzerin – überrascht; Abschnitt 5: Meinung – Marketing-Experte	CD 2/19	
Einzelarbeit Plenum	b) Die TN hören die Gesprächsrunde in Abschnitten noch einmal und markieren die richtigen Antworten. Kontrolle im Plenum. *Lösung:* Abschnitt 1: 2; Abschnitt 2: 1; Abschnitt 3: 3; Abschnitt 4: 2; Abschnitt 5: 3	CD 2/20–24	
Einzelarbeit	**AB 160/Ü10** Wortschatzübung zum Thema „Sparen & Gewinnen"; auch als Hausaufgabe geeignet.		

LEKTION 10 SERVICE

3 Ihre Meinung

SOZIALFORM	ABLAUF	MATERIAL	ZEIT
Plenum/Gruppenarbeit	a)+b) Nach dem langen Hörtext und seiner Besprechung tut den TN etwas Bewegung gut. Nach der Methode **Rasender Reporter** (Glossar → S. 154) macht eine/r der TN Interviews mit den anderen TN. Dazu stellen sich alle TN im Kreis auf, der „rasende Reporter" steht in der Mitte. Er geht auf eine/n TN zu und fragt: *Wie finden Sie die Schnäppchen-Jagd über Internetportale? Würden Sie selbst dort einkaufen? Würden Sie dort einen Service anbieten?* Dann befragt sie/er die/den nächsten TN etc. Wenn Sie eine sehr große Gruppe haben, bilden Sie zwei oder mehr Kreise mit je einem Reporter. Es sollten nicht mehr als acht TN um den Reporter stehen. Mithilfe dieser Methode werden kommunikative Kompetenzen trainiert. Während der Interviews haben Sie Zeit, sich Fehler zu notieren, die Sie an späterer Stelle thematisieren. **TIPP:** Um die Interviewsituation so realistisch wie möglich zu gestalten, wäre es gut, wenn Sie sich ein Mikrofon besorgen könnten. Es kann auch eines aus Plastik sein, die es oft in Spielzeuggeschäften gibt, oder aber Sie sehen mal auf dem Flohmarkt, ob Sie dort ein Schnäppchen machen können. **VERTIEFUNG:** Man sagt den Deutschen nach, dass sie sparen, wo sie nur können, und ein Volk wahrer Schnäppchen-Jäger sind.	„Mikrofon"	
Einzelarbeit	Wenn Ihre TN die Möglichkeit haben, ermutigen Sie sie, Interviews mit Deutschen zum Thema Schnäppchen-Jagd durchzuführen. Beispielsweise befragen die TN deutsche Freunde, Mitbewohner im Haus, Kommilitonen oder auch Sportkameraden und tragen		
Plenum	dann im Plenum ihre Ergebnisse zusammen.		

4 Alternativen zum Passiv (II)

SOZIALFORM	ABLAUF	MATERIAL	ZEIT
Einzelarbeit Plenum	a) Die TN lesen den Satz aus dem Hörtext und markieren die richtige Bedeutung. Kontrolle im Plenum. *Lösung: Der Gutschein muss innerhalb einer bestimmten Zeit eingelöst werden.*		
Einzelarbeit Plenum	b) Die TN ergänzen die Sätze mit *können* und *müssen* im Passiv. Kontrolle im Plenum. *Lösung: 1 Meistens musste dafür weniger als die Hälfte vom Normalpreis bezahlt werden. 2 Aber dann war klar, dass die Gäste nicht mehr zufriedengestellt werden konnten.*		
Partnerarbeit Plenum	c) Die TN suchen zu zweit den Satz, der nicht das Gleiche bedeutet, und markieren ihn. Kontrolle im Plenum. *Lösung: Ein 3-Gänge-Menü wird für 10 Euro wirklich nicht gemacht.*		

LEKTION 10 SERVICE

Partnerarbeit Plenum	d) Nun schreiben die TN vier Varianten für den angegebenen Satz. Kontrolle im Plenum. *Lösung: 1 Wie kann das erklärt werden? 2 Wie ist das erklärbar? 3 Wie ist das zu erklären? 4 Wie kann man das erklären?* **FOKUS GRAMMATIK:** Auch Konstruktionen mit *sich lassen* und *sein zu* + Infinitiv drücken passive Bedeutung aus und sind somit eine Alternative zum Passiv. Man kann sie durch Passivsätze mit Modalverben ersetzen. Weisen Sie die TN auch auf die Grammatikübersicht im Kursbuch (→ S. 144/1b) hin.		
Gruppenarbeit Plenum	**VERTIEFUNG:** Führen Sie den TN mithilfe der Methode **Persönliche Grammatik** (Glossar → S. 154) im wahrsten Sinne des Wortes vor Augen, welche Möglichkeiten es gibt, passive Bedeutung auszudrücken und wie sich die Strukturen jeweils ändern. Dazu teilen Sie den Gruppen zu je fünf TN jeweils genügend DIN-A4-Blätter und Krepp- oder Klebeband aus. Lässt sich die Anzahl Ihrer TN nicht durch fünf teilen, können sich auch weniger TN zu einer Gruppe zusammenfinden. Auf einem Blatt geben Sie ihnen folgenden Satz vor: *Wie lässt sich das realisieren?* Die Gruppen überlegen nun, wie die vier Varianten für diesen Satz lauten und notieren diese. Im Anschluss legen Sie fest oder losen aus, welche Gruppe welche Variante im Plenum präsentiert (zum Beispiel Gruppe 1: mit „werden" *Wie kann das realisiert werden?*, Gruppe 2: mit -bar: *Wie ist das realisierbar?*, Gruppe 3: mit ist + zu: *Wie ist das zu realisieren?*, Gruppe 4: mit Modalverb: *Wie kann man das realisieren?*). Erst dann schreiben die Gruppen die ihnen zugewiesene Alternative des Satzes auf die DIN-A4-Blätter, jedes Wort des Satzes steht jeweils auf einem eigenen Blatt. Danach heftet sich jede/jeder TN eines der Blätter auf die Brust, und alle stellen sich dann in der richtigen Reihenfolge nebeneinander auf, sodass die anderen TN den Satz an ihnen „ablesen" können. Gruppen mit weniger als fünf TN heften sich gegebenenfalls mehr als ein Blatt auf die Brust oder halten zwei Blätter in den Händen. Die anderen prüfen jeweils, ob die „Darstellung" der anderen Varianten korrekt ist, und korrigieren gegebenenfalls. Diese Methode spricht vor allem visuelle und kinästhetische Lerner an.	DIN-A4-Blätter, Krepp- oder Klebeband	
Plenum	**LANDESKUNDE:** Lesen Sie gemeinsam die Informationen zur Landeskunde in *Wussten Sie schon?* Das Sterben des Einzelhandels, vor allem in den Stadtzentren, ist ein allgegenwärtiges Thema in der Lokalpresse, aber auch in den überregionalen Medien. Überlegen Sie mit den TN gemeinsam, welche Einzelhandelsgeschäfte in letzter Zeit in Ihrer Stadt schließen mussten. Wenn Sie nicht in den deutschsprachigen Ländern unterrichten, fragen Sie die TN, ob sie diese Entwicklung auch in ihrem Land beobachten können. **INTERKULTURELLES:** Fragen Sie die TN, wie es sich in ihren Heimatländern verhält. *Kaufen die Leute auch viel im Internet? Was kaufen sie vor allem? Welche Folgen hat das für die lokalen Geschäfte? Haben sich die Städte wegen der Internetkäufe verändert?* **TIPP:** Schlüpfen Sie in die Rolle des **Rasenden Reporters** (Glossar → S. 154) und stellen Sie die Fragen.	„Mikrofon"	
Einzelarbeit	**AB 160–161/Ü11** Landeskundliche Leseübung, angelehnt an *Wussten Sie schon?* im Kursbuch; auch als Hausaufgabe geeignet.		
Einzelarbeit	**AB 161/Ü12** Wiederholungsübung zu allen bekannten Passivformen; auch als Hausaufgabe geeignet.		

LEKTION 10 SERVICE

Einzelarbeit	**AB 162/Ü13** Grammatik entdecken: Alternativen zum Passiv (II); auch als Hausaufgabe geeignet.		
Einzelarbeit	**AB 162/Ü14** Grammatikübung zu den geübten möglichen Alternativen zum Passiv; auch als Hausaufgabe geeignet.		

Ich kann jetzt …

SOZIALFORM	ABLAUF	MATERIAL	ZEIT
Einzelarbeit	Die TN markieren, was auf sie zutrifft.		
Gruppenarbeit Einzelarbeit	**VERTIEFUNG:** Spiel zum Thema „Schnäppchen-Jagd": Zur Vertiefung des Lernwortschatzes teilen Sie den Kurs in Gruppen von drei bis fünf TN. Jede Gruppe bekommt ein Set Karten aus der Kopiervorlage zu Lektion 10/1, das auf einem Stapel verdeckt auf dem Tisch liegt. Reihum nimmt ein/e TN die oberste Karte und erklärt den unterstrichenen Begriff. Die anderen raten. Beim Umschreiben dürfen alle anderen Begriffe, die auf der Karte stehen, nicht benutzt werden. Die/Der Erklärende darf sagen, welche Wortart gesucht wird, also zum Beispiel: *Wir suchen ein Verb*. Jeweils die/der TN rechts neben der/dem Erklärenden schaut mit auf die Karte und kontrolliert, ob tatsächlich keiner der verbotenen Begriffe genannt wird. Falls das geschieht, ruft sie/er laut „stopp" und beendet die Runde. Wer den Begriff errät, bekommt die Karte. Gewonnen hat, wer am Ende die meisten Karten gesammelt hat. **TIPP:** Fordern Sie die TN zur Vorbereitung des Spiels dazu auf, den Lernwortschatz zu wiederholen (→ S. AB 169) inklusive Übung 10 im Arbeitsbuch (→ S. AB 160).	Kopiervorlage Lektion 10/1	

LESEN 1

1 Mit oder ohne Service?

SOZIALFORM	ABLAUF	MATERIAL	ZEIT
Gruppenarbeit Plenum	a) Die TN markieren zu dritt, wo man sich normalerweise selbst bedient bzw. wo man bedient wird, und sprechen darüber wie im Beispiel. Kontrolle im Plenum. *Lösung: SB: im Discounter, in der Mensa, im Drogeriemarkt; S: in der Apotheke, im Restaurant, in einer Kneipe/Bar, im Feinkostladen, im Blumenladen, in der Boutique*		
Gruppenarbeit Plenum	b) Im Anschluss sprechen sie darüber, in welchem Fall sie lieber bedient werden und in welchem eher nicht. **VERTIEFUNG:** An dieser Stelle bietet es sich an, im Kontext „einkaufen" zu wiederholen, wie man Hilfsangebote des Verkaufspersonals annimmt oder freundlich ablehnt: *Nein, danke, ich schaue nur / suche nichts Bestimmtes. Später vielleicht, danke* etc. …		

LEKTION 10 SERVICE

2 Auf dem Blumenfeld

SOZIALFORM	ABLAUF	MATERIAL	ZEIT
Einzelarbeit Plenum Einzelarbeit Plenum	Vor dem Öffnen des Buches: Geben Sie jeder/m TN ein Blatt, auf dem Sie einen Wortigel angelegt haben. In dessen Zentrum steht „Blumen". Die TN sollen den Wortigel mit Begriffen ergänzen, die ihnen zum Thema „Blumen" einfallen. Weisen Sie darauf hin, dass sie auch Verben zu ihren Wortigeln ergänzen. Setzen Sie ein zeitliches Limit von beispielsweise zwei Minuten. Tragen Sie anschließend die assoziierten Begriffe der TN im Plenum zusammen. Der Wortigel dient zur Vorentlastung des Lesetextes. a) Nun beantworten die TN die beiden Fragen zu den Fotos im Kursbuch. Kontrolle im Plenum. *Lösung:* <u>Foto A:</u> *Sie pflückt Blumen.* <u>Foto B:</u> *Eine Kasse, in die man ehrlich den entsprechenden Betrag für die gepflückten Blumen einwerfen soll.*	Blatt mit Wortigel	
Plenum Einzelarbeit Plenum	b) Weisen Sie die TN noch einmal auf die Vorgehensweise bei Aufgaben zum Leseverständnis hin: <u>*1. Aufgaben lesen,* 2. *Schlüsselwörter in den Fragen markieren,* 3. *Text lesen*</u>. Dann lesen die TN den Artikel und beantworten die Fragen. Bei Bedarf erklären Sie unbekanntes Vokabular. Kontrolle im Plenum. *Lösung: 1 Man pflückt die Blumen selbst (Selbstbedienung). Das Blumenfeld ist rund um die Uhr geöffnet. Man kann sich die Sträuße selbst zusammenstellen. 2 Man kann spontan auf dem Weg zu Freunden oder zur Familie anhalten und Blumen pflücken, die man dann als kleines Geschenk mitbringt; Spaß am Pflücken; große Auswahl an Blumen. 3 Es ist rund um die Uhr geöffnet. Man kann die Blumen selbst schneiden, die Blumen sind frisch und billiger als im Laden. 4 Ehepaar Oesterdiekhoff: Gute Idee: Die Felder sind sehr gefragt. Als Besitzer der Felder kann man das Sortiment immer wieder variieren. Georg Berger: Gute Idee: Jeder Kunde bekommt die Blumen, die er möchte. Die Blumenfelder machen nur am Saisonanfang Arbeit. Er hat ein neues Hobby gefunden. 5 Der Kunde wirft am Ende das Geld für den Strauß in eine Büchse am Feldrand. Je nach Größe kosten die Sträuße unterschiedlich viel.*		
Einzelarbeit Plenum	c) Die TN lesen die drei Sätze aus dem Text und markieren die richtige Bedeutung. Kontrolle im Plenum. *Lösung: Etwas ist absolut in Mode.*		

LEKTION 10 SERVICE

Plenum/Partnerarbeit	d) Fragen Sie die TN nach ihrer Meinung zu solchen Blumenfeldern und wie sie den Service finden. Diese Aufgabe können die TN auch in der **Murmelgruppe (Glossar → S. 154)** lösen. **LANDESKUNDE:** Felder dieser Art gibt es inzwischen in fast jeder Stadt und nicht nur mit Blumen. Im Herbst gibt es auch Felder mit Kürbissen. Dieser Service basiert auf der Ehrlichkeit der Kunden. Denn nur, wenn die Kunden ihre Blumen (ganz) bezahlen, lohnt sich die Idee mit der Selbstbedienung für den Betreiber. Man liest in der Lokalpresse jedoch auch, dass sich in der Kasse alte europäische Münzen aus Zeiten vor dem Euro befinden oder dass die Felder nachts verwüstet und teilweise zerstört werden. **TIPP:** Regen Sie eine weiterführende interkulturelle Diskussion an, indem Sie die TN nicht nur fragen, ob es in ihren Heimatländern solche Blumenfelder gibt, sondern auch, welchen Erfolg sie haben bzw. warum es sie wohl nicht gibt. **VERTIEFUNG:** Man behält Lerninhalte am besten, wenn man sie auch anwendet, zum Beispiel wenn Sie mit Ihren TN gemeinsam ein Blumenfeld besuchen. Sie können dort, während Sie einen Blumenstrauß für Ihren Kursraum pflücken, den in dieser Lektion erlernten Wortschatz *Blumen schneiden, einen Blumenstrauß machen* … anwenden. Auf diesem Sprachniveau können die TN darüber hinaus auch weitere Aktivitäten durchführen, zum Beispiel Interviews mit anderen Besuchern führen, wie sie den Service finden, Details recherchieren und/oder als Hausaufgabe einen Artikel darüber schreiben.
Einzelarbeit	**AB 162–163/Ü15** Wortschatzübung zu festen Verbindungen; auch als Hausaufgabe geeignet.

3 Subjektlose Passivsätze

SOZIALFORM	ABLAUF	MATERIAL	ZEIT
Einzelarbeit Plenum	a) Die TN lesen und finden die entsprechenden Sätze im Text. Kontrolle im Plenum. *Lösung: 1 Über den Zukauf weiterer Felder ist im Hause Oesterdiekhoff bereits nachgedacht worden. (Zeilen 21/22) 2 Mit den Vorbereitungen wird oft schon im Februar begonnen. (Zeilen 27/28) 3 …, denn im Sommer muss in der Gärtnerei oft bis in den späten Abend gearbeitet werden. (Zeilen 29/30)*		
Plenum	b) Besprechen Sie, was die drei Sätze gemeinsam haben. *Lösung: Alle Passivsätze haben kein Subjekt.*		

LEKTION 10 SERVICE

SOZIALFORM	ABLAUF	MATERIAL	
Einzelarbeit Plenum	c) Die TN schreiben die Sätze mit *es*. Kontrolle im Plenum. *Lösung: 1 ... den Zukauf weiterer Felder nachgedacht worden. 2 Es wird oft schon im Februar mit den Vorbereitungen begonnen. 3 ..., denn es muss im Sommer in der Gärtnerei oft bis in den späten Abend gearbeitet werden.* **FOKUS GRAMMATIK:** *Es* steht immer dann an Position 1 in einem Passivsatz, wenn es im Aktivsatz kein Akkusativobjekt gibt und somit kein Subjekt im Passivsatz. Oft werden die Passivsätze mit *es* auch verwendet, um die Betonung auf den darauffolgenden Satzteil zu legen: Beispiel: *Die Bäume werden schon im Frühjahr geschnitten. Es werden die Bäume schon im Frühjahr geschnitten, die Büsche aber erst im Herbst.* Weisen Sie die TN auch auf die Grammatikübersicht im Kursbuch (→ S. 144/2) hin.		
Plenum	**VERTIEFUNG:** Spiel: Roulette mit Passivsätzen und Alternativen zum Passiv. Kopieren Sie pro TN eine Kopiervorlage zu Lektion 10/2. Außerdem brauchen Sie Punkte-Chips von 2, 4 und 6 Punkten. Die können Sie ganz einfach selbst machen, indem Sie die Zahlen auf Papier ausdrucken und ausschneiden. Ebenso brauchen Sie für jeden Spieler ein Kärtchen mit der Aufschrift „richtig" und eines mit „falsch". Der Spielverlauf: Jeder Spieler bekommt je drei Chips mit 2, 4 und 6 Punkten, also insgesamt neun Chips. Sie als KL sind die „Bank", an die die falsch gesetzten Chips zurückgehen. Die Spieler lesen in Ruhe die 15 Sätze und entscheiden dann, ob diese grammatikalisch richtig oder falsch sind. Wenn alle Spieler die Sätze gelesen haben, lesen Sie den ersten Satz vor und fragen: *Richtig oder falsch?* Die TN legen dann eines der Kärtchen (falsch/richtig) auf den Tisch und dazu auf das dafür vorgesehene Feld Ⓟ der Kopiervorlage einen Chip, also 2, 4 oder 6 Punkte, je nachdem, wie sicher sie sich sind (je sicherer, desto mehr Punkte). Sie lösen dann auf, ob der Satz richtig oder falsch war. Wer unrecht hat, muss der Bank den eingesetzten Chip geben, wer recht hat, darf ihn behalten. Wer keine Punkte-Chips mehr hat, um sie zu setzen, ist ausgeschieden. Wer am Ende die meisten Punkte hat, hat gewonnen. **TIPP:** Laminieren Sie die Punkte-Chips, dann können Sie sie immer wieder verwenden. *Lösung: 1 R; 2 F; 3 R; 4 F; 5 R; 6 F; 7 R; 8 R; 9 R; 10 F; 11 R; 12 F; 13 R; 14 R; 15 R*	Kopiervorlage Lektion 10/2, Punkte-Chips, Kärtchen mit „richtig"/ „falsch", Schere	
Einzelarbeit	**AB 163/Ü16** Grammatik entdecken: Subjektlose Passivsätze; auch als Hausaufgabe geeignet.		
Einzelarbeit	**AB 164/Ü17** Grammatikübung zu Passivsätzen mit und ohne *es*; auch als Hausaufgabe geeignet.		
Einzelarbeit	**AB 164/Ü18** Wortschatzübung zum Thema „Garten"; auch als Hausaufgabe geeignet.		

Ich kann jetzt …

SOZIALFORM	ABLAUF	MATERIAL	ZEIT
Einzelarbeit	Die TN markieren, was auf sie zutrifft.		

LEKTION 10 SERVICE

SCHREIBEN

Vor dem Öffnen des Buches

SOZIALFORM	ABLAUF	MATERIAL	ZEIT
Plenum	Schieben Sie eine **Energieaufbauübung (Glossar → S. 151)** ein, mit der der Kreislauf wieder in Schwung gebracht und das Gehirn besser mit Sauerstoff versorgt wird, was wiederum eine Erhöhung der Konzentrationsfähigkeit mit sich bringt. Außerdem trägt die Übung zu einer lockeren und ungezwungenen Atmosphäre im Kurs bei. Befestigen Sie dazu in drei Ecken des Kursraums je eine der drei Karten: *der, die, das*. Die TN stehen auf, Sie nennen ein Substantiv aus dem Lesetext „Sonnenhut und Tausendschön" im Kursbuch (→ S. 138 f.) (zum Beispiel: *Feld, Sortiment, Plantage* etc.). Die TN laufen schnell in die Ecke, von der sie glauben, dass der korrekte Artikel zu Ihrem Substantiv hängt. Sie nennen den korrekten Artikel zusammen mit dem Substantiv und geben so den TN die Rückmeldung, ob sie in der richtigen Ecke stehen. Dann nennen Sie das nächste Substantiv.	Karten mit *der, die, das*	

1 Kurz und knapp

SOZIALFORM	ABLAUF	MATERIAL	ZEIT
Einzelarbeit Plenum	a) Die TN lesen die Zusammenfassung des Artikels „Sonnenhut und Tausendschön" und markieren die richtige Lösung. Kontrolle im Plenum. *Lösung: ein Drittel bis ein Viertel*		
Partnerarbeit Plenum	b) Die TN markieren die verzichtbaren Teile. Kontrolle im Plenum. *Lösung: direkte Rede, ausschmückende Adjektive, Eigennamen, Wiederholungen*		
Partnerarbeit Plenum	c) Die TN formulieren Fragen, auf die die Textzusammenfassung eine Antwort gibt; auch hier Kontrolle im Plenum. *Lösungsvorschlag: Wer nutzt die Blumenfelder? – Was ist das Besondere an den Blumenfeldern? – Warum ist das Blumenpflücken so beliebt? – Wen freut der Trend besonders? – Wie wird am Ende bezahlt? – Wie viel kosten die Blumensträuße?*		
Einzelarbeit Plenum	d) Die TN markieren die richtige Antwort zur Struktur der Sätze. Kontrolle im Plenum. *Lösung: Die Sätze sind kurz und bestehen meist nur aus einem Hauptsatz.*		

2 Eine eigene Zusammenfassung schreiben

SOZIALFORM	ABLAUF	MATERIAL	ZEIT
Einzelarbeit	a) Kündigen Sie an, dass die TN eine eigene Textzusammenfassung schreiben werden, und fordern Sie sie auf, dazu einen Text aus den Lektionen 1 beziehungsweise 7–10 auszuwählen. **TIPP:** Achten Sie darauf, dass sich die TN einen Text aussuchen, der ihren Sprachkenntnissen entspricht und dessen Wortschatz sie gut kennen. Verweisen Sie die TN auf den Lerntipp, bevor sie anfangen zu schreiben. Er fasst die zu beachtenden Punkte, die die TN in Aufgabe 1 bereits geübt haben, noch einmal kurz und knapp zusammen.		

LEKTION 10 SERVICE

SOZIALFORM	ABLAUF	MATERIAL	ZEIT
Einzelarbeit	b) Die TN formulieren sieben W-Fragen zu ihrem Text und schreiben mithilfe der Redemittel ihre Textzusammenfassung. Weisen Sie die TN auch auf die Redemittel im Anhang hin. **TIPP:** Um zu vermeiden, dass in der Zusammenfassung wichtige Aspekte fehlen, sollten Sie einen Blick auf die Liste der W-Fragen Ihrer TN werfen und sie auf Vollständigkeit überprüfen.		
Partnerarbeit	c) Die TN lesen sich gegenseitig ihre Zusammenfassungen vor und stellen bei Unklarheit Fragen, die dann zur Korrektur der Erstfassung dienen. **TIPP:** Bieten Sie den TN an, ihre überarbeiteten Zusammenfassungen mitzunehmen und zu korrigieren.		
Einzelarbeit	**AB 165/Ü19** Schreibübung: eine Textzusammenfassung verbessern; auch als Hausaufgabe geeignet.		

Ich kann jetzt ...

SOZIALFORM	ABLAUF	MATERIAL	ZEIT
Einzelarbeit	Die TN markieren, was auf sie zutrifft.		

LESEN 2

1 Das „Erklärbär-Abo"

SOZIALFORM	ABLAUF	MATERIAL	ZEIT
Einzelarbeit Plenum	a) Die TN sehen sich das Bild vom Erklärbär an und markieren, um was für einen Service es sich dabei vermutlich handelt. Kontrolle im Plenum. *Lösung: Man bekommt Unterstützung und Hilfe bei technischen Problemen mit Elektrogeräten.*		
Einzelarbeit Plenum	b) Dann überfliegen die TN den Text in 2a) und berichten, ob ihre Vermutung richtig war. Kontrolle im Plenum.		

2 Ein unvollständiges Infoblatt

SOZIALFORM	ABLAUF	MATERIAL	ZEIT
Plenum Einzelarbeit Plenum	a) Weisen Sie die TN zuerst auf die Aufgabensorte „einen Text rekonstruieren" und den dazugehörigen Lerntipp hin. Lesen Sie ihn im Plenum und stellen Sie sicher, dass die TN ihn verstanden haben, indem Sie sich den Hinweis in eigenen Worten von den TN wiedergeben lassen. Die TN lesen dann das Informationsblatt und ergänzen rechts das fehlende Wort. Kontrolle im Plenum. *Lösung: 1 finden; 2 aber; 3 leben; 4 die; 5 oder; 6 können; 7 lassen; 8 Kunden; 9 anwerben/gewinnen* **TIPP:** Lassen Sie diese Aufgabe in Einzelarbeit machen, sodass Sie sehen können, wie die TN generell mit der anspruchsvollen Aufgabenstellung zurechtkommen.		

LEKTION 10 SERVICE

SOZIALFORM	ABLAUF	MATERIAL	ZEIT
Gruppenarbeit Plenum	b) Die TN äußern in Kleingruppen ihre Meinung zum Abo und ob sie selbst schon einmal in einer Situation waren, in der sie so einen Service gebraucht hätten. Lassen Sie je eine/n TN jeder Gruppe abschließend im Plenum zusammenfassen, was in ihrer/seiner Gruppe besprochen wurde.		
Einzelarbeit	**AB 165/Ü20** Wortschatzübung zum Service bei technischen Problemen; auch als Hausaufgabe geeignet.		

Ich kann jetzt …

SOZIALFORM	ABLAUF	MATERIAL	ZEIT
Einzelarbeit	Die TN markieren, was auf sie zutrifft.		

HÖREN 2

1 Abends in der Küche

SOZIALFORM	ABLAUF	MATERIAL	ZEIT
Partnerarbeit	a) Die TN sehen sich das Bild an und markieren ihre Vermutung. *Lösung: Der Mann erkundigt sich über ein Sprach-Dialogsystem nach einer Zugverbindung.*		
Partnerarbeit	b) Dann hören sie den Anfang der Geschichte und sprechen darüber, ob ihre Vermutung aus 1a) richtig war.	CD 2/25	

2 Nur eine kleine Auskunft

SOZIALFORM	ABLAUF	MATERIAL	ZEIT
Einzelarbeit Plenum	a) Die TN hören die Geschichte nun in drei Abschnitten und markieren bzw. beantworten die Fragen dazu. Kontrolle im Plenum. *Lösung:* <u>Abschnitt 1:</u> *1, 3;* <u>Abschnitt 2:</u> *1 Weil das Sprachdialogsystem ihn nicht richtig verstanden hat. 2 Er macht ein Geräusch, das das Sprachdialogsystem als „Ulm" erkennt, und daraufhin fragt es ihn, ob er von Ulm abfahren möchte. 3 An Telefonate mit seiner Frau.* <u>Abschnitt 3:</u> *1, 3*	CD 2/26–28	
Plenum	b) Nach der Kontrolle der Aufgaben zum Hörverstehen spielen Sie die Geschichte noch einmal ganz vor. Danach tauschen sich die TN darüber aus, ob sie sie amüsant finden oder nicht. Regen Sie einen Austausch zum Thema „Humor" an, indem Sie fragen: *Finden Sie die Geschichte humorvoll? Wenn ja: Was finden Sie lustig daran?* Stellen Sie auch allgemeinere Fragen: *Welche Art von Humor mögen Sie selbst? Worüber müssen Sie lachen? Versteht man unter Humor je nach Nation etwas anderes? Gibt es so etwas wie den „deutschen Humor"? Was ist „typisch" für den Humor in Ihrem Heimatland?*	CD 2/29	
Einzelarbeit	**AB 166/Ü21** Leseübung zur Textrekonstruktion; auch als Hausaufgabe geeignet.		

Ich kann jetzt …

SOZIALFORM	ABLAUF	MATERIAL	ZEIT
Einzelarbeit	Die TN markieren, was auf sie zutrifft.		

LEKTION 10 SERVICE

SEHEN UND HÖREN

1 Eine spannende Stunde

SOZIALFORM	ABLAUF	MATERIAL	ZEIT
Plenum Einzelarbeit Plenum	Vor dem Öffnen des Buches: Zeigen Sie den TN nur das linke Foto im Kursbuch, Sie können es zum Beispiel herauskopieren und vergrößern. Lassen Sie die TN nach der Methode **Gedankenraten** (Glossar → S. 152) zu dem Foto aufschreiben, was die Kinder wohl gerade denken. Teilen Sie dazu leere Gedankenblasen aus. Sie können sie im Schreibwarenhandel kaufen oder selbst zeichnen und ausschneiden. Wenn alle TN fertig sind, lesen sie ihre Gedankenblasen vor, heften sie an eine Pinnwand oder Tafel und wählen im Plenum die drei originellsten bzw. treffendsten aus. So können Sie den TN und ihren Arbeiten gegenüber Wertschätzung ausdrücken. Diese Methode schult das Einfühlungsvermögen, welches wiederum die Kreativität fördert, und macht außerdem auf die kommende Lese- oder Höraufgabe neugierig. a) Schlagen Sie nun gemeinsam das Kursbuch auf und lassen Sie die TN raten, was auf den Fotos gezeigt wird.	Kopie des Fotos aus dem Kursbuch, Gedankenblasen, Pinnwand	
Plenum	b) Spielen Sie nun die DVD <u>ohne Ton</u> vor. Danach stellen die TN Vermutungen zu den Fragen 1–4 an.	DVD 2/13	
Partnerarbeit Plenum	c) Die TN vermuten, um was für einen Service es sich wohl handelt. Kontrolle im Plenum. *Lösung: Die Frau liest Kindern Geschichten vor, es ist also ein „Vorlese-Service".*		

2 Vorlesestunde

SOZIALFORM	ABLAUF	MATERIAL	ZEIT
Einzelarbeit Plenum	a) Spielen Sie jetzt die Foto-Reportage <u>mit Ton</u> vor. Danach ergänzen die TN die Punkte 1–7. Kontrolle im Plenum. *Lösung: 1 70 Jahre; 2 Vorlesen als Ehrenamt; 3 Sie ist selbst eine „Leseratte". Ihr selbst wurde zu Hause auch viel vorgelesen. Sie liest auch ihren Enkeln viel vor. Sie liest vor allem gern Kindern vor, denen zu Hause nicht viel vorgelesen wird. 4 Schulen und Bibliotheken; 5 vier bis fünf Kinder, die freiwillig kommen; 6 Sie hat früher im Krankenhaus mit Kindern gespielt. 7 Es sollten sich mehr Menschen, vor allem auch Männer, für das Vorlesen für Kinder engagieren.*		
Gruppenarbeit	b) Die TN tauschen sich in Kleingruppen zu den Fragen aus.		
Plenum	Lesen Sie anschließend gemeinsam die Informationen über das Ehrenamt in *Wussten Sie schon?* Erzählen Sie von einem Ehrenamt, das Sie eventuell bereits übernommen haben oder von dem Sie detailliert berichten können.		

LEKTION 10 SERVICE

	LANDESKUNDE: Das Ehrenamt spielt in den deutschsprachigen Ländern eine große Rolle. Ohne all die Freiwilligen würde es viele Dienste wie die Telefonseelsorge, kirchliche Aktivitäten oder Besucherdienste im Krankenhaus nicht geben, weil die öffentliche Hand bzw. die Kirche dafür kein Geld hat. Mehr und mehr Gemeinden rufen auch aktiv zu Freiwilligendiensten auf, zum Beispiel auch, um die Rasenstreifen neben Bundesstraßen von Abfällen zu reinigen. Dieser Einsatz ist ehrenamtlich, beschränkt sich aber auf ein oder zwei Einsätze pro Jahr. **INTERKULTURELLES:** Fragen Sie die TN zum Thema „Ehrenamt" in ihren Heimatländern: *Gibt es Ehrenämter? Was zum Beispiel machen die Leute? Sind sie organisiert, oder beruht die Hilfe auf privater Initiative? Sind die Ehrenämter angesehen? Wie viele Personen, schätzen Sie, engagieren sich in einem Ehrenamt?*		
Einzelarbeit	**AB 166/Ü22** Leseübung zum Filmtipp „Schlussmacher"; auch als Hausaufgabe geeignet.		
	AB 167/Ü23 Landeskundliche Hörübung zum Thema „Ehrenamt", angelehnt an *Wussten Sie schon?* im Kursbuch; auch als Hausaufgabe geeignet.		

Mein Dossier

SOZIALFORM	ABLAUF	MATERIAL	ZEIT
Einzelarbeit Plenum	Die TN beschreiben und begründen ihren Lieblingsservice. Fordern Sie sie auch auf, ein passendes Foto oder eine Zeichnung zu ihrem Lieblingsservice zu kleben. **TIPP:** Lassen Sie sich die Texte Ihrer TN geben, sammeln Sie sie ein, mischen Sie sie und dann lesen Sie sie im Plenum vor. Die TN raten, wessen Lieblingsservice es ist. Danach können Sie die Texte im Kursraum aufhängen.		

Ich kann jetzt ...

SOZIALFORM	ABLAUF	MATERIAL	ZEIT
Einzelarbeit	Die TN markieren, was auf sie zutrifft.		

LEKTION 10 SERVICE

AUSSPRACHE: Betonung im Satz (Arbeitsbuch → S. AB 168)

1 Sprichwörter

SOZIALFORM	ABLAUF	MATERIAL	ZEIT
Plenum Einzelarbeit	a) Beginnen Sie, indem Sie ein Sprichwort an die Tafel schreiben, zum Beispiel: *Die Suppe wird nicht so heiß gegessen, wie sie gekocht wird.* Erklären Sie, falls nötig, die Bedeutung und lesen Sie das Sprichwort mehrmals vor und betonen Sie dabei jedes Mal eines der nicht unterstrichenen Wörter. Fragen Sie die TN, wie sie die einzelnen Betonungen empfinden und ob sie ihrer Meinung nach Sinn machen (sie machen keinen Sinn). Fragen Sie die TN anschließend, welche Wörter ihrer Meinung nach betont werden sollten, damit der Satz Sinn macht. *Lösung: gegessen/gekocht.* Die TN verstehen so, dass die Betonung den Sinn des Sprichwortes unterstreicht. Dann hören die TN die Sprichwörter im Arbeitsbuch und unterstreichen die betonten Wörter. *Lösung: 1 Keine Regel ohne Ausnahme. 2 Aller Anfang ist schwer. 3 Übung macht den Meister.*	AB-CD/20 AB-CD/59	
Plenum Einzelarbeit Plenum	b) Besprechen Sie im Plenum die Bedeutung der Sprichwörter. Im Anschluss diskutieren Sie, welche der in a) gehörten Versionen die Bedeutung des Sprichworts unterstützt. Die TN begründen ihre Meinung. Kontrolle im Plenum. *Lösung: 1 Dieses Sprichwort bedeutet, dass es zum Beispiel bei einer Grammatikregel immer auch Fälle gibt, auf die diese Regel nicht zutrifft, die also eine Ausnahme bilden. Regeln geben häufig Richtlinien und Tendenzen wieder. 2 Dieses Sprichwort bedeutet, dass es immer schwierig ist, mit etwas Neuem zu beginnen. Es ist zum Beispiel am Anfang nicht so einfach, Wörter in einer neuen Sprache auszusprechen. Mit der Zeit wird es dann leichter. 3 Dieses Sprichwort bedeutet, dass man in der Regel immer besser wird, wenn man etwas übt. Das Sprichwort „Es ist noch kein Meister vom Himmel gefallen" bestärkt diese These.* *In allen drei Fällen unterstützt die rechte Variante die Bedeutung des Sprichworts, weil sie die bedeutungstragenden Wörter betont.* **VERTIEFUNG:** Fordern Sie die TN auf, selbst deutsche Sprichwörter zu sammeln. Sie können dazu Freunde, Nachbarn oder Kollegen befragen oder alternativ im Internet suchen. Die Sprichwörter schreiben sie auf Kärtchen, die Sie einsammeln. Mischen Sie sie und lassen Sie jeden TN eines ziehen. Sollte ein/e TN zufällig ihr/sein eigenes ziehen, darf sie/er ein weiteres Mal ziehen. Die TN markieren dann die betonten Wörter. Präsentation der Sprichwörter mit Markierung im Plenum. Erklären Sie die Sprichwörter bei Bedarf. Bringen Sie außerdem ein Plakat mit, auf dem die TN alle Sprichwörter aufkleben, und hängen Sie diese im Kursraum auf. **FOKUS PHONETIK:** Die Satzmelodie im Deutschen ist bei einem neutral-sachlich gesprochenen Satz absteigend: *Der Apfel liegt im Kühlschrank.* ↘ Die Betonung (auch „Akzent" genannt) kann aber auch auf einem oder mehreren Wörtern liegen, wenn man diese hervorheben möchte: *Der Apfel liegt hinter den Bananen im Kühlschrank.* Oft unterstreichen betonte Wörter eine neue Information: *Sie studiert jetzt Anglistik* (und nicht mehr Biologie) *in Köln.* Oder die betonten Wörter werden kontrastiv benutzt: *Das ist die Tochter von Paula* (und nicht von Lena).	 Kärtchen Plakat	

LEKTION 10 SERVICE

2 Bedeutung der Betonung

SOZIALFORM	ABLAUF	MATERIAL	ZEIT
Partnerarbeit	a) Ausgehend von der Antwort ziehen die TN in Partnerarbeit Rückschlüsse auf die Betonung der vorangegangenen Frage. Die betonten Wörter werden unterstrichen. *Lösung: 2 Hast du Lolas neuen Freund schon gesehen? 3 Hast du Lolas neuen Freund schon gesehen? 4 Hast du Lolas neuen Freund schon gesehen?*		
Plenum	b) Die TN lesen die Fragen mit ihren jeweiligen Betonungen aus a) vor, hören dann die CD und vergleichen. Kontrolle im Plenum.	AB-CD/21 *AB-CD/60*	

3 Mit Betonung lesen

SOZIALFORM	ABLAUF	MATERIAL	ZEIT
Gruppenarbeit	a) In Kleingruppen lesen die TN den Text und markieren die Wörter, die sie für eine literarische Lesung betonen würden. **TIPP:** Falls die TN mit dem Begriff „literarische Lesung" Schwierigkeiten haben, erklären Sie ihnen, sie sollen den Text für eine Lesung des Autors vorbereiten. Bei solch einer Lesung liest ein Autor oder Schauspieler einen Text vor Publikum. Dabei wird tendenziell langsamer und betonter gesprochen. **FOKUS PHONETIK:** Wenn man langsam spricht, betont man bei Weitem mehr Wörter als beim schnelleren Sprechen. Beispiel: Langsam gesprochen: *Fehler entstehen in der Regel unter Zeitdruck.* Schnell gesprochen: *Fehler entstehen in der Regel unter Zeitdruck.*		
Gruppenarbeit Plenum	b) Die TN lesen zuerst ihrer Gruppe ihre Version vor und vergleichen dann im Plenum mit den Versionen der anderen Gruppen. Stellen Sie die Fragen *Welche Betonungen finden Sie am gelungensten? Warum? Welche Betonungen klingen für Sie „falsch" und warum?* und diskutieren Sie im Plenum.		
Einzelarbeit	c) Die TN hören den Text und vergleichen die Betonungen mit ihren eigenen Markierungen. *Lösung: Endlich klingelt es. Sie ist nie pünktlich. Er hat sein bestes Hemd an, tiefrot, denn er liebt sie. Er wischt mit dem Arm durch die Lichtschranke. Die Automatik funktioniert tadellos. Er hört das Klacken der Eingangstür, die ins Schloss fällt. Im Gang zieht sie die Schuhe aus; das ist die Abmachung. Er wird sich die erste halbe Stunde mit dem Summen zufriedengeben müssen, mit dem sie ihre Arbeit beginnt. Es ist keine Melodie, die er kennt. In ihrem Land gibt es andere Lieder – trauriger, von tief innen. Wasser rauscht, er möchte Papayas riechen.*	AB-CD/22 *AB-CD/61*	
Gruppenarbeit Plenum	d) Die TN äußern Vermutungen, wie die Geschichte weitergehen könnte. Dann hören sie das Ende der Geschichte auf CD. **VERTIEFUNG:** Wenn Sie genug Zeit zur Verfügung haben, lassen Sie die TN die Fortsetzung der Geschichte schriftlich festhalten. Sie können dafür die Methode **Ecriture automatique** (Glossar → S. 151) anwenden. Wählen Sie nach der Präsentation die beste, lustigste oder originellste Version. Vergessen Sie nicht, dass Texte, die mithilfe dieser Methode entstehen, nicht zur Kontrolle herangezogen werden. Sie können den TN aber anbieten, dass sie die Geschichten überarbeiten und Ihnen später zur Korrektur mitgeben können. **TIPP:** Die TN lesen ihre Versionen langsam vor und präsentieren diese so mit einer deutlicheren Betonung (siehe Fokus Phonetik).	AB-CD/23 *AB-CD/62*	

LEKTION 10 SERVICE

LERNWORTSCHATZ (Arbeitsbuch → S. AB 169)

SOZIALFORM	ABLAUF	MATERIAL	ZEIT
Einzelarbeit	**LERNSTRATEGIE-TIPP:** Vokabeln müssen nicht immer „im stillen Kämmerchen" eingeübt werden. Ermuntern Sie die TN, auch mit anderen TN des Kurses oder (muttersprachlichen) Freunden zu lernen. Dabei können die Lernpartner folgendermaßen vorgehen: Eine Lernpartnerin / Ein Lernpartner bekommt eine Liste mit den einzuprägenden neuen Vokabeln. Die/Der andere Lernpartnerin/ Lernpartner beschreibt nun die einzelnen Lernwörter, ohne diese jedoch dabei zu nennen. Weiß die Lernpartnerin / der Lernpartner, welches Lernwort umschrieben wurde, nennt sie/er es. Dann wechseln die Lernpartner und die/der andere beschreibt nun ein weiteres Lernwort etc. Mit dieser Methode lässt sich bereits bekanntes Vokabular wiederholen, wiederentdecken und mit neuem Vokabular verknüpfen.		

LEKTIONSTEST 10 (Arbeitsbuch → S. AB 170)

SOZIALFORM	ABLAUF	MATERIAL	ZEIT
Einzelarbeit	Mithilfe des Lektionstests haben die TN die Möglichkeit, ihr neues Wissen in den Bereichen Wortschatz, Grammatik und Redemittel zu überprüfen. Wenn die TN mit einzelnen Bereichen noch Schwierigkeiten haben, können Sie gezielt einzelne Module wiederholen.		

REFLEXION DER LEKTION

SOZIALFORM	ABLAUF	MATERIAL	ZEIT
Partnerarbeit	Da sich in Lektion 10 die Grammatik ausschließlich um das Passiv dreht, bietet sich eine Reflexion dazu an. Mit der Methode *Ja, genau* (Glossar → S. 153) wiederholen und überdenken die TN bewusst die Regeln. Zur Vorbereitung sollen sie sich noch einmal intensiv mit dem Thema „Alternativen zum Passiv" beschäftigen, zum Beispiel als Hausaufgabe. Dann arbeiten sie zu zweit. Eine Lernpartnerin / Ein Lernpartner erklärt der/dem anderen, wie die Regeln zum Thema lauten, zum Beispiel: *Ein Adjektiv auf -bar kann man durch einen Relativsatz mit Modalverb ersetzen.* Die/Der andere sagt: *Ja, genau.* Macht die erklärende Person einen Fehler, schüttelt die/der Zuhörende so lange den Kopf, bis die Erklärung korrekt ist und sie/er *Ja, genau* sagen kann. Falls die erklärende Person Schwierigkeiten hat, darf die/der Zuhörende auch Hilfestellung leisten, indem sie/er zum Beispiel Schlüsselbegriffe oder Beispiele nennt. Dann wechseln beide die Rollen. Diese Methode spricht vor allem auditive Lerner an.		

LEKTION 11 GESUNDHEIT

EINSTIEG

Vor dem Öffnen des Buches

SOZIALFORM	ABLAUF	MATERIAL	ZEIT
Plenum	Zur Aktivierung des bereits vorhandenen Wortschatzes zum Thema „Gesundheit", das unweigerlich verbunden ist mit dem Thema „Krankheit", spielen die TN gemeinsam **Pantomime (Glossar → S. 154)**. Bereiten Sie Karten mit den Begriffen vor, die die TN pantomimisch darstellen sollen, zum Beispiel *Krankenschwester, Vitamine, Spritze, Sport, Schmerzen, Schnupfen, Krankenwagen, Fieber, Yoga, Tee, Krankenhaus, Unfall*. Fragen Sie, wer eine pantomimische Darstellung übernehmen möchte, und geben Sie der/dem Freiwilligen eine der Karten. Die Person kommt nach vorne, für sie ist Sprechen verboten! Die anderen TN rufen der Person so lange Wörter zu, bis sie den Begriff erraten. Die/Der TN, die/der den Begriff erraten hat, bekommt die nächste Karte. Auf diese Weise können Sie auch anspruchsvolle Lesetexte vorentlasten oder Vokabular wiederholen.	Karten mit Begriffen zum Thema „Gesundheit"	
Einzelarbeit	**AB 171/Ü1** Wortschatzwiederholung: Kreuzworträtsel zum Thema „Gesundheit"; auch als Hausaufgabe geeignet.		

1 Eine schwierige Situation

SOZIALFORM	ABLAUF	MATERIAL	ZEIT
Plenum	a) Sehen Sie gemeinsam mit den TN das Foto an und gestalten Sie damit eine Erweiterung bzw. Wiederholung des Vokabulars, indem Sie zum Beispiel *Stethoskop, Arztkittel* etc. erklären. Dann vermuten die TN, was passiert ist und woher das Bild wohl stammt.		
Partnerarbeit	b) Im Anschluss schreiben die TN zu zweit ein Gespräch zum Foto, in das sie zwei der angegebenen Sätze einbauen.		
Plenum	c) Die Zweierteams spielen bzw. lesen ihre Gespräche im Plenum vor. **TIPP:** Ermutigen Sie die TN, das Gespräch vorzuspielen. Wenn Sie möchten und Ihre TN gerne miteinander „wetteifern", dann können Sie nach der Präsentation das ihrer Meinung nach gelungenste Gespräch aller TN wählen lassen.		

LEKTION 11 GESUNDHEIT

2 Krankenhaus- und Arztserien sind sehr beliebt. Warum wohl? Diskutieren Sie.

SOZIALFORM	ABLAUF	MATERIAL	ZEIT
Plenum Partnerarbeit Plenum	Fragen Sie die TN, ob sie Krankenhaus- und Arztserien im Fernsehen kennen und sprechen sie darüber (viele Serien sind international, wie zum Beispiel *Dr. House*): *Um was für einen Arzt geht es? Wo spielt die Serie?* etc. Die TN äußern danach in Partnerarbeit mithilfe der angegebenen Redemittel ihre Vermutungen, warum Arzt- und Krankenhausserien beliebt sind. Fordern Sie die TN dazu auf, mindestens drei Argumente zu notieren. Wenn die einzelnen Zweiergruppen ihren Austausch beendet haben, suchen sich die TN jeweils eine neue Lernpartnerin / einen neuen Lernpartner, die/der auch mindestens drei Argumente gesammelt hat. Die beiden einigen sich gemeinsam auf die vier (von ihren sechs) ihrer Meinung nach wichtigsten Punkte. Danach sucht sich das Paar ein weiteres Paar und einigt sich zu viert mit diesem auf die wichtigsten sechs Punkte (von den acht) etc. Mithilfe dieses **Schneeballprinzips (Glossar → S. 155)** kann man viele Aspekte eines Themas sammeln und gleichzeitig lernen, sie zu evaluieren und sich auf eine Auswahl der relevantesten Punkte zu einigen. Weisen Sie die TN auch auf die Redemittel im Anhang hin und sammeln Sie die von den TN erarbeiteten Argumente im Plenum.		

LESEN 1

Vor dem Öffnen des Buches

SOZIALFORM	ABLAUF	MATERIAL	ZEIT
Plenum	Fragen Sie die TN, wie ihrer Meinung nach der Arbeitsalltag eines Arztes aussieht. Sammeln Sie die spontan geäußerten Begriffe der TN und halten Sie sie an der Tafel fest. Strukturieren Sie die Begriffe, indem Sie sie nach Wortarten sortiert aufschreiben.		

1 Arbeitsalltag von Ärzten

SOZIALFORM	ABLAUF	MATERIAL	ZEIT
Plenum	a) Die TN lesen die Überschrift des Artikels und äußern spontan ihre Gedanken und Ideen dazu. **TIPP:** Lassen Sie die TN per Handzeichen darüber abstimmen, wer den Arztberuf überwiegend als Traumjob und wer ihn eher als Knochenjob sieht. Nutzen Sie diese Meinungsäußerung zur Gruppenfindung für Übung b): Jeweils zwei TN, die unterschiedlicher Meinung sind, arbeiten zusammen.		
Partnerarbeit Plenum	b) Die TN lesen den Artikel und machen sich zu zweit Notizen zu den positiven und negativen Seiten des Arztberufes. Gleichen Sie im Plenum die Notizen ab und vervollständigen Sie sie gegebenenfalls. Damit bereiten Sie Aufgabe c) vor. *Lösung: positiv: hohes Prestige; gutes Gehalt; Dankbarkeit der Menschen; gute Berufschancen, da vor allem in ländlichen Gegenden großer Ärztebedarf; negativ: viel Stress; hohe Belastung; harter Alltag im Krankenhaus; schwer vereinbar mit einer Familie; langes, schweres Studium*		

LEKTION 11 GESUNDHEIT

Sozialform	Ablauf	Material	Zeit
Partnerarbeit	c) Die TN fassen den Artikel mithilfe ihrer Stichpunkte mündlich zusammen.		
Plenum	**VERTIEFUNG:** Wenn Sie Textzusammenfassungen intensiver üben möchten, lassen Sie die TN circa sieben W-Fragen zum Text formulieren. Halten Sie diese an der Tafel fest. Sie dienen als Checkliste für die im Plenum vorgetragenen Zusammenfassungen. Gehen Sie sie nacheinander durch und sehen Sie, ob sie beantwortet wurden.		
Einzelarbeit	**AB 171/Ü2** Wortschatzübung zum Thema „Studienwunsch Medizin"; auch als Hausaufgabe geeignet.		

2 Das Indefinitpronomen *man* und seine Varianten

SOZIALFORM	ABLAUF	MATERIAL	ZEIT
Plenum Einzelarbeit	a) Schreiben Sie an die Tafel: *Mann, man* und *-mann*. Fragen Sie, wie sich die drei Wörter voneinander unterscheiden. Auf diese Weise entlasten Sie die folgenden Aufgaben und wecken gleichzeitig das Interesse der TN. Die TN gehen dann zu Übung a) über, lesen die Sätze und schreiben, durch welches Pronomen *ein Arzt* jeweils ersetzt wird. *Lösung: 2 Es sollte einem also leichtfallen, ...; 3 Denn dort erwartet einen dann ein Knochenjob.*		
Einzelarbeit Plenum	b) Im Anschluss ergänzen die TN die Tabelle. Kontrolle im Plenum. *Lösung: Akkusativ: einen; Dativ: einem* **FOKUS GRAMMATIK:** Indefinitpronomen bezeichnen eine unbestimmte Anzahl von Personen oder Sachen. Bei *man* steckt oft auch die Bedeutung *alle* dahinter, zum Beispiel: In Deutschland spricht *man* Deutsch. → Alle sprechen Deutsch. Im Akkusativ heißt es nicht *man*, sondern *einen*, im Dativ *einem*. Weisen Sie die TN auch auf die Grammatikübersicht im Kursbuch (→ S. 156/1) hin.		
Einzelarbeit	**AB 172/Ü3** Grammatik entdecken: Das Indefinitpronomen *man* und seine Varianten; auch als Hausaufgabe geeignet.		
Einzelarbeit	**AB 172/Ü4** Grammatikübung zum Indefinitpronomen *man* und seinen Varianten; auch als Hausaufgabe geeignet.		

Ich kann jetzt …

SOZIALFORM	ABLAUF	MATERIAL	ZEIT
Einzelarbeit	Die TN markieren, was auf sie zutrifft.		
Partnerarbeit Plenum	**VERTIEFUNG:** Teilen Sie je zwei TN zusammen eine **Buchstabenschnecke** (Glossar → S. 150) aus. Dazu zeichnen Sie eine Schnecke auf ein Blatt Papier und teilen ihr Haus in 26 gleich große Teile, in die Sie je einen Buchstaben des Alphabets schreiben. Die TN suchen zu zweit zu möglichst vielen Buchstaben im Schneckenhaus ein Wort aus dem Text heraus, das ihnen wichtig erscheint (zum Beispiel: <u>a</u>nsehnlich, <u>b</u>enötigen etc.) und tragen es in die Schnecke ein. Sind alle TN fertig, erfolgt ein Vergleich sowie die Erklärung unbekannter Wörter im Plenum. Die Schnecken können Sie auch im Kursraum aufhängen. Diese Methode spricht sowohl visuelle als auch kinästhetische TN an und veranlasst die TN dazu, sich das Vokabular des Artikels noch einmal vor Augen zu führen.	Buchstabenschnecke	

LEKTION 11 GESUNDHEIT

HÖREN

1 Ein Job im Ausland

SOZIALFORM	ABLAUF	MATERIAL	ZEIT
Plenum	Stellen Sie im Plenum eine Umfrage zum Thema: *Möchten Sie im Ausland arbeiten? Wenn ja: als was und wo? Warum (nicht)?* Sie können dabei auch auf die Methode **Rasender Reporter** (Glossar → S. 154) zurückgreifen. Halten Sie die genannten Punkte in Form von Stichpunkten an der Tafel fest, um später darauf zurückzukommen. Erst wenn sich alle TN geäußert haben, lesen Sie gemeinsam die Frage.	„Mikrofon"	

2 Gespräch mit einer jungen Klinikärztin

SOZIALFORM	ABLAUF	MATERIAL	ZEIT
Plenum	a) Leiten Sie zu Aufgabe 2 über, indem Sie fragen: *Glauben Sie, dass ausländische Ärzte in Deutschland arbeiten? Warum wohl?* Lassen Sie die begründeten Vermutungen nicht zu viel Zeit in Anspruch nehmen, sondern erklären Sie zeitnah, dass Sie gemeinsam von einer im Ausland arbeitenden Ärztin hören werden. Die TN lesen erst dann, dass die Ärztin nach Deutschland gekommen ist, und vermuten ihre Beweggründe. Halten Sie die Vermutungen in Stichpunkten an der Tafel fest, um in c) darauf zurückzukommen.		
Einzelarbeit Plenum	b) Anschließend geben Sie den TN genug Zeit, sich die Fragen in den Abschnitten 1–4 durchzulesen. Erinnern Sie sie daran, Schlüsselwörter zu markieren, und spielen Sie dann alle vier Abschnitte ohne Pausen vor. Die TN markieren dabei die richtigen Antworten. Kontrolle im Plenum. *Lösung:* Abschnitt 1: *1 gefiel ihr Deutschland schon sehr gut. 2 Das Übersetzen ihrer Papiere dauerte einige Zeit und war kostspielig.* Abschnitt 2: *3 sowohl um eine Hospitation als auch um einen festen Arbeitsplatz beworben.* Abschnitt 3: *4 Sie hat Schwierigkeiten, den Dialekt mancher Patienten zu verstehen. 5 Im Arztzimmer besprechen alle Ärzte gemeinsam die weitere Behandlung der Patienten.* Abschnitt 4: *6 durch eine unbezahlte Tätigkeit vorher kennenlernen.*	CD 2/30–33	
Plenum	c) Kommen Sie jetzt auf die Stichpunkte an der Tafel zurück und vergleichen Sie, wie richtig die TN mit ihren Vermutungen lagen. **LANDESKUNDE:** Lesen Sie gemeinsam den landeskundlichen Hinweis *Wussten Sie schon?* Die hier geschilderte Situation gilt auch für Pflegepersonal. In deutschen Kliniken kommen die Krankenschwestern und -pfleger immer öfter aus Ungarn, Rumänien und anderen Staaten Osteuropas sowie aus dem Süden Europas.		
Einzelarbeit	AB 172–173/Ü5 Leseübung zum Thema „Ärzte im Fernsehen"; auch als Hausaufgabe geeignet.		
Einzelarbeit	AB 174/Ü6 Wortschatzübung zum Arbeitsalltag in der Klinik; auch als Hausaufgabe geeignet.		
Einzelarbeit	AB 174/Ü7 Landeskundliche Schreibübung zur Mobilität bei Ärzten, angelehnt an *Wussten Sie schon?* im Kursbuch; auch als Hausaufgabe geeignet.		

LEKTION 11 GESUNDHEIT

Ich kann jetzt …

SOZIALFORM	ABLAUF	MATERIAL	ZEIT
Einzelarbeit	Die TN markieren, was auf sie zutrifft.		
Plenum	**VERTIEFUNG:** Wenn Sie genug Zeit haben, zeigen Sie den TN eine Sequenz, zum Beispiel aus einer Folge der „Schwarzwaldklinik" oder aus „In aller Freundschaft". Zahlreiche Sequenzen finden Sie auch im Internet. Auf diese Art und Weise wecken Sie Interesse an deutschsprachigen Fernsehserien und können Ihren TN zeigen, dass ihre Deutschkenntnisse gut genug sind, um auch deutschsprachiges Fernsehen zu verstehen.	DVD oder Internet-Sequenz aus zum Beispiel „Schwarzwaldklinik" / „In aller Freundschaft"	

WORTSCHATZ

1 Gesundheit auf Reisen

SOZIALFORM	ABLAUF	MATERIAL	ZEIT
Plenum	Bereiten Sie zu Hause eine kleine Reiseapotheke vor, die Sie im Plenum präsentieren. Am besten enthält sie Artikel, die nicht im Kursbuch zu finden sind (zum Beispiel Hustensaft, Nasenspray etc.). Nehmen Sie aber zunächst höchstens zwei Artikel heraus, um sie zu zeigen. Erklären Sie, falls nötig, den Begriff *Reiseapotheke*, indem Sie Ihre hochhalten und sagen: *Ich fahre in Urlaub und nehme meine Reiseapotheke mit*. Die TN sehen dann das Foto an und	kleine Reiseapotheke	
Partnerarbeit	erstellen zu zweit eine Liste zum Inhalt einer Reiseapotheke. Weisen Sie die TN darauf hin, die Gegenstände mit Artikel zu notieren. Falls nötig, können die TN in ihren Wörterbüchern nachschlagen.	Wörterbücher	
Plenum	Vergleichen Sie die Listen der TN im Plenum. *Lösung: Unter einer Reiseapotheke versteht man eine kleine Sammlung der wichtigsten Medikamente und Utensilien, die man bei Reisen benötigt, falls man krank wird oder sich verletzt. Dazu gehören zum Beispiel Schmerztabletten, Tabletten gegen Übelkeit, Pflaster, Nasenspray, Augentropfen etc.*		
Plenum	**TIPP 1:** Um den Vergleich im Plenum aktiver zu gestalten, bilden die TN nach der Methode **Kofferpacken** (Glossar → S. 153) Sätze. Dazu stellen sich alle in einen Kreis. Sie beginnen und sagen zum Beispiel: *Ich packe meine Reiseapotheke und nehme ein Nasenspray mit*. Ihre linke Nachbarin / Ihr linker Nachbar wiederholt den Satz und fügt einen Artikel hinzu, zum Beispiel: *Ich packe meine Reiseapotheke und nehme ein Nasenspray und eine Spritze mit* etc. Jede/r TN fügt so einen Begriff hinzu, wobei jeder Begriff nur einmal genannt werden darf. Wenn alle einen Artikel hinzugefügt haben, ist die Reiseapotheke gepackt. **TIPP 2:** Sie können zu dieser Methode auch einen Ball verwenden, den die TN einander zuwerfen, und so bestimmen, wer als Nächster einen Begriff hinzufügt. Dann ist die Methode **Kofferpacken** gleichzeitig eine **Energieaufbauübung** (Glossar → S. 151).	kleiner Ball	

LEKTION 11 GESUNDHEIT

2 Die Reiseapotheke

SOZIALFORM	ABLAUF	MATERIAL	ZEIT
Partnerarbeit Plenum	a) Lenken Sie die Aufmerksamkeit der TN auf weitere Bestandteile einer typischen Reiseapotheke. Dazu lesen die TN die Mittel im Schüttelkasten und erklären sich gegenseitig, wann und wozu man sie braucht. Lesen Sie als Beispiel gemeinsam die Sprechblase. Kontrolle im Plenum. **TIPP:** Für die Kontrolle im Plenum können Sie sich nach der Methode **Wer-den-Ball-hat** (Glossar → S. 156) in einen Kreis stellen. Nehmen Sie den Ball und fragen Sie: *Wann und wozu braucht man eine Brandsalbe?* Dabei werfen Sie den Ball einer Person zu. Diese beantwortet Ihre Frage, stellt eine neue Frage und wirft den Ball weiter. So steigern Sie die Aufmerksamkeit der TN allgemein und unterstützen die kinästhetischen TN. Diese Methode dient außerdem dem **Energieaufbau** (Glossar → S. 151). *Lösungsvorschlag:* 	*Mittel*	*Beschwerden*
---	---
die Brandsalbe	*bei/gegen Sonnenbrand*
das Pflaster	*bei einer Wunde, bei einer Verletzung*
das Desinfektions-Spray	*bei einer Wunde, bei einer Verletzung, bei einem Ausschlag auf der Haut*
der Verband	*bei einer Wunde, bei einer Verletzung*
die Spritze	*gegen die Allergie, gegen die Entzündung/Infektion*
die Tabletten	*gegen die Allergie, gegen den Bluthochdruck, gegen die Entzündung/Infektion, gegen die Übelkeit/das Erbrechen, gegen den Durchfall*
die Augentropfen	*gegen die Entzündung/Infektion, gegen die Allergie*
das Fieberzäpfchen	*gegen die Entzündung/Infektion*		kleiner Ball	
Plenum	b) Die TN kommen jetzt auf ihre eigene Reiseapotheke aus Aufgabe 1 zurück und erklären, was darin sie wie oft brauchen. **VERTIEFUNG 1:** Diese Übung eignet sich sehr gut, um bei Bedarf finale Nebensätze mit *um ... zu* zu wiederholen. Beispiel: *Ich benutze fast immer Pflaster, um Verletzungen meiner Kinder vor Schmutz zu schützen.* **VERTIEFUNG 2:** Packen Sie weitere Mittel aus Ihrer eigenen Reiseapotheke aus und fragen Sie die TN, wozu/wogegen man die Mittel wohl nutzt.		
Einzelarbeit	**AB 175/Ü8** Lesetext zur Packungsbeilage eines Medikaments; auch als Hausaufgabe geeignet.		
Einzelarbeit	**AB 175/Ü9** Hörübung zu Medikamenten auf Reisen. Die Kontrolle erfolgt über den Hörtext auf CD; auch als Hausaufgabe geeignet.	AB-CD/24 *AB-CD/63*	
Einzelarbeit	**AB 176/Ü10** Wortschatzübung zum Thema „Heilmittel im Alltag"; auch als Hausaufgabe geeignet.		

LEKTION 11 GESUNDHEIT

3 Indefinitpronomen

SOZIALFORM	ABLAUF	MATERIAL	ZEIT
Plenum Einzelarbeit Plenum	Sagen Sie: *Ich brauche irgendetwas gegen Halsschmerzen.* Die TN werden Ihnen Bonbons, Tabletten etc. anbieten. Erklären Sie, dass die Bedeutung von *irgendetwas* genau auf diese verschiedenen Angebote abzielt, weil es *indefinit*, also nicht genau definiert ist. Die TN sehen dann die Bilder 1–3 an und ergänzen die Dialoge. Kontrolle im Plenum. Weisen Sie die TN auch auf die Grammatikübersicht im Kursbuch (→ S. 156/1) hin. *Lösung: 1 nichts; 2 irgendjemand – niemand; 3 welche – keine* **FOKUS GRAMMATIK:** Indefinitpronomen bezeichnen eine unbestimmte Anzahl von Personen oder Sachen. Für Personen benutzt man *(irgend)jemand, (irgend)einer, niemand* und *keiner*. Für Sachen *(irgend)etwas* und *nichts*. Es ist möglich, im Akkusativ und Dativ von *(irgend)jemand* und *niemand* die Endung *-en* wegzulassen: *Ich sehe niemand(en). Ich habe mit (irgend)jemand(em) gesprochen.* Indefinitpronomen werden dekliniert wie die Artikel. Der Plural von *irgendein* ist *irgendwelch-*.		
Plenum	**VERTIEFUNG 1:** Sprechen Sie die kurzen Dialoge in 1–3 laut vor, die TN sprechen die Sätze zeitversetzt mit, wobei sie versuchen, Ihre Intonation und Ihr Tempo nachzuahmen. Diese Methode **Echo-Sprechen (Glossar → S. 151)** eignet sich zur Automatisierung zum Beispiel neuer Redemittel und auch, um die richtige Intonation und das akzentfreie Sprechen zu trainieren.		
Gruppenarbeit Plenum	**VERTIEFUNG 2:** Kopieren Sie die Kopiervorlage zu Lektion 11/1 und schneiden Sie die Kärtchen wie angegeben aus. Geben Sie jeder Kleingruppe (3–4 TN) ein Kärtchenset, das offen auf dem Tisch liegt. Sie selbst lesen die Sätze vor und geben bei jeder Lücke ein Signal, sodass die TN wissen, sie müssen an dieser Stelle das passende Kärtchen suchen. Als Signal können Sie ein Glöckchen läuten oder „piep" sagen. Geben Sie den TN etwas Zeit, sich in der Gruppe auf eines der Kärtchen zu einigen. Dieses legen die TN dann zur Seite und alle weiteren Kärtchen, für die sie sich bei den folgenden Sätzen entscheiden, darunter oder daneben. Die Reihenfolge der Kärtchen ist wichtig zur Kontrolle der Lösung. Anschließend vergleichen jeweils zwei Kleingruppen ihre Lösungen mit ihren Kärtchen und korrigieren gegebenenfalls. Währenddessen notieren Sie die gesuchten Wörter in der richtigen Reihenfolge an der Tafel. Besprechen Sie die Lösungen dann gemeinsam im Plenum. **TIPP:** Sollten die TN größere Schwierigkeiten mit dieser Übungsform haben, kopieren Sie die Kopiervorlage für jede/n einzelne/n TN und teilen Sie sie aus, sodass die TN die Sätze in ihrer eigenen Geschwindigkeit noch einmal lesen können. *Lösung: 1 man; 2 irgendetwas – irgendjemand; 3 jemanden; 4 irgendetwas; 5 Niemandem; 6 keiner; 7 irgendwelche – irgendetwas; 8 keinen; 9 Man; 10 nichts*	Kopiervorlage Lektion 11/1 Glöckchen, Schere	
Einzelarbeit	**AB 176–177/Ü11** Grammatik entdecken: Indefinitpronomen; auch als Hausaufgabe geeignet.		
Einzelarbeit	**AB 177/Ü12** Grammatikübung zu Indefinitpronomen; auch als Hausaufgabe geeignet.		

LEKTION 11 GESUNDHEIT

Ich kann jetzt …

SOZIALFORM	ABLAUF	MATERIAL	ZEIT
Einzelarbeit	Die TN markieren, was auf sie zutrifft.		
Partnerarbeit	**VERTIEFUNG:** Die TN führen die Gespräche in Aufgabe 3 weiter. Sie sind so offen gestaltet, dass sie großen Spielraum bezüglich ihrer Fortsetzung lassen. Dann suchen sich die TN zu zweit einen der Dialoge aus und schreiben ihn weiter. Die Ergebnisse können Sie		
Plenum	im Plenum präsentieren lassen.		

SPRECHEN 1

Vor dem Öffnen des Buches

SOZIALFORM	ABLAUF	MATERIAL	ZEIT
Partnerarbeit	Wiederholen Sie mithilfe der Methode **Wörter fischen** (Glossar → S. 157) das bisher in dieser Lektion gelernte Vokabular. Dazu bereiten Sie pro TN ein Raster mit 4 x 4 Feldern vor. Auf der horizontalen Achse schreiben Sie über die Felder: *A, B, C, D*, auf die vertikale: *1, 2, 3, 4*. So können die TN die Wörter genau einem Feld zuordnen. Dann schreiben Sie vier bis fünf Begriffe, die Sie wiederholen möchten, jeweils in ein Feld – gleich viele, aber verschiedene Wörter für Gruppe A und B. Die übrigen Felder bleiben frei. Je zwei TN arbeiten zusammen, einer erhält das Arbeitsblatt zu Gruppe A, der andere zu B. Sie dürfen einander nicht auf das Blatt sehen, sondern müssen durch Sprechen die Felder finden, die Wörter enthalten. Abwechselnd nennt eine/r ein Feld, zum Beispiel: *1 A*. Ist das Feld leer, antwortet die/der andere: *Leider nein*. Im Falle eines Treffers wird der/dem Fragenden das Wort umschrieben, zum Beispiel: *Ich habe mich geschnitten. → Ich habe eine Wunde*. Dann ist die Lernpartnerin / der Lernpartner an der Reihe. Es gewinnt, wer zuerst alle Begriffe der/des anderen erraten hat.	Arbeitsblatt (Poster) mit Wörtern	

1 Hilfe bei gesundheitlichen Problemen

SOZIALFORM	ABLAUF	MATERIAL	ZEIT
Partnerarbeit	a) Sehen Sie gemeinsam mit den TN die Bilder an und sprechen Sie darüber, welche gesundheitlichen Probleme die Personen haben		
Plenum	könnten. Kontrolle im Plenum. *Lösung: 1 Rückenschmerzen; 2 Windpocken*		
Partnerarbeit	b) Erklären Sie den Begriff „Heilpraktiker". Ein Heilpraktiker ist kein Arzt. Er vertraut auf die Kraft der Natur und therapiert mit Essenzen von Pflanzen auf natürliche Art und Weise. Diese Therapien sind in der Schulmedizin nicht immer anerkannt. Die TN entscheiden dann, bei wem sie Hilfe suchen würden und begründen ihre Entscheidung. Fragen Sie abschließend einige der Lernpartner/innen		
Plenum	im Plenum nach ihrer Entscheidung.		

LEKTION 11 GESUNDHEIT

2 Rollenspiel: Beim Arzt

SOZIALFORM	ABLAUF	MATERIAL	ZEIT
Plenum	Sehen Sie sich zunächst die umfangreichen Redemittel gemeinsam an und klären Sie gegebenenfalls unbekanntes Vokabular. Weisen Sie die TN auch auf die Redemittel im Anhang hin. Dann teilen Sie die TN mithilfe der Methode Zwei Hälften (Glossar → S. 157) in zwei Gruppen. Bereiten Sie dazu Paare von Krankheiten und passenden Heilmitteln vor (zum Beispiel *die Allergie* und *die Tabletten*) und kleben Sie die einzelnen Begriffe auf Kärtchen, die Sie mischen und im Kurs verteilen. Die Gruppe der Ärzte bildet sich aus den TN, auf deren Kärtchen die Heilmittel stehen, die Patienten haben Kärtchen mit den Krankheiten. Dann arbeiten Sie nach der Methode Kugellager (Glossar → S. 153). Dazu stehen sich die TN in einem Außen- und Innenkreis gegenüber. Der Außenkreis besteht aus den Ärzten, der Innenkreis aus den Patienten. Aufgabe der Patienten ist es, dem gegenüberstehenden Arzt das eigene gesundheitliche Problem zu schildern. Die Person in der Arztrolle empfiehlt daraufhin das Mittel auf ihrem Kärtchen. Nach einer bestimmten Zeit (1–2 Minuten) bewegt sich der Außenkreis (die Ärzte) um eine Person nach rechts. Die neue Patientin / der neue Patient beschreibt auch dieser Ärztin / diesem Arzt ihr/sein gesundheitliches Problem. Die Ärztin / Der Arzt gibt seinen Rat. Läuten Sie eine Glocke oder rufen Sie laut *Stopp* zum Zeichen, dass der Außenkreis sich im Uhrzeigersinn eine Person weiter bewegen soll. Die Übung ist zu Ende, wenn jede Patientin / jeder Patient alle Ärzte konsultiert hat.	Kärtchen	
Gruppenarbeit		Stoppuhr/ Handy/Glocke	
Plenum	**TIPP:** Erlauben Sie den TN, ihre Kursbücher in der Hand zu halten, sodass sie bei Bedarf Redemittel nachlesen können. Fragen Sie die „Patienten", nachdem sie sich gesetzt haben, nach den besten Therapien, die ihnen die „Ärzte" vorgeschlagen haben. Auf diese Weise wiederholen Sie nicht nur die Redemittel noch einmal, sondern tragen auch Vokabular zum Thema „Therapie" zusammen. Außerdem wird es inhaltlich viel zu lachen geben.		
Gruppenarbeit Plenum	**VERTIEFUNG 1:** Damit die TN ihre individuellen Beschwerden auf Deutsch gut artikulieren können sowie Fragen nach deren Ursachen beantworten können, sammeln sie eigene Redemittel, die sie persönlich für wichtig halten. Teilen Sie dazu große Plakate aus, auf denen steht: *Beschwerden beschreiben* und *Fragen nach Ursachen beantworten*. Jede Kleingruppe von drei bis fünf TN bekommt je zwei Plakate. Sammeln und besprechen Sie die Redemittel anschließend im Plenum.	Plakate	
Einzelarbeit	**AB 177/Ü13** Übung zu den Redemitteln zum Thema „Arztbesuch"; auch als Hausaufgabe geeignet.		

Ich kann jetzt …

SOZIALFORM	ABLAUF	MATERIAL	ZEIT
Einzelarbeit	Die TN markieren, was auf sie zutrifft.		
Plenum	**VERTIEFUNG:** Regen Sie ein Gespräch zum Thema „Hausmittel" an, die je nach Land und Kultur stark voneinander abweichen. So sammeln die TN weiteres Vokabular zum Thema „Gesundheit" und tauschen sich interkulturell aus.		

LEKTION 11 GESUNDHEIT

SCHREIBEN

1 Meinungsäußerungen

SOZIALFORM	ABLAUF	MATERIAL	ZEIT
Plenum	Die TN machen mithilfe der Fragen eine Blitzumfrage im Kurs. Hierzu eignet sich die Methode **Rasender Reporter** (Glossar → S. 154).	„Mikrofon"	

2 Forumsbeiträge

SOZIALFORM	ABLAUF	MATERIAL	ZEIT
Plenum Partnerarbeit	a) Sehen Sie gemeinsam mit den TN die Fotos an und fragen Sie: *Was sind wohl die gesundheitlichen Probleme der Personen?* Die TN nennen ihre Vermutungen. Erst dann gehen Sie zu der Frage über, wie sich der Zusammenhang zu „Krankenversicherung" gestaltet, die die TN in Zweiergruppen bearbeiten. *Lösung: A Übergewicht; B Rauchen; C Extremsport*		
Einzelarbeit Plenum Einzelarbeit Plenum	b)+c) Im Anschluss lesen die TN die Forumsbeiträge und ergänzen, welcher Beitrag die Ansicht im Titel unterstützt und welcher ihr widerspricht. Kontrolle im Plenum. Dann lesen die TN die Beiträge noch einmal und sammeln Argumente für ihre Zuordnung der Beiträge in b). Kontrolle im Plenum. *Lösung: +: In der Online-Tageszeitung … In einer Fernsehdokumentation …; –: Kann man nicht endlich mal damit aufhören, … Was sollen Eltern heutzutage … Ich bin Fan von Sportarten wie …*		

3 Modalsätze mit *dadurch, dass, indem* und *durch*

SOZIALFORM	ABLAUF	MATERIAL	ZEIT
Plenum Einzelarbeit Plenum	a) Klären Sie zunächst die Bedeutung von *indem* mithilfe verschiedener einfacher Sätze wie: *Indem ich Vokabeln lerne, spreche ich besser Deutsch.* Erst wenn die TN die Bedeutung von *indem* verstanden haben, ergänzen sie die Lücken. Kontrolle im Plenum. **TIPP:** Um sicherzustellen, dass die TN die Bedeutung von *indem* verstanden haben, fordern Sie die TN auf, selbst einen Satz mit *indem* zu bilden. Erst danach ergänzen die TN die Lücken. *Lösung: Durch …; Dadurch, dass …; Dadurch, dass …*		
Einzelarbeit Plenum	b) Die TN unterstreichen in a) Konnektoren, Präpositionen und das Verb im Satz. Kontrolle im Plenum. *Lösung: <u>Indem</u> man ihre Beiträge zur Krankenversicherung <u>erhöht</u>. <u>Indem</u> man ihnen das Rauchen <u>verbietet</u>. <u>Durch</u> Erhöhung ihrer Versicherungsbeiträge. <u>Dadurch</u>, <u>dass</u> man sie nicht <u>behandelt</u>. <u>Dadurch</u>, <u>dass</u> man sie aus der Versicherung <u>ausschließt</u>.*		

LEKTION 11 GESUNDHEIT

Partnerarbeit Plenum	c) Die TN verfassen hilfreiche Tipps für Eltern falsch ernährter Kinder. Kontrolle im Plenum. *Lösung: Dadurch, dass man Essensgutscheine ausgibt. Indem man Essensgutscheine ausgibt. Durch die Ausgabe von Essensgutscheinen.* *Dadurch, dass Eltern und Kinder gemeinsam trainieren. Indem Eltern und Kinder gemeinsam trainieren. Durch das gemeinsame Training von Eltern und Kindern.* *Dadurch, dass man Süßigkeiten und Softdrinks verbietet. Indem man Süßigkeiten und Softdrinks verbietet. Durch das Verbot von Süßigkeiten und Softdrinks.* *Dadurch, dass man Ernährungsseminare anbietet. Indem man Ernährungsseminare anbietet. Durch das Angebot von Ernährungsseminaren.* **FOKUS GRAMMATIK:** Modale Konnektoren drücken <u>verbal</u> und Präpositionen <u>nominal</u> die Art und Weise aus, auf die etwas geschieht. Der verbale Konnektor *indem* kann nur bei gleichem Subjekt in Haupt- und Nebensatz benutzt werden. Nominale Ausdrücke mit Präpositionen (*durch, ohne, statt*) finden sich bevorzugt in der Schriftsprache. Weisen Sie die TN auch auf die Grammatikübersicht im Kursbuch (→ S. 156/2) hin.		
Gruppenarbeit	**VERTIEFUNG:** Spiel: Modale Zusammenhänge. Schneiden Sie die Kärtchen wie angegeben aus und geben Sie jeder Kleingruppe (max. 5 TN) die Kärtchen von je einer Kopiervorlage zu Lektion 11/2. Die Kärtchen liegen in drei Stapeln offen auf dem Tisch. Achten Sie darauf, dass alle Konnektoren/Präpositionen auf einem Stapel liegen, auf dem zweiten Stapel die kursiv und auf einem dritten Stapel die gerade gedruckten Satzteile. Die TN bilden Sätze mit modalen Konnektoren und Präpositionen, die jeweils zwei Satzteile miteinander verbinden, zum Beispiel *man – mit dem Rauchen aufhören + dadurch, dass + man – sein Leben verlängern können → Dadurch, dass man mit dem Rauchen aufhört, kann man sein Leben verlängern.* Wenn kein Satz möglich ist, darf die/der TN so lange eine neue Karte ziehen, bis ein korrekter Satz möglich ist. Achten Sie darauf, dass korrekte und inhaltlich logische Sätze gebildet werden, und helfen Sie bei gegebenenfalls auftretenden Schwierigkeiten.	Kopiervorlage Lektion 11/2, Schere	
Einzelarbeit	**AB 178/Ü14** Grammatik entdecken: Modalsätze mit *dadurch, dass* und *indem*; auch als Hausaufgabe geeignet.		
Einzelarbeit	**AB 178/Ü15** Grammatikübung zu *dadurch, dass* und *indem*; auch als Hausaufgabe geeignet.		
Einzelarbeit	**AB 179/Ü16** Grammatikübung zu Modalsätzen mit *durch*; auch als Hausaufgabe geeignet.		

4 Schriftlich seine Meinung äußern

SOZIALFORM	ABLAUF	MATERIAL	ZEIT
Plenum Einzelarbeit	Sehen Sie sich noch einmal die Fotos und Beiträge in 2a) und c) an. Erklären Sie, dass die TN analog zu den Beiträgen im Kursbuch einen eigenen Beitrag in einem Internetforum zu einem der Fälle aus Aufgabe 2 schreiben sollen. Lesen Sie gemeinsam die vorgegebenen Fragen und Redemittel. Weisen Sie die TN auch auf die Redemittel im Anhang hin, bevor sie mit ihren Beiträgen beginnen.		
Einzelarbeit	**AB 179/Ü17** Übung zu den Redemitteln zum Thema „schriftlich seine Meinung äußern"; auch als Hausaufgabe geeignet.		

LEKTION 11 GESUNDHEIT

5 Lesen Sie Ihren Beitrag im Kurs vor.

SOZIALFORM	ABLAUF	MATERIAL	ZEIT
Plenum	Die TN lesen ihre selbst verfassten Beiträge vor. Die Zuhörer erklären, welche Meinung sie überzeugt hat, und begründen dies.		

Ich kann jetzt ...

SOZIALFORM	ABLAUF	MATERIAL	ZEIT
Einzelarbeit	Die TN markieren, was auf sie zutrifft.		
Plenum	**VERTIEFUNG:** Regen Sie einen interkulturellen Austausch zum Thema „Krankenversicherungen" an. Fragen Sie zum Beispiel: *Gibt es in Ihrem Heimatland Krankenkassen? Können/Müssen alle Bürger Mitglied sein? Gibt es Personen, die ausgeschlossen sind? Warum?*		

SPRECHEN 2

1 Heilung für Körper und Seele

SOZIALFORM	ABLAUF	MATERIAL	ZEIT
Plenum Einzelarbeit	a) Sehen Sie gemeinsam die Fotos an und nutzen Sie sie zur Erweiterung des Vokabulars: *die Gymnastikmatte, die Nadel, die Meditation* etc. Schreiben Sie die Begriffe an die Tafel. Erst dann ergänzen die TN die Methoden. *Lösung: A Yoga; B Homöopathie; C Akupunktur*		
Einzelarbeit Plenum	b) Die TN lesen die Definitionen und ordnen sie den Methoden zu. Kontrolle im Plenum. *Lösung: 1 Homöopathie; 2 Pflanzenheilkunde; 3 Akupunktur; 5 Wärme- und Kältetherapie; 6 Yoga*		
Gruppenarbeit	c) Die TN sprechen in Kleingruppen über ihre eigenen Erfahrungen mit alternativen Heilmethoden. Sie benutzen dazu die vorgegebenen Redemittel. Weisen Sie die TN auch auf die Redemittel im Anhang hin.		
Einzelarbeit	**AB 179/Ü18** Hörübung zum Thema „Neue Wege mit alternativen Heilmethoden". Die Kontrolle erfolgt über den Hörtext; auch als Hausaufgabe geeignet.	AB-CD/25 AB-CD/64	

LESEN 2

1 Ein kritischer Beitrag

SOZIALFORM	ABLAUF	MATERIAL	ZEIT
Plenum Partnerarbeit	a) Nachdem sich die TN bereits bei Sprechen 2 über alternative Methoden unterhalten haben, fragen Sie zur Einstimmung auf den Artikel, ob diese Heilmethoden auch gefährlich sein können. Sie können nach der Methode **Wer-den-Ball-hat** (Glossar → S. 156) vorgehen. Nach dem Meinungsaustausch sammeln die TN zu zweit Stichworte zu den Fragen im Kursbuch.	kleiner Ball	

LEKTION 11 GESUNDHEIT

Einzelarbeit Plenum	b) Die TN lesen den Artikel und ordnen die Zwischenüberschriften den Absätzen zu. Kontrolle im Plenum. *Lösung: 1 Schulmedizin, Naturmedizin oder Alternativmedizin?; 2 Vorsicht vor falschen Versprechungen; 3 Risiken alternativer Methoden; 4 Überlegungen zur Wahl der Heilmethode*
Einzelarbeit	**AB 180/Ü19** Wortschatzübung zu Verben auf *-ieren*; auch als Hausaufgabe geeignet.

2 Meinungsäußerung

SOZIALFORM	ABLAUF	MATERIAL	ZEIT
Plenum Einzelarbeit Plenum	a) Lesen Sie den Lerntipp zum Thema „Meinungen in Texten verstehen" im Plenum. Erst danach gehen die TN zur Aufgabe über, unterstreichen passende Textstellen zu den Aspekten/Fragen und markieren Wörter, mit denen eine Meinung geäußert wird. Kontrolle im Plenum. *Lösung: die Wirksamkeit klassischer Naturheilverfahren: Zeilen 10–13, Meinungsäußerung: „bewährt" (Zeile 11), „anerkannt" (Zeile 12); die Erklärungen, mit denen „alternative Verfahren" begründet werden: Zeilen 16/17, Meinungsäußerung: „ohne dies objektiv begründen zu können" (Zeile 17); die Vorstellung, dass „alternative" Heilmethoden auf keinen Fall schaden können: Zeilen 22/23, Meinungsäußerung: „fälschlicherweise" (Zeile 24), „angeblich" (Zeile 25); das Versprechen, einen Patienten mit teuren Therapien komplett zu heilen: Zeilen 37–39, Meinungsäußerung: „Besonders kritisch sollten Sie sein, wenn …" (Zeile 37)*		
Einzelarbeit Plenum	b) Die TN entscheiden über die Bewertung des Autors und ergänzen. Kontrolle im Plenum. *Lösung:* *– die Wirksamkeit klassischer Naturheilverfahren: p* *– die Erklärungen, mit denen „alternative Verfahren" begründet werden: n* *– die Vorstellung, dass „alternative" Heilmethoden auf keinen Fall schaden können: n* *– das Versprechen, einen Patienten mit teuren Therapien komplett zu heilen: n*		

3 Modalsätze mit *ohne … zu, ohne dass, ohne* sowie *(an)statt … zu, (an)statt dass, (an)statt* (+ Genitiv)

SOZIALFORM	ABLAUF	MATERIAL	ZEIT
Plenum Einzelarbeit Plenum	a) Schreiben Sie auf Kärtchen: *ohne … zu, ohne dass, ohne, (an)statt … zu, (an)statt dass, (an)statt* (+ Genitiv). Heften Sie die Kärtchen mithilfe von Magneten an das Whiteboard oder die Rückwand eines Flipcharts. Sagen Sie nichts weiter dazu, sondern lassen Sie die TN ihre Bedeutung anhand der Aufgaben selbst erarbeiten. Die TN ergänzen die Varianten zum Satz in a). Kontrolle im Plenum. Weisen Sie die TN auch auf die Grammatikübersicht im Kursbuch (→ S. 156/2) hin. *Lösung: 1 dies objektiv begründen; 2 objektive*	Kärtchen, Magnete, Whiteboard/ Flipchart	
Einzelarbeit Plenum	b)+c) Die TN markieren die richtige Bedeutung des Satzes und ergänzen die Varianten dazu. Kontrolle im Plenum. *Lösung: b) 2; c) 1 unerprobte Therapiemethoden anwendet; 2 unerprobter Therapiemethoden*		
Einzelarbeit	**AB 180–181/Ü20** Grammatik entdecken: Modalsätze mit *ohne … zu / ohne dass* sowie *(an)statt … zu / (an)statt dass*; auch als Hausaufgabe geeignet.		

LEKTION 11 GESUNDHEIT

Einzelarbeit	**AB 181/Ü21** Grammatikübung zu Sätzen mit *ohne … zu, (an)statt … zu, ohne dass, (an)statt dass*; auch als Hausaufgabe geeignet.		
Einzelarbeit	**AB 182/Ü22** Grammatikübung zu Modalsätzen mit *ohne* und *(an)statt* (+ Genitiv); auch als Hausaufgabe geeignet.		

Ich kann jetzt …

SOZIALFORM	ABLAUF	MATERIAL	ZEIT
Einzelarbeit	Die TN markieren, was auf sie zutrifft.		
Plenum	**VERTIEFUNG:** Lassen Sie sich von den TN Feedback mithilfe der Methode **Daumen hoch** (Glossar → S. 151) geben, deren Vorteil darin liegt, dass Sie ohne große Vorbereitung wie Austeilen von Karten etc. sofort eine aussagekräftige Rückmeldung bekommen. Erklären Sie dazu, dass es drei Daumenpositionen gibt: nach oben für „sehr gut", waagerecht für „geht so" und nach unten für schlechtes Beherrschen der neu erlernten Fertigkeiten. Sie lesen nacheinander die Fertigkeiten vor und die TN zeigen Ihnen ihre Daumen.		

SEHEN UND HÖREN

1 Berufsvorstellung

SOZIALFORM	ABLAUF	MATERIAL	ZEIT
Plenum	Beginnen Sie damit, dass Sie gemeinsam das Foto ansehen und die TN vermuten lassen, welchen Beruf die Frau links im Bild hat und wo sie wohl arbeitet. Die TN erklären dann, ob sie sich vorstellen können, in einem der vermuteten medizinischen Berufe zu arbeiten. Gehen Sie mit den TN auch die Berufe im Schüttelkasten durch und erklären Sie diese bei Bedarf. Die TN führen aus, in welchem Beruf sie sich wo und warum sehen könnten.		

2 Informationsfilm „Pflege tut gut"

SOZIALFORM	ABLAUF	MATERIAL	ZEIT
Gruppenarbeit	a) Die TN lesen den Titel und tauschen sich über ihre Erwartungen zum Film aus.		
Gruppenarbeit	b) Dann sehen sich die TN den Film in Dreiergruppen <u>ohne Ton</u> an und machen sich Notizen. *Lösung: Räume/Orte: das Patientenzimmer, die Rezeption, das Schwesternzimmer, das Büro des Chefarztes; Objekte im Krankenhaus: die Uhr, die Tabletten, das EKG, der Tropf, die Spritze; Tätigkeiten: die Arbeit mit Akten, die Tablettenvergabe, die Besprechung, Wunden behandeln und Verbände wechseln, Spritzen geben, Blut abnehmen*	DVD 2/14	
Gruppenarbeit Plenum	c) Innerhalb der Gruppe ergänzen und vergleichen die TN ihre Notizen. Dann tauschen sie sich mit einer anderen Gruppe aus. Kontrolle im Plenum.		

103

LEKTION 11 GESUNDHEIT

Einzelarbeit	d) Spielen Sie den Film nun <u>mit Ton</u> und ohne Pause vor. Die TN markieren die richtigen Antworten bzw. beantworten die Fragen.	DVD 2/15–16	
Plenum	Kontrolle im Plenum. *Lösung:* <u>Abschnitt 1:</u> *1 2, 3, 4, 5; 2 Weil ihre Mutter Krankenpflegerin war und ihr das Gefühl gefällt, dass man den Patienten guttut, da sie das Krankenhaus meist gesünder verlassen, als sie es betreten haben.* <u>Abschnitt 2:</u> *1 Teamfähigkeit, Flexibilität, Organisationstalent; 2 Ärzte schätzen die Arbeit des Pflegepersonals mehr. 3 Dass die Patienten das Krankenhaus zufrieden und gesund verlassen, liegt zu einem großen Teil an der Arbeit des Pflegepersonals.*		
Plenum	Kommen Sie auf die Erwartungen der TN in Aufgabe a) zurück und lassen Sie sich Rückmeldungen geben, ob die Erwartungen erfüllt wurden oder nicht.		
Einzelarbeit	**AB 182/Ü23** Wortschatzübung zu den Tätigkeiten einer Krankenschwester; auch als Hausaufgabe geeignet.		

3 Vergleichen Sie mit Ihrem Heimatland.

SOZIALFORM	ABLAUF	MATERIAL	ZEIT
Plenum Partnerarbeit	Bevor Sie sich der Frage im Kursbuch widmen, fragen Sie die TN, welches Pflegepersonal es in Krankenhäusern in ihrem Heimatland gibt. *Gibt es Pfleger oder ausschließlich Krankenschwestern? Gibt es Nachtschwestern? Gibt es Physiotherapeuten?* Die TN tauschen sich dann über Unterschiede bezüglich der Arbeit des Pflegepersonals in den Krankenhäusern ihrer Heimatländer aus.		
Einzelarbeit	**AB 183/Ü24** Leseübung zum Filmtipp „Barbara"; auch als Hausaufgabe geeignet.		

Mein Dossier

SOZIALFORM	ABLAUF	MATERIAL	ZEIT
Einzelarbeit	Die TN überlegen sich Hausmittel gegen die angegebenen Beschwerden und ergänzen weitere Hausmittel gegen selbst gewählte Beschwerden; auch als Hausaufgabe geeignet. Hängen Sie die Texte im Kursraum auf und geben Sie den TN genug Zeit, um die Empfehlungen der anderen TN zu lesen.		

Ich kann jetzt …

SOZIALFORM	ABLAUF	MATERIAL	ZEIT
Einzelarbeit	Die TN markieren, was auf sie zutrifft.		

LEKTION 11 GESUNDHEIT

AUSSPRACHE: Melodie (Arbeitsbuch → S. AB 184)

1 Melodieverläufe

SOZIALFORM	ABLAUF	MATERIAL	ZEIT
Einzelarbeit	a) Die Satzmelodie ist auch ein Merkmal der Prosodie, die in Lektion 7 thematisiert wurde. Weisen Sie auf diesen Zusammenhang hin, bevor die TN die Satzmelodie ergänzen. **TIPP:** Lassen Sie die TN die Sätze und Fragen vor sich hinsagen bzw. murmeln. Auf diese Weise können sie leichter entscheiden, wie die Melodie verläuft.		
Einzelarbeit Plenum	b) Die TN hören und vergleichen die Sätze dann mit ihren eigenen Markierungen. Kontrolle im Plenum. *Lösung: 1 Es ist ein dumpfer →, ziehender Schmerz. ↘ Am besten machen wir es so. →: Sie bekommen von mir ein Rezept für ein Schmerzmittel. ↘ 2 Machen Sie bitte mal den Oberkörper frei. ↘ 3 Wie lange nehmen Sie die Tabletten schon? ↘ 4 Tut es Ihnen hier weh? ↗ 5 Möchten Sie so lange im Wartezimmer Platz nehmen? ↗ 6 Nehmen Sie aber nur eine Tablette pro Tag! ↘* **FOKUS PHONETIK:** Im Deutschen gibt es wie in vielen anderen Sprachen drei Melodieverläufe: ansteigend, abfallend oder schwebend. Der Sprechumfang der Stimme ist dabei relativ gering, was dazu führt, dass die deutsche Sprache für viele Lerner emotionslos und wenig freundlich klingt. <u>Ansteigende Melodie</u> haben in der Regel: Entscheidungsfragen, höfliche Fragen; <u>abfallende Melodie:</u> Aussagesätze, Aufforderungen, Frage mit Fragewort, Warnungen; <u>schwebende Melodie:</u> bei Äußerungen, die inhaltlich noch nicht abgeschlossen sind.	AB-CD/26 AB-CD/65	

2 Bedeutungsunterscheidende Pausen und Melodien

SOZIALFORM	ABLAUF	MATERIAL	ZEIT
Einzelarbeit Plenum	a) Den TN wird der Satz *Es geht alles in Ordnung* in vier Varianten vorgespielt. Dabei ergänzen sie die nötigen Satzzeichen und markieren die Pausen sowie die Melodie. Kontrolle im Plenum. *Lösung: 2 Es geht alles. ↘ In Ordnung? ↗ 3 Es geht. ↘ Alles in Ordnung. ↘ 4 Es geht. ↘ Alles in Ordnung? ↗* **TIPP:** Spielen Sie bei Bedarf Track 27 öfter vor und geben Sie genug Zeit zu markieren.	AB-CD/27 AB-CD/66	
Partnerarbeit Plenum	b) Die TN überlegen sich Situationen, in denen die Sätze aus a) fallen könnten. Kontrolle im Plenum. **VERTIEFUNG:** Wenn es die Zeit erlaubt, ermutigen Sie die TN, sich mehr als nur eine Situation zu überlegen. Es können auch kleine Geschichten sein. Lassen Sie diese im Plenum vortragen oder als Rollenspiel gestalten.		

LEKTION 11 GESUNDHEIT

3 Vortrag

SOZIALFORM	ABLAUF	MATERIAL	ZEIT
Einzelarbeit Plenum	a)+b) Die TN hören den Vortrag und ergänzen beim ersten Hören die fehlenden Satzzeichen, beim zweiten Hören die Melodieverläufe. Kontrolle im Plenum. *Lösung: Sehr geehrte Damen und Herren, → ich begrüße Sie heute ganz herzlich zu meinem kurzen Vortrag über alternative Heilmethoden. ↘ Stimmt es eigentlich, → dass die Anwendung alternativer Methoden zumindest nicht schaden kann? ↗ Ich denke: → Nein! ↗ Vertreter alternativer Heilmethoden neigen zum Beispiel dazu, → fälschlicherweise zu viele und gar nicht vorhandene Allergien zu diagnostizieren. ↘ Diese werden durch alternative Methoden wie Homöopathie angeblich rasch und natürlich wieder geheilt. ↘ Sollen wir das glauben? ↗ Auch alternative Medikamente sind nicht grundsätzlich harmlos. ↘ Bei manchen alternativen Medikamenten sind die Inhaltsstoffe unzureichend deklariert. ↘ Viele homöopathische Medikamente enthalten beispielsweise Alkohol. ↘ Eine Verabreichung von Alkohol an Säuglinge und Kinder, → auch in kleinen Mengen, → ist aber grundsätzlich problematisch. ↘ Deshalb mein Vorschlag: → Bei der Suche nach der richtigen Heilmethode sollten Sie jede Methode, → ob schulmedizinisch oder alternativ, → mit demselben Maßstab bewerten. ↘ Vielen Dank für Ihre Aufmerksamkeit. ↘*	AB-CD/28 *AB-CD/67*	

LERNWORTSCHATZ (Arbeitsbuch → S. AB 185)

SOZIALFORM	ABLAUF	MATERIAL	ZEIT
Einzelarbeit	**LERNSTRATEGIE-TIPP:** Es fällt dem Gehirn leichter, sich neue Vokabeln zu merken, wenn diese kategorisiert werden. Fordern Sie die TN deshalb dazu auf, neues Vokabular schriftlich (zum Beispiel in einem Vokabelheft) und/oder mental in Themenfelder einzuteilen. Wörter aus den einzelnen Themenfeldern sollten dann möglichst zusammen eingeprägt werden. Beim Thema „Medizin" können die TN also beispielsweise zunächst alle Wörter des Bereichs „Beschwerden" (*Allergie, Bluthochdruck, Infektion, Übelkeit* etc.) in einem Block und alle Wörter des Themenbereichs „Behandlung" (*Homöopathie, Spritze, Zäpfchen, Akupunktur* etc.) in einem anderen Lernblock memorieren. Wird das Vokabular schriftlich festgehalten, können später neue Wörter aus den jeweiligen Themengebieten einfach auf den entsprechenden Listen ergänzt werden. Geben Sie auch den Tipp, die zu den Themengebieten passenden Redemittel aus der Lektion gleich mitzulernen, so werden die Vokabeln in einen realen Kontext gebracht und noch effektiver abgespeichert.		

LEKTIONSTEST 11 (Arbeitsbuch → S. AB 186)

SOZIALFORM	ABLAUF	MATERIAL	ZEIT
Einzelarbeit	Mithilfe des Lektionstests haben die TN die Möglichkeit, ihr neues Wissen in den Bereichen Wortschatz, Grammatik und Redemittel zu überprüfen. Wenn die TN mit einzelnen Bereichen noch Schwierigkeiten haben, können Sie gezielt einzelne Module wiederholen.		

LEKTION 11 GESUNDHEIT

REFLEXION DER LEKTION

SOZIALFORM	ABLAUF	MATERIAL	ZEIT
Plenum	Fordern Sie die TN auf, nach der Methode **Freies Feedback** (Glossar → S. 152) die gesamte Lektion zu reflektieren. Bereiten Sie drei große Plakate vor, auf die Sie folgende Überschriften schreiben: *Das Beste in dieser Lektion war für mich:*; *Das Wichtigste in dieser Lektion war für mich:*; und *Ich bin froh, dass ich jetzt … kann*. Diese Plakate hängen Sie im Kursraum auf, die TN ergänzen ihre (subjektiven) Kommentare/Ideen/Bemerkungen darauf. Auf diese Weise reflektieren die TN die ganze Lektion und ihren Ablauf, nicht nur die Grammatik und Redemittel, sondern auch die Gruppenübungen, Rollenspiele und ungelenkten Gespräche, die sich anlässlich der Kursbuchübungen ergeben haben. Sehen Sie sich die Kommentare Ihrer TN auf den Plakaten gut an, sie geben Ihnen ein authentisches und eventuell auch unerwartetes Feedback zu Sozialformen etc., das Sie in Ihre zukünftige Unterrichtsplanung mit einfließen lassen können.	drei große Plakate	

LEKTION 12 SPRACHE UND REGIONEN

EINSTIEG

1 Ein Porträt

SOZIALFORM	ABLAUF	MATERIAL	ZEIT
Plenum Gruppenarbeit Plenum Plenum	a) Sehen Sie gemeinsam das Foto im Kursbuch an und klären Sie die Begriffe im Schüttelkasten. Mithilfe dieser Kriterien entwerfen die TN zu dritt ein Porträt des Mannes. Einige Gruppen können ihre Ergebnisse im Plenum vortragen. **TIPP:** Um den Einstieg in diese Lektion für die TN interessanter zu gestalten, fordern Sie jeweils eine/n TN der Dreiergruppe auf, den anderen beiden den Mann auf dem Foto zu beschreiben. Das Buch der Zuhörenden bleibt während der Beschreibung geschlossen. Anschließend sehen sich alle drei gemeinsam das Foto an, und die beiden, denen das Foto beschrieben wurde, erklären, was sie sich aufgrund der Beschreibung genau so bzw. anders vorgestellt haben. Die Dreiergruppe einigt sich dann mithilfe der Kriterien im Schüttelkasten auf eine gemeinsame Beschreibung des Mannes. **VERTIEFUNG:** Fragen Sie, welchen Eindruck der Mann auf die TN macht. *Wirkt er glücklich/zufrieden/ausgeglichen/gestresst ...?* So können Sie auch stimmungsbeschreibende Adjektive wiederholen. Um die ganzheitliche Wahrnehmung zu schulen, können Sie hier auch die Methode **Sinnesfoto (Glossar → S. 155)** anwenden.		
Gruppenarbeit	b) Die TN vermuten, warum über den Mann berichtet wird, und verfassen eine Bildunterschrift.		
Plenum	c) Die Gruppen lesen ihre Bildunterschriften vor und vergleichen im Plenum. Fragen Sie: *Welche Bildunterschrift ist besonders gelungen oder treffend?* und lassen Sie die TN über die Frage abstimmen.		
Einzelarbeit	**AB 187/Ü1** Wortschatzwiederholung zum Thema; auch als Hausaufgabe geeignet.		
Einzelarbeit	**AB 187/Ü2** Wortschatzübung zu einem Steckbrief; auch als Hausaufgabe geeignet.		

HÖREN 1

1 Ein Fluss verbindet Länder und Regionen.

SOZIALFORM	ABLAUF	MATERIAL	ZEIT
Plenum	a) Sehen Sie sich gemeinsam die Karte im Kursbuch an und stellen Sie sicher, dass die TN den Kartenausschnitt richtig einordnen können. Bringen Sie dazu eine Karte mit, die D, A und CH in ihrer Gesamtheit zeigt, und zeigen Sie, wo der Kartenausschnitt im Kursbuch in Ihrer Karte anzusiedeln ist. Die TN sehen dann die Karte im Kursbuch an und nennen die (Anzahl der) Länder, die vom Rhein berührt werden. *Lösung: 4: Schweiz, Deutschland, Frankreich, Niederlande*	Landkarte von D-A-CH	

LEKTION 12 SPRACHE UND REGIONEN

Plenum	b) Die TN berichten und tauschen sich darüber aus, was sie über den Rhein und die Regionen, die er durchfließt, wissen. Wenn Sie selbst schon am Rhein waren, berichten Sie, wo Sie waren und wie die Landschaft dort aussieht. **TIPP:** Bringen Sie (eigene) Fotos oder/und Bilder vom Rhein und den Landschaften, durch die er fließt, mit. Eventuell können Sie auch einen Bildband besorgen. Sie finden aber auch im Internet zahlreiche Fotos.	Fotos/Bilder/ Bildband vom Rhein	

2 Projekt „Das blaue Wunder"

SOZIALFORM	ABLAUF	MATERIAL	ZEIT
Gruppenarbeit Plenum	a) Die TN hören die Einleitung der Radioreportage und sprechen darüber, welches Projekt vorgestellt wird. Kontrolle im Plenum. *Lösung: Der Versuch des Schweizer Extremsportlers Ernst Bromeis, 1200 km von der Rheinquelle in der Schweiz bis zur Mündung in die Nordsee in den Niederlanden zu schwimmen.*	CD 2/34	
Plenum Einzelarbeit Gruppenarbeit Plenum	b) Fragen Sie die TN: *Glauben Sie, dass Ernst Bromeis es schaffen kann?* Sammeln Sie die Vermutungen der TN im Plenum. Im Anschluss hören die TN die ganze Reportage und notieren sich Informationen zu den sechs Fragen. **TIPP:** Erinnern Sie die TN noch einmal daran, Schlüsselwörter in den Fragen zu markieren, bevor sie die Radioreportage hören. Die TN vergleichen dann zu dritt ihre Notizen und ergänzen sie gegebenenfalls. Kontrolle im Plenum. *Lösung: 1 Von der Rheinquelle auf 2500 m Höhe in den Schweizer Bergen bis zur Mündung in die Nordsee in den Niederlanden; 2 1200 km; 3 11°C; 4 Handschuhe, Ganzkörper-Neoprenanzug, Neopren-Socken, zwei Neopren-Badehauben; 5 bis zu 60 km; 6 Bromeis trinkt Tee, nimmt Energieriegel zu sich und zieht sich etwas zurück.*	CD 2/35	

3 Ziel und Scheitern

SOZIALFORM	ABLAUF	MATERIAL	ZEIT
Einzelarbeit Plenum	a) Stellen Sie sicher, dass die TN die Bedeutung des Verbs *scheitern* verstehen. Die TN hören die Reportage noch einmal und markieren, worüber die Personen sprechen. Kontrolle im Plenum. *Lösung: Wasser als Ressource, das Training als Vorbereitung, wasserscheue Menschen, die Motive von Bromeis, Schwimmen als Erfahrung, das Team von Bromeis*	CD 2/35	
Partnerarbeit Plenum	b) Die TN beantworten die Frage, warum Bromeis sein Projekt abgebrochen hat. Kontrolle im Plenum. *Lösung: Das Wasser war zu kalt.*		
Einzelarbeit Plenum Partnerarbeit Plenum	c) Im Anschluss ergänzen die TN die Zusammenfassung der Reportage. Kontrolle im Plenum. *Lösung: 1 Aktion; 2 hinunterschwimmen; 3 Mündung; 4 Herausforderung; 5 Schwimmer; 6 niedrig; 7 Extremsport; 8 Wasser; 9 Projekt; 10 zum Nachdenken bringen* **VERTIEFUNG:** Die TN zeichnen auf ein Blatt Papier einen Wortigel, in dessen Zentrum der Begriff „Wasser" steht. Die TN ergänzen dazu Vokabular zum Thema „Wasser". Vergleich und Kontrolle im Plenum. Sie können die Wortigel auch im Kursraum aufhängen.	Papier	
Einzelarbeit	**AB 188/Ü3** Leseübung zum Thema „Gründe für das Scheitern des Experiments"; auch als Hausaufgabe geeignet.		

LEKTION 12 SPRACHE UND REGIONEN

4 Sprachliche Unterschiede im Deutschen

SOZIALFORM	ABLAUF	MATERIAL	ZEIT
Plenum	Noch einmal hören die TN Auszüge aus der Reportage. Sie sagen anschließend, welche Person sie am besten verstanden haben, und vergleichen die Aussprache der Sprechenden. Versuchen Sie, die Unterschiede in der Aussprache, die die TN benennen, zu generalisieren, zum Beispiel *ein ... am Wortende wird wie ein ... gesprochen*.	CD 2/36	

5 Projekt

SOZIALFORM	ABLAUF	MATERIAL	ZEIT
Einzelarbeit Plenum	Im Rahmen eines Projekts zu regionalen Sprachvarianten des Deutschen nehmen die TN Hörbeispiele von Personen auf, die sie kennen, oder suchen im Internet nach Beispielen. Es erfolgt eine Präsentation der Ergebnisse im Plenum. **TIPP:** Geben Sie den TN genügend Zeit zur Umsetzung des Projekts. Klären Sie auch ab, welche Arten von Aufnahmen Sie technisch im Plenum vorspielen können und welche aufgrund der Ihnen zur Verfügung stehenden Ausstattung nicht. Nicht jeder hat uneingeschränkten Internetzugang oder ein Smartphone. Falls viele Ihrer TN Schwierigkeiten dieser Art haben, suchen Sie selbst Hörbeispiele und bringen Sie sie mit. **TIPP:** Verweisen Sie die TN auf das Arbeitsbuch (→ S. AB 200). Dialekte und Sprachvarianten sind das Thema dieser Phonetikseite, die Sie auch an dieser Stelle im Plenum bearbeiten können.	Aufnahmegerät Hörbeispiele von Dialektsprechenden	

6 Gibt es solche Unterschiede in der Aussprache auch in Ihrer Sprache?

SOZIALFORM	ABLAUF	MATERIAL	ZEIT
Plenum Einzelarbeit Plenum	**LANDESKUNDE:** Lesen Sie gemeinsam die landeskundlichen Informationen in *Wussten Sie schon?* und fordern Sie die TN auf, Hörbeispiele mit regionalen Sprachvarianten mitzubringen oder einige Varianten (so gut wie möglich) vorzusprechen. **INTERKULTURELLES:** Fragen Sie, wie man in den Heimatländern Ihrer TN zum Thema „Dialekt" steht. *Wird Dialekt gesprochen? Von wem? In den Schulen? Wie steht es um seine Anerkennung? Werden Personen, die regionale Varianten sprechen, belächelt oder geschätzt?*	Hörbeispiele	
Einzelarbeit	**AB 189/Ü4** Grammatikwiederholung zur Adjektivierung von Partizip I und II, thematisch angelehnt an *Wussten Sie schon?* im Kursbuch; auch als Hausaufgabe geeignet. **TIPP:** Mit dieser Übung aktivieren Sie das Vorwissen der TN zum Thema „Erweitertes Partizip", das der Vorentlastung von Aufgabe 7 im Kursbuch dient.		

LEKTION 12 SPRACHE UND REGIONEN

7 Erweitertes Partizip

SOZIALFORM	ABLAUF	MATERIAL	ZEIT
Plenum Einzelarbeit Plenum	a) Wenn Sie AB S. 189/Ü4 als Hausaufgabe aufgegeben haben, empfiehlt sich eine Kontrolle und Besprechung im Plenum als Hinführung zu dem Thema „Erweitertes Partizip". Die TN unterstreichen die Wörter, die etwas näher beschreiben. Kontrolle im Plenum. *Lösung: schnell sprechende – langsam sprechenden – leicht anders klingenden*		
Einzelarbeit Plenum	b)+c) Die TN formulieren die Ausdrücke in erweiterte Partizipien um und ergänzen, welche Sätze welche Bedeutung haben. Kontrolle im Plenum. *Lösung: b) 2 begeistert applaudierende Zuschauer; 3 bezahlte Rechnungen; 4 schon lange bezahlte Rechnungen; c) Nicht abgeschlossen, aktive Bedeutung: 1, 2; Abgeschlossen, passive Bedeutung: 3, 4*		
Einzelarbeit Plenum Partnerarbeit	d) Die TN formulieren die Relativsätze in erweiterte Partizipien um. Kontrolle im Plenum. *Lösung: 2 das SMS schreibende Mädchen; 3 die in Schweizerdeutsch verfassten E-Mails; 4 die Silben verschluckenden Sprecher; 5 eine in kurzer Zeit gelernte Sprache; 6 eine verloren gegangene Sprache* **FOKUS GRAMMATIK**: Erweiterte Partizipien bestimmen Personen oder Dinge näher, ebenso wie Relativsätze. Die Partizipien werden von ihrer Funktion her zu Adjektiven, also werden sie auch dekliniert. Bevorzugt finden sich erweiterte Partizipialkonstruktionen in der Schriftsprache, den Nachrichten, Printmedien und immer dort, wo man viel Information in wenigen Worten geben möchte oder muss. Weisen Sie die TN auch auf die Grammatikübersicht (→ S. 170/1) im Kursbuch hin. **VERTIEFUNG**: Erweitertes Partizip als Partnerübung. Kopieren Sie dazu je eine Kopiervorlage zu Lektion 12/1 pro Zweiergruppe. Die Lernpartner setzen, beginnend mit Gruppe A, abwechselnd die erweiterten Partizipien in die Lücken auf ihrem Blatt ein. Die Lernpartnerin / Der Lernpartner hat die Lösung dazu. Die beiden TN vergleichen die Lösung und korrigieren sie zusammen, falls nötig. Dann ist die/der andere an der Reihe.	Kopiervorlage Lektion 12/1	
Einzelarbeit	**AB 189/Ü5** Grammatik entdecken: Erweitertes Partizip; auch als Hausaufgabe geeignet.		
Einzelarbeit	**AB 190/Ü6** Grammatik entdecken zum Thema: „Erweitertes Partizip oder Relativsatz?"; auch als Hausaufgabe geeignet.		
Einzelarbeit	**AB 190–191/Ü7–8** Grammatikübungen zu erweiterten Partizipien; auch als Hausaufgabe geeignet.		

Ich kann jetzt ...

SOZIALFORM	ABLAUF	MATERIAL	ZEIT
Einzelarbeit	Die TN markieren, was auf sie zutrifft.		

LEKTION 12 SPRACHE UND REGIONEN

SOZIALFORM	ABLAUF	MATERIAL	ZEIT
Plenum	**VERTIEFUNG:** Erklären Sie, dass die TN sich vorstellen sollen, in Urlaub zu fahren und ihren Koffer zu packen. Nach der Methode **Kofferpacken** (Glossar → S. 153) stellen sich alle in einen Kreis und sagen, was sie einpacken. Ihr Gegenstand soll mit einem Partizip näher beschrieben werden. Ein/e TN beginnt, zum Beispiel so: *Ich packe meinen Koffer und nehme ein desinfizierendes Spray mit.* Die/Der TN rechts neben ihr/ihm wiederholt das schon Eingepackte und fügt einen weiteren Gegenstand hinzu, zum Beispiel *Ich packe meinen Koffer und nehme ein desinfizierendes Spray und eine funktionierende Kamera mit.* Die/Der nächste TN packt einen weiteren Gegenstand in den imaginären Koffer etc. **TIPP:** Machen Sie sich Notizen zu den eingepackten Artikeln, erfahrungsgemäß wird es an einem bestimmten Punkt schwierig, die Reihenfolge der eingepackten Gegenstände zu rekonstruieren.	kleiner Ball	

SPRECHEN

1 Der Rhein als touristisches Ziel

SOZIALFORM	ABLAUF	MATERIAL	ZEIT
Gruppenarbeit	Fordern Sie die TN auf, sich vorzustellen, sie sind Berater in der Tourismusbranche und sollen eine Präsentation über den Rhein als touristisches Ziel erstellen. Wenn es in Ihrem Kurs möglich ist, lassen Sie entsprechend der Nationalitäten Ihrer TN Vierergruppen bilden. Sie können alternativ auch direkt zu Schritt 1 übergehen und die Kleingruppen nach TN-Interessen, d.h. Zielgruppen, bilden lassen. Die TN erstellen ein Reiseangebot für ein Tourismusunternehmen, das auf die Bedürfnisse ihrer Landsleute bzw. ihrer Zielgruppen abgestimmt ist. **TIPP:** Eine Präsentation dieser Größenordnung ist eine anspruchsvolle Aufgabe für die TN. Schaffen Sie eine angenehme, druckfreie Arbeitsatmosphäre und gehen Sie zwischen den einzelnen Lerngruppen hin und her, um Fragen zu beantworten und deren Arbeit im Auge zu haben, sodass Sie gravierende Fehler schnell korrigieren können, die bei der Anzahl der aufeinanderfolgenden Schritte leicht auftreten können. Schritt 1: Die TN wählen eine Zielgruppe aus, für die sie einen Reisevorschlag erarbeiten, und beschreiben dann kurz die Bilder,		
Plenum	die sie im Anschluss den Touren zuordnen. Kontrolle im Plenum. *Lösung: 3 A Fahrradtour den Rhein entlang; B Im Kanu den Rhein hinunter; C Auf dem Schiff den Fluss entdecken; D Schlösser und Burgen; E Wo der Rhein entspringt: der Tomasee*		
Gruppenarbeit	Dann wählen die TN einen der Vorschläge aus 3 für die von ihnen gewählte Zielgruppe. Schritt 2: Die TN recherchieren zu ihrem Reisevorschlag und arbeiten die angegebenen Teilaspekte mithilfe der Redemittel sprachlich aus. **TIPP:** Unterstützen Sie die TN, indem Sie geeignete Reiseführer mitbringen und sie auf entsprechende Internetseiten hinweisen. Es ist auch möglich, diese Aufgabe als Hausaufgabe aufzugeben und in der nächsten Stunde in den Gruppen weiterzuarbeiten.	Reiseführer	

LEKTION 12 SPRACHE UND REGIONEN

SOZIALFORM	ABLAUF	MATERIAL	ZEIT
Plenum Einzelarbeit Plenum	Schritt 3: Die TN erstellen ein Handout mit wichtigen Stichpunkten, das die Aspekte von Schritt 2 übersichtlich auflistet. Erinnern Sie die TN daran, dass ein Handout den Zuhörenden das Verständnis erleichtern soll, indem es eine strukturierte Übersicht über den Inhalt der Präsentation gibt. Achten Sie darauf, dass es bei Stichworten bleibt, und helfen Sie, wo nötig. **TIPP:** Ermutigen Sie die TN dazu, eine Powerpoint-Präsentation auszuarbeiten, die sie später präsentieren können. Dieser Tipp ist natürlich nur dann eine Option, wenn Ihr Kursraum über die entsprechenden technischen Möglichkeiten verfügt. Schritt 4: Mithilfe der Redemittel präsentieren die TN nun ihre Reisevorschläge, wobei sie besonders die Höhepunkte herausstellen und erklären, warum sie von besonderem Interesse sind. Weisen Sie die TN auch auf die Redemittel im Anhang hin. Ermutigen Sie die Zuhörenden dazu, Fragen zu stellen. Schritt 5: Mithilfe der Feedback-Tabelle erstellen die TN für jede Präsentation eine Rückmeldung. Weisen Sie die TN auch auf diese Redemittel im Anhang hin. **TIPP:** Kopieren Sie für jeden TN so viele Feedbacktabellen, wie es präsentierende Gruppen gibt. So können die zuhörenden TN den Namen der/des Präsentierenden darüber schreiben und ihr/ihm und ihrer/seiner Gruppe (bewertet wird ja auch das gesamte Arbeitsergebnis der Gruppe und nicht allein die/der Präsentierende) nach ihrer/seiner Präsentation die Tabellen überreichen. Die Präsentierenden und ihre gesamte Gruppe sehen so im Detail, welche Punkte und Fertigkeiten sie noch verbessern können. **INTERKULTURELLES:** Wenn Sie die Kleingruppen nach Nationalitäten gebildet haben, fordern Sie die TN dazu auf, die Präsentationen im Hinblick auf die Bedürfnisse ihrer Landsleute zu betrachten und Vergleiche zu ziehen. *Worauf legen Personen aus dem Land X wert im Vergleich zu denen aus Y?* Fragen Sie die Gruppe, die die jeweilige Präsentation erstellt hat, warum der Fokus ihrer Landsleute so ist. Dahinter können historisch gewachsene oder sozial motivierte Gründe stecken. Stellen Sie sich darauf ein, dass Sie eventuell keinen konkreten Grund genannt bekommen, aber fragen Sie auf jeden Fall nach.	Kopien der Feedback-Tabelle	
Einzelarbeit	**AB 191/Ü9** Hörübung zum Thema „Reisevorschlag". Die Kontrolle erfolgt über den Hörtext auf CD; auch als Hausaufgabe geeignet.	AB-CD/29–30 *AB-CD/68–69*	
Einzelarbeit	**AB 192/Ü10** Wortschatzübungen zu Nomen-Verb-Kombinationen. Die Kontrolle erfolgt über den Hörtext auf CD; auch als Hausaufgabe geeignet.	AB-CD/30 *AB-CD/69*	

Ich kann jetzt …

SOZIALFORM	ABLAUF	MATERIAL	ZEIT
Einzelarbeit	Die TN markieren, was auf sie zutrifft.		

LEKTION 12 SPRACHE UND REGIONEN

WORTSCHATZ

1 Wanderung von Wörtern

SOZIALFORM	ABLAUF	MATERIAL	ZEIT
Plenum Partnerarbeit Plenum	a) Zeigen Sie den TN eines der Fotos aus dem Buch „Ausgewanderte Wörter" aus dem Hueber Verlag. Alternativ vergrößern Sie das Foto von dem Bus mit der Aufschrift „Kaffepaussi" im Arbeitsbuch (→ S. AB 193) und zeigen es den TN. Fragen Sie sie, woher das Wort wohl kommt (von *Kaffeepause*) und erklären Sie, dass Wörter „wandern" können. Die TN sehen die Zeichnung an, lesen und ordnen die Wörter den Erklärungen zu. Kontrolle im Plenum. *Lösung: 1 türkis; 2 das Schlagobers; 3 das Sakko; 4 die Krawatte; 6 der Kaffee; 7 der Schal*	Buch „Ausgewanderte Wörter" (Hueber Verlag)	
Plenum Gruppenarbeit Plenum	b) Lesen Sie gemeinsam das Beispiel in der Sprechblase. Dann berichten die TN über deutsche Wörter, die in ihre Sprache eingewandert sind, und erklären mögliche Bedeutungsveränderungen. **TIPP:** Lassen Sie die TN entsprechend ihrer Nationalität in Gruppen zusammenarbeiten und gemeinsam darüber nachdenken, welche Wörter in ihre Sprache eingewandert sind. Führen Sie dann die Gruppen zur Präsentation im Plenum zusammen.		
Einzelarbeit	**AB 192/Ü11** Wortschatzübung zu gewanderten Wörtern; auch als Hausaufgabe geeignet.		
Einzelarbeit	**AB 192–193/Ü12** Leseübung zu ausgewanderten Wörtern; auch als Hausaufgabe geeignet.		
Einzelarbeit	**AB 194/Ü13** Schreibübung zum Thema „Wörter, die gewandert sind"; auch als Hausaufgabe geeignet.		

2 Missverständnisse

SOZIALFORM	ABLAUF	MATERIAL	ZEIT
Plenum Einzelarbeit Plenum	a) Fragen Sie die TN, ob sie schon Missverständnisse aufgrund der deutschen Wörter, die sie benutzen, erlebt haben, und lassen Sie sich die meist sehr lustigen Details erzählen. Erklären Sie dann, dass es auch Missverständnisse zwischen muttersprachlich deutsch sprechenden Personen aufgrund der Sprache gibt. Die TN hören dann die Gespräche, vermuten, in welchem Land die Szenen stattfinden und erklären die Missverständnisse. Kontrolle im Plenum. *Lösung: 1 Das österreichische Wort „Sessel" bezeichnet in Deutschland einen „Stuhl". Beim Wort „Sessel" handelt es sich um einen sogenannten „falschen Freund", da es das Wort auf Österreichisch und auf Hochdeutsch gibt, es aber unterschiedliche Dinge bezeichnet. 2 Das deutsche Wort „Aprikose" ist gleichbedeutend mit dem österreichischen Wort „Marille". 3 Wenn man in der Schweiz sagt: „Einem ein Telefon geben", bedeutet das in Deutschland „jemanden anrufen". 4 In Österreich sagt man „Schlag(obers)", in Deutschland „Sahne".*	CD 2/37	

LEKTION 12 SPRACHE UND REGIONEN

Partnerarbeit Plenum	b) Die TN ergänzen die deutschen Entsprechungen der österreichischen und Schweizer Wörter und schreiben sie in die Tabelle. Kontrolle im Plenum. *Lösung:* 	Österreich	Deutschland
---	---
die Eierspeis(e)	*das Rührei*
der Bub	*der Junge*
angreifen	*anfassen*
der Paradeiser	*die Tomate*
die Marille	*die Aprikose*
der Topfen	*der Quark*	 	Schweiz	Deutschland
---	---
parkieren	*parken*
das Velo	*das Fahrrad*
zügeln	*umziehen*
grillieren	*grillen*
die Traktanden (pl.)	*die Tagesordnungspunkte*
allfällig (auch österr.)	*eventuell, möglich*			
Plenum	c) Wenn die TN weitere Beispiele für unterschiedliche Wörter mit der gleichen Bedeutung in den deutschsprachigen Ländern kennen, halten Sie diese an der Tafel fest. Falls nicht, zeigen Sie weitere Beispiele auf, die Sie im Variantenwörterbuch des Deutschen finden. **LANDESKUNDE:** Lesen Sie gemeinsam den landeskundlichen Hinweis in *Wussten Sie schon?* Falls Sie es zur Hand haben, bringen Sie das Variantenwörterbuch des Deutschen für die deutschsprachigen Länder mit und lassen Sie die TN darin blättern. **INTERKULTURELLES:** Fragen Sie die TN, ob es in ihren Muttersprachen auch regional verschiedene Wörter mit der gleichen Bedeutung gibt, und bitten Sie sie um Beispiele.	Variantenwörterbuch des Deutschen	
Einzelarbeit	**AB 194/Ü14** Landeskundliche Hörübung, angelehnt an *Wussten Sie schon?* im Kursbuch. Die Kontrolle erfolgt über den Hörtext auf CD; auch als Hausaufgabe geeignet.	AB-CD/31 *AB-CD/70*	

Ich kann jetzt …

SOZIALFORM	ABLAUF	MATERIAL	ZEIT
Einzelarbeit	Die TN markieren, was auf sie zutrifft.		
Einzelarbeit Plenum	**VERTIEFUNG:** Geben Sie den TN reihum das Variantenwörterbuch des Deutschen mit nach Hause. Die Aufgabenstellung lautet: *Schreiben Sie drei Varianten heraus, die Sie interessant/lustig/wissenswert finden.* Hatten alle TN das Buch, tragen sie ihre Ergebnisse im Plenum zusammen, während Sie die genannten Varianten an der Tafel oder auf einem Plakat festhalten. Auf diese Weise sammeln Sie nicht nur weitere Beispiele für Wortschatzunterschiede in den deutschsprachigen Ländern, sondern verleiten den einen oder anderen TN dazu, im Wörterbuch zu schmökern.	Variantenwörterbuch des Deutschen Plakat	

LEKTION 12 SPRACHE UND REGIONEN

LESEN

1 Sprache im Alltag – regionale Unterschiede

SOZIALFORM	ABLAUF	MATERIAL	ZEIT
Gruppenarbeit Plenum	a) Die TN lesen die Aussagen der vier Personen und vermuten, welche Frage der Reporter ihnen gestellt hat. Kontrolle im Plenum. *Lösungsvorschlag: 1 Wo spricht man Ihrer Meinung nach das beste Hochdeutsch? 2 Wird in Hannover Dialekt gesprochen? 3 Gibt es in Hannover regionale Ausdrücke oder sprachliche Besonderheiten? 4 Spricht die Jugend in Hannover noch den regionalen Dialekt?*		
Plenum Einzelarbeit Plenum	b) Fragen Sie die TN, was sie generell unter Hochdeutsch verstehen. Hören Sie sich die spontanen Erklärungen an, gehen Sie aber nicht darauf ein, sondern verweisen Sie die TN direkt auf den Artikel, der sich genau dieser Frage annimmt. Die TN lesen den ersten Absatz des Beitrags in einem Magazin für Deutschlernende und sprechen im Plenum darüber, ob sie etwas Ähnliches erlebt haben. Lassen Sie sie von ihren Erlebnissen erzählen.		
Einzelarbeit Plenum	c) Im Anschluss lesen die TN den Artikel und ordnen den Abschnitten Überschriften zu. Kontrolle im Plenum. *Lösung: A Hochdeutsch – eine künstliche Sprache? B Die Entstehung des Hochdeutschen; C Hochdeutsch als gemeinsame Sprache; D Die Zukunft der Dialekte*		
Einzelarbeit Plenum	d) Die TN ergänzen die Sätze. Kontrolle im Plenum. *Lösung: 2 Johannes Gutenberg; 3 Vorbild; 4 Entwicklung; 5 Konrad Duden*		
Einzelarbeit	**AB 194/Ü15** Wortschatzübung zur Beschreibung von regionalen Sprachunterschieden; auch als Hausaufgabe geeignet.		

2 Wie ist das in Ihrer Sprache?

SOZIALFORM	ABLAUF	MATERIAL	ZEIT
Plenum	Führen Sie im Plenum ein Gespräch zu der Frage, ob es in den Muttersprachen der TN neben der schriftlichen Norm auch Dialekte gibt. **VERTIEFUNG:** Ermutigen Sie die TN, Hörproben von Dialekten zu geben, falls sie der Dialekte mächtig sind. Sie selbst können mit gutem Beispiel vorangehen.		

3 Adversativsätze

SOZIALFORM	ABLAUF	MATERIAL	ZEIT
Plenum Einzelarbeit Plenum	a) Schreiben Sie zunächst an die Tafel: *während, im Gegensatz zu, dagegen* und fragen Sie, was diese Konnektoren bedeuten. Für die TN wird *während* nicht in die Reihe passen, weil sie damit einen temporalen Hintergrund verbinden. Die Erklärung erarbeiten sich die TN selbst: Sie lesen die Sätze und markieren die Bedeutung der Konnektoren. Kontrolle im Plenum. *Lösung: Gegensatz*		

LEKTION 12 SPRACHE UND REGIONEN

SOZIALFORM	ABLAUF	MATERIAL	ZEIT
Einzelarbeit Plenum	b) Die TN verbinden die beiden Sätze, indem sie die drei Konnektoren verwenden. Kontrolle im Plenum. *Lösung: Jugendliche in deutschen Großstädten sprechen fast nur noch Hochdeutsch. Dagegen wird man auf dem Land auch in Zukunft noch Dialekt hören. Während Jugendliche in deutschen Großstädten fast nur noch Hochdeutsch sprechen, wird man auf dem Land auch in Zukunft noch Dialekt hören. Im Gegensatz zu den Menschen auf dem Lande sprechen Jugendliche in deutschen Großstädten fast nur noch Hochdeutsch.* **FOKUS GRAMMATIK:** Die adversativen Konnektoren *während, dagegen, im Gegensatz zu* drücken Gegensätze aus, wobei *dagegen* und *im Gegensatz zu* in der Regel am Satzanfang stehen und einen Hauptsatz einleiten, *während* jedoch einen Nebensatz einleitet. Weisen Sie die TN auch auf die Grammatikübersicht (→ S. 170/2) im Kursbuch hin.		
Einzelarbeit	**AB 195/Ü16** Grammatikwiederholung zu *aber, doch, sondern, trotzdem, trotz*; auch als Hausaufgabe geeignet.		
Einzelarbeit	**AB 195/Ü17** Grammatik entdecken: Adversativsätze; auch als Hausaufgabe geeignet.		
Einzelarbeit	**AB 196/Ü18** Grammatikübung zu Adversativsätzen; auch als Hausaufgabe geeignet.		
Einzelarbeit	**AB 196/Ü19** Grammatikübung zum Thema „Warum sprechen wir Dialekt?"; auch als Hausaufgabe geeignet.		

Ich kann jetzt …

SOZIALFORM	ABLAUF	MATERIAL	ZEIT
Einzelarbeit	Die TN markieren, was auf sie zutrifft.		

SCHREIBEN

1 Zweisprachigkeit

SOZIALFORM	ABLAUF	MATERIAL	ZEIT
Gruppenarbeit Plenum Gruppenarbeit	a)+b) Die TN machen eine Blitz-Umfrage, indem sie sich in Kleingruppen gegenseitig die im Kursbuch angegebenen Fragen stellen. Die Befragten antworten kurz und knapp. Ihre Ergebnisse tragen die TN in eine Übersicht analog zu der im Kursbuch ein. Präsentation und Besprechung der Ergebnisse im Plenum. **TIPP:** Gestalten Sie die Übung als Gruppenarbeit mit je drei Gruppenmitgliedern. Gehen Sie zur Gruppenfindung nach der Methode **Eins-zwei-drei** (Glossar → S. 151) vor und suchen Sie sich aus dem Variantenwörterbuch des Deutschen ein deutsches Wort sowie seine Entsprechungen in Österreich und der Schweiz. Beispiele: *Federmäppchen (D), Federschachtel (A), Etui (CH); Pfannkuchen (D), Palatschinken (A), Omelette (CH); Fahrradkurier (D), Fahrradbote (A), Velokurier (CH); Waschbeutel (D), Toilettetasche (A), Necessaire (CH).* Schreiben Sie für jede/n TN eines der drei Wörter auf jeweils ein Kärtchen. Mithilfe der Kärtchen finden sich die drei Gruppenmitglieder entsprechend der Wörter mit der gleichen Bedeutung, und die Umfrage innerhalb der Gruppe beginnt.	Variantenwörterbuch des Deutschen Kärtchen	

LEKTION 12 SPRACHE UND REGIONEN

2 Vor- und Nachteile von Zweisprachigkeit

SOZIALFORM	ABLAUF	MATERIAL	ZEIT
Einzelarbeit	Die TN lesen die Argumente von der Webseite und markieren die Aspekte, die sie besonders überzeugen.		
Einzelarbeit	**AB 197/Ü20** Hörübung zum Thema „Doppelte Staatsangehörigkeit". Die Kontrolle erfolgt über den Hörtext auf CD; auch als Hausaufgabe geeignet.	AB-CD/32 *AB-CD/71*	

3 Ihr Beitrag

SOZIALFORM	ABLAUF	MATERIAL	ZEIT
Einzelarbeit	Mithilfe der angegebenen Redemittel verfassen die TN einen schriftlichen Beitrag zu der in Aufgabe 2 gelesenen Liste von Vor- und Nachteilen. Weisen Sie die TN darauf hin, ihre Argumentation logisch und nachvollziehbar aufzubauen und auf jeden Aspekt ihres Themas einzugehen. Weisen Sie die TN auch auf die Redemittel im Anhang hin. **TIPP:** Sie können diese Aufgabe auch als Hausaufgabe erledigen lassen, besonders dann, wenn Sie unter Zeitdruck stehen. Auf jeden Fall sollten Sie die Beiträge der TN korrigieren und sie erst danach		
Plenum	im Plenum vortragen lassen. So verhindern Sie, dass die zuhörenden TN Fehler vorgelesen bekommen und sich diese eventuell aneignen. **VERTIEFUNG:** Die Redemittel eignen sich sehr gut für die **Wiederholungskiste** (Glossar → S. 157).	Briefumschläge, Wiederholungskiste	
Einzelarbeit	**AB 197/Ü21** Schreibübung zu den Redemitteln der Lektion; auch als Hausaufgabe geeignet.		

4 Partizipien als Nomen

SOZIALFORM	ABLAUF	MATERIAL	ZEIT
Einzelarbeit Plenum	a) Um den induktiven Charakter der Aufgabe nicht zu stören, beginnen Sie ohne Erklärung und lesen Sie die Beispielsätze vor. Die TN ergänzen die Wörter. Kontrolle im Plenum. *Lösung: 1 Angestellte; 2 Heranwachsende*		
Einzelarbeit Plenum	b) Die TN ergänzen die Endungen. Kontrolle im Plenum. *Lösung: 1 -en; 2 -e* **FOKUS GRAMMATIK:** Partizipien können auch als Nomen fungieren. Substantivierte Partizipien werden wie ein Adjektiv dekliniert. Ihre Anwendung hat den Vorteil, dass sie die männliche und weibliche Form in nur einem Wort beinhalten: *die/der Anwesende*. Die Anrede *Liebe Anwesende* umfasst also das gesamte Publikum. Weisen Sie die TN auch auf die Grammatikübersicht im Kursbuch (→ S. 170/3) hin.		
Einzelarbeit	**AB 197–198/Ü22–23** Grammatikübung zu Partizipien als Nomen; auch als Hausaufgabe geeignet.		

LEKTION 12 SPRACHE UND REGIONEN

Ich kann jetzt ...

SOZIALFORM	ABLAUF	MATERIAL	ZEIT
Einzelarbeit	Die TN markieren, was auf sie zutrifft.		

HÖREN 2

1 Deutsch in Europa

SOZIALFORM	ABLAUF	MATERIAL	ZEIT
Plenum Gruppenarbeit Plenum	Lesen Sie mit den TN zuerst die aufgeführten Länder. **TIPP:** Bringen Sie Kopien einer Landkarte mit, auf der alle genannten Länder eingezeichnet sind. Entfernen Sie aber vor dem Kopieren die Ländernamen, zum Beispiel mithilfe von Tipp-Ex. Jede Gruppe bekommt eine Kopie. Lassen Sie die TN die Ländernamen eintragen und die Grenzlinien nachziehen, sodass sie sehen, wie nah diese Länder beieinanderliegen. Die TN markieren dann zu dritt, in welchen Staaten Deutsch Amtssprache ist. Kontrolle im Plenum. **TIPP:** Auf ihrer Karte können die TN diese Länder nach der Kontrolle im Plenum auch farblich abheben, zum Beispiel durch schraffieren. *Lösung: Österreich, Liechtenstein, Deutschland, Belgien, Luxemburg, Italien, Schweiz*	Landkarte ohne Ländernamen	

2 Dreimal Deutsch

SOZIALFORM	ABLAUF	MATERIAL	ZEIT
Gruppenarbeit Plenum	a) Die TN sehen die Fotos an und finden ein gemeinsames Thema, zu dem sie passen könnten. Kontrolle im Plenum. *Lösung: Mehrere Amtssprachen in einem Land*		
Einzelarbeit Plenum	b) Die TN hören drei Aussagen und ordnen sie den Fotos zu. Kontrolle im Plenum. *Lösung: 1 C; 2 A; 3 B*	CD 2/38–40	
Einzelarbeit Plenum	c) Bei nochmaligem Hören notieren die TN, was sie über die Verwendung des Deutschen in den Medien, im öffentlichen Leben und an den Schulen erfahren. Kontrolle im Plenum. *Lösung:* <u>Luxemburg:</u> *2/3 der Zeitungsartikel sind auf Deutsch. Deutsch wird in der Grundschule gelernt.* <u>Südtirol:</u> *Deutsch ist dem Italienischen im öffentlichen Leben gleichgestellt. Alle offiziellen Schilder sind zweisprachig. Beamte müssen zweisprachig sein. Eltern können wählen, ob sie ihre Kinder in eine deutsch- oder italienischsprachige Schule schicken. Die jeweils zweite Sprache lernt man in der Grundschule ab der zweiten Klasse als Fremdsprache.* <u>Belgien:</u> *Es gibt eine deutschsprachige Gemeinschaft mit einer eigenen Verwaltung. In dieser Gemeinschaft wird ausschließlich Deutsch gesprochen. Alle öffentlichen Schilder sind auf Deutsch. Es gibt eine deutschsprachige Tageszeitung und einen deutschsprachigen Radiosender. Im staatlichen Fernsehen gibt es deutschsprachige Sendungen. In der Grundschule ist der Unterricht auf Deutsch.*	CD 2/38–40	

LEKTION 12 SPRACHE UND REGIONEN

3 Wortbildung: Fugenelement -s- bei Nomen

SOZIALFORM	ABLAUF	MATERIAL	ZEIT
Plenum Einzelarbeit Plenum	a) Schreiben Sie an die Tafel: *Kindergeschichte* und *Kindheitstraum*. Markieren Sie das Fugenelement -s- und fragen Sie: *Warum gibt es bei „Kindheitstraum" ein -s-, aber bei „Kindergeschichte" nicht?* Lassen Sie die TN Hypothesen bilden und fordern Sie sie anschließend auf, die Regel durch die Aufgabe selbst herauszufinden. Die TN lesen dann die Komposita im Schüttelkasten, markieren das Fugenelement und leiten sich anschließend die Regel ab, wann es ein Fugen -s- gibt. Kontrolle im Plenum. **FOKUS GRAMMATIK:** Das Fugenelement -s- steht in Komposita nur nach bestimmten nominalen Endungen. Weisen Sie die TN auch auf die Grammatikübersicht im Kursbuch (→ S. 170/4) hin.		
Partnerarbeit Plenum	b) Die TN erstellen eine Übung für eine Lernpartnerin / einen Lernpartner wie im Kursbuch angegeben. **TIPP:** Lassen Sie die Komposita nach dem Ende der Partnerübung im Plenum vorlesen. So können Sie verhindern, dass Falsches gelernt wird, und die TN hören viele weitere Beispiele, die sich einprägen.		
Einzelarbeit	**AB 198/Ü24** Wortschatzübung zu Komposita mit *-sprache*; auch als Hausaufgabe geeignet.		
Einzelarbeit	**AB 198/Ü25** Grammatikübung zum Fugenelement *-s-*; auch als Hausaufgabe geeignet.		

SOZIALFORM	ABLAUF	MATERIAL	ZEIT
Einzelarbeit	Die TN markieren, was auf sie zutrifft.		

SEHEN UND HÖREN

1 Sehen Sie das Foto an.

SOZIALFORM	ABLAUF	MATERIAL	ZEIT
Plenum	Vor dem Öffnen des Buches: Fragen Sie die TN, ob sie ein Musikinstrument spielen, und falls ja, welches. Halten Sie die genannten Musikinstrumente mit Artikel an der Tafel fest. Ermutigen Sie die TN auch dazu, von ihren Instrumenten zu erzählen: wie sie sie „entdeckt" haben, was ihnen daran gefällt, wie oft sie sie spielen etc. Sehen Sie dann zusammen das Foto im Kursbuch an. Die TN vermuten, welche Musikrichtung zu der Band passt.		

2 Hören Sie jetzt einen Ausschnitt eines Films. Sprechen Sie.

SOZIALFORM	ABLAUF	MATERIAL	ZEIT
Gruppenarbeit Plenum	Die TN sprechen über die Fragen im Kursbuch zuerst in der Gruppe, dann im Plenum. *Lösung: Sprache: Plattdeutsch*	DVD 2/17	

LEKTION 12 SPRACHE UND REGIONEN

3 Sehen Sie den Film nun in Abschnitten an.

SOZIALFORM	ABLAUF	MATERIAL	ZEIT
Gruppenarbeit	Abschnitt 1: Die TN sehen Abschnitt 1 und besprechen in der Gruppe, wo die Szene spielt und worüber sich die Personen unterhalten. Abschnitt 2: Weisen Sie die TN darauf hin, während des Sehens auch auf die Untertitel zu achten und sie zu lesen. Danach besprechen sie, welche Art von Wettbewerb „Plattsounds" ist und warum es ihn gibt. Es schließt sich ein Austausch zur Frage an, wie den TN Plattdeutsch gefällt.	DVD 2/18–21	
Einzelarbeit Partnerarbeit	Abschnitt 3: Die TN machen sich Notizen zu den drei Stichworten. Abschnitt 4: Die TN vermuten, welche Sprache der Mann am liebsten spricht, warum das ältere Ehepaar noch einmal am Ende gezeigt wird und was wohl die Pointe des Films ist.		
Plenum	**TIPP:** Überlegen Sie sich, ob Sie die Kontrollen im Plenum zwischen den einzelnen Abschnitten machen möchten oder aber ganz am Ende nach Abschnitt 4. Jede Vorgehensweise hat ihre Vor- und Nachteile. Eventuell entscheiden Sie auch spontan, abhängig davon, wie gut die TN dem Film folgen und die Aufgaben bearbeiten können. *Lösung:* Abschnitt 1: *Die Szene spielt in Norddeutschland (Niedersachsen). Die Personen unterhalten sich auf Plattdeutsch über neue plattdeutsche Musik.* Abschnitt 2: *1 „Plattsounds" ist ein plattdeutscher Musikwettbewerb für junge Musiker zwischen 15 und 30 Jahren. „Plattsounds" ist ein Versuch zu zeigen, was mit Plattdeutsch alles möglich ist, zum Beispiel dass das Lebensgefühl junger Menschen ausgedrückt werden kann und dass es auch innovativ ist, moderne Musik auf Plattdeutsch zu machen.* Abschnitt 3: *die „Tüdelband": Musiker aus Hamburg, möchten moderne Musik mit dem traditionellen Plattdeutsch verbinden; den Wettbewerb: möchte mithilfe von modernen Medien wie Internet ein plattdeutsches Musiknetzwerk etablieren; es ist geplant, den Wettbewerb auch außerhalb Niedersachsens zu etablieren; die Internetplattform: soll ein Netzwerk werden für junge Menschen, die gerne auf Plattdeutsch Musik machen; die Internetseite ist zweisprachig (Hochdeutsch und Niederdeutsch); Bands und Musiker können ihre Audio- und Videopodcasts präsentieren und ihre Informationen austauschen.* Abschnitt 4: *Sprache: Plattdeutsch; Ehepaar: um zu zeigen, wie Musik die Generationen verbindet; Pointe: Plattdeutsch kann in jeder Musikrichtung benutzt werden, der Wettbewerb ist für alle Beiträge offen; die alte und neue Generation nähern sich einander an, indem junge Menschen (die vermehrt die regionale Varietät nicht mehr sprechen) in Dialekt singen und sich alte Menschen offen für neue Musikstilrichtungen zeigen (der alte Mann hört Heavy Metal).*		
Plenum	Kommen Sie noch einmal auf die von den TN geäußerten Vermutungen in Aufgabe 2 bezüglich des Inhalts des Films zurück. Lassen Sie sich durch Handzeichen zeigen, wer den Inhalt richtig vermutete.		

LEKTION 12 SPRACHE UND REGIONEN

4 Diskussion

SOZIALFORM	ABLAUF	MATERIAL	ZEIT
Gruppenarbeit Plenum	Nach dem Lesen des Presseberichts diskutieren die TN darüber, ob ein Musikwettbewerb eine gute Aktion ist, um eine regionale Sprache zu erhalten, und begründen ihre Meinung. Sie denken über andere Aktionen zu diesem Zweck nach und stellen sie im Plenum vor.		
Einzelarbeit	**AB 199/Ü26** Leseübung zum Thema „Kommunikation im Krankenhaus"; auch als Hausaufgabe geeignet.		

Mein Dossier

SOZIALFORM	ABLAUF	MATERIAL	ZEIT
Einzelarbeit	**AB 199/Ü27** Die TN wählen einen Ausspruch oder ein Zitat in ihrem deutschsprachigen Heimatdialekt oder einem Dialekt, den sie verstehen, und übersetzen ihn. Sie begründen, warum er ihnen gefällt und warum er zu den Sprechern des Dialekts gut passt. Wenn Sie ein Portfolio mit den TN angelegt haben, heften die TN diese Seite dazu.		

Ich kann jetzt …

SOZIALFORM	ABLAUF	MATERIAL	ZEIT
Einzelarbeit	Die TN markieren, was auf sie zutrifft.		
Plenum	**VERTIEFUNG:** Bei Interesse spielen Sie den TN deutsche Lieder vor, die mit deutlichem regionalem Einschlag oder im Dialekt gesungen werden, zum Beispiel von BAP, S.T.S. oder einer anderen regionalen Band. Drucken Sie sich aus dem Internet die Liedtexte dazu aus. Verteilen Sie sie aber erst, nachdem die TN Ihnen rückgemeldet haben, was sie vom Text bzw. Inhalt der Lieder verstanden haben.	Musik im Dialekt gesungen	

LEKTION 12 SPRACHE UND REGIONEN

AUSSPRACHE: Dialekte und Sprachvarietäten (Arbeitsbuch → S. AB 200)

1 Meine Sprache – meine Heimat

SOZIALFORM	ABLAUF	MATERIAL	ZEIT
Plenum Einzelarbeit Plenum	Zeigen Sie den TN eine Karte, die die verschiedenen deutschen Dialekte in D-A-CH zeigt. Im Internet finden Sie viele vertrauenswürdige Webseiten, die gute Übersichten über die Dialekte in den deutschsprachigen Ländern bieten. Führen Sie dann zur Aufgabe hin, indem Sie sagen, dass die TN fünf Personen aus verschiedenen deutschsprachigen Regionen hören. Die TN ergänzen die Tabelle. Kontrolle im Plenum. *Lösung: 1 Stuttgart, Schwäbisch, nur bei den Eltern; 2 Leipzig, Sächsisch, immer / in allen Lebenslagen; 3 Schladming, zu Hause (in Schladming); 4 Platt; 5 Bamberg, Fränkisch, mit Familie und Freunden* **VERTIEFUNG:** Sehen Sie gemeinsam die Karte im Kursbuch an und lassen Sie die TN die Personen auf dem Bild den Personen im Hörtext zuordnen. **TIPP:** Die deutschen Dialekte gehören zu den westgermanischen Dialekten. Es war Martin Luther, der mit seiner Bibelübersetzung zur Ausprägung einer deutschen Standardsprache beitrug, ebenso wie Johannes Gutenberg mit der Erfindung des Buchdrucks Mitte des 15. Jahrhunderts. Heute werden Dialekte mehr und mehr durch die Medien, die die Hochsprache verwenden, und Fachsprachen, aber auch durch die Mobilität der Menschen verdrängt, sodass es immer weniger Dialektsprecher gibt. Wie viele deutsche Dialekte es insgesamt gibt, ist schwer zu sagen. Manche Ortsdialekte werden in einem Umkreis von nur 30 km gesprochen. Es entstehen Vereine, deren Ziel die Dialekterhaltung ist. Auch an den öffentlichen Schulen wird der Dialekt wieder gefördert, nachdem man ihn dort jahrelang verbannt hatte. Er ist ein Teil der Kultur und wird zusehends als solcher verstanden und gefördert.	Dialekt-Karte AB-CD/33–37 *AB-CD/72-76*	

LEKTION 12 SPRACHE UND REGIONEN

2 Liebeserklärungen

SOZIALFORM	ABLAUF	MATERIAL	ZEIT
Plenum Einzelarbeit Plenum	a) Sehen Sie gemeinsam die Zeichnung an. Lesen Sie die Worte des Mannes vor und bei Bedarf auch die hochdeutsche Variante. Dann hören die TN die restlichen Sätze und notieren, was ihnen an der Aussprache auffällt. Kontrolle im Plenum. *Lösung: 1 An die Nomen wird die Verkleinerungsform -le angehängt: zum Beispiel Schatz → Schätzle, Platz → Plätzle; 2 p wird wie b ausgesprochen: zum Beispiel Sprache → Schbrache; ch wird häufig sch gesprochen: zum Beispiel isch; Wörter werden zusammengezogen: zum Beispiel für dich → fürdsch, habe dich → habdsch; eigene Dialektwörter: zum Beispiel blärrn für hinausrufen; 3 Vokale werden zu Diphthongen: zum Beispiel darf → dearf, gern → gean; ich wird i; ist wird is, d.h. einige Konsonanten fallen weg; 4 s wird zu t: zum Beispiel Süßen → Sööten, Fressen → freten, ich wird zu ick; viele Vokale werden lang gesprochen und verändern sich: zum Beispiel Leute → Lüüd, Süßen → Sööten, habe → hev, gern → geern; 5 p wird wie b ausgesprochen: zum Beispiel Peter → Beder; t am Ende eines Wortes wird zu d: zum Beispiel bist → bisd, mit → mid; ein/einmal wird zu a.* **TIPP:** Am 20. Februar ist der *internationale Tag der Muttersprache*. Anlässlich dieses Tages drucken etliche deutsche Zeitungen eine Regionalausgabe im Dialekt. Das Interessante daran ist, dass man Dialekte eigentlich nicht schreiben kann (siehe auch die Zeichnung im Kursbuch). Wenn Sie die Gelegenheit haben, besorgen Sie eine solche Zeitung, die Sie bei interessierten TN einsetzen können.	AB-CD/38 AB-CD/77	
Plenum Einzelarbeit Plenum	b) Die TN hören die Sätze noch einmal und sprechen sie nach. **TIPP:** Es kann sein, dass es einigen TN unangenehm ist, Dialekte nachzuahmen. Deshalb verfahren Sie auch hier nach dem Grundsatz der Freiwilligkeit. Ermutigen Sie die TN auch dadurch, dass Sie für eine heitere Atmosphäre bei der Bearbeitung dieser Aufgabe sorgen und bei missglückten Nachahmungsversuchen viel lachen. So können Sie manche/n TN aus der Reserve locken. **VERTIEFUNG:** Wenn Sie einen Kurs in einem deutschsprachigen Land unterrichten, haben Ihre TN sicher schon über Schwierigkeiten mit dem regionalen Dialekt berichtet, den sie nur schwer verstehen. Fordern Sie die TN auf, Dialektsprechende in ihrer Umgebung aufzunehmen, zum Beispiel Nachbarn, Freunde etc. Diese Aufnahmen können Sie im Kurs hören und bearbeiten, indem Sie eine „Übersetzung" erstellen und wie in Aufgabe 2 verfahren. Sobald die TN die grundlegenden Ausspracheprinzipien des Dialekts nachvollziehen können und ihn deshalb besser verstehen, erleichtert das ihren Alltag enorm.	AB-CD/38 AB-CD/77 Aufnahmegerät	

LEKTION 12 SPRACHE UND REGIONEN

LERNWORTSCHATZ (Arbeitsbuch → S. AB 201)

SOZIALFORM	ABLAUF	MATERIAL	ZEIT
Einzelarbeit	**LERNSTRATEGIE-TIPP:** Am Ende des B2-Bandes sollten die TN ihren Wortschatz bereits so weit ergänzt haben, dass sie Gespräche oder Vorträge in unterschiedlichsten Situationen selbstbewusst und ohne größere Probleme bewerkstelligen können. Trotzdem werden sie auch in Unterhaltungen auf diesem Sprachniveau immer wieder mit umgangssprachlichen und regional unterschiedlichen Ausdrücken oder Wörtern konfrontiert werden. Häufig lassen sich diese nicht (so leicht) in Wörterbüchern finden. Geben Sie den TN deshalb den Tipp, immer ein kleines Vokabelheft bei sich zu tragen, in dem sie ausschließlich diese Ausdrücke sowie Wörter und ihre Entsprechungen, eventuell auch mit Hinweisen, in welchen Situationen sie verwendet werden, notieren. So erstellen sie sich sukzessive ihr individuell auf ihre deutsche/österreichische/Schweizer Region zugeschnittenes Wörterbuch, das ihnen die Kommunikation im Alltag sehr erleichtern wird.		

LEKTIONSTEST 12 (Arbeitsbuch → S. AB 202)

SOZIALFORM	ABLAUF	MATERIAL	ZEIT
Einzelarbeit	Mithilfe des Lektionstests haben die TN die Möglichkeit, ihr neues Wissen in den Bereichen Wortschatz, Grammatik und Redemittel zu überprüfen. Wenn die TN mit einzelnen Bereichen noch Schwierigkeiten haben, können Sie gezielt einzelne Module wiederholen.		

REFLEXION DER LEKTION

SOZIALFORM	ABLAUF	MATERIAL	ZEIT
Einzelarbeit Plenum	Nach der Methode **Bitte drei** (Glossar → S. 150) reflektieren die TN noch einmal die Lektion. Sie geben die Kategorien vor, zu denen die TN je drei Sätze oder Beispiele schreiben: *Nachfragen, Gewanderte Wörter, den eigenen Standpunkt darlegen, Argumente zurückweisen, Einwände formulieren*. Bereiten Sie dazu entsprechende Arbeitsblätter vor. Die TN sollen möglichst ohne Kursbuch oder andere Materialien arbeiten und sich nur auf ihr Gedächtnis verlassen. Geben Sie deshalb zur Vorbereitung die Hausaufgabe auf, die Redemittel der Lektion noch einmal anzusehen. Es erfolgt ein Vergleich der Sätze bzw. Beispiele im Plenum.	individuelle Arbeitsblätter	

LEKTION 12 SPRACHE UND REGIONEN

REFLEXION DES LEHRWERKES

SOZIALFORM	ABLAUF	MATERIAL	ZEIT
Gruppenarbeit Plenum	Wiederholen Sie die Lerntipps des Kursbuches. Dazu teilen Sie die TN in Gruppen von drei bis vier TN. Die Gruppen blättern durch das Kursbuch und notieren in Stichpunkten den Inhalt aller Lerntipps (S. 92, 95, 98, 108, 128, 140, 141, 154) auf jeweils ein Kärtchen. Sammeln Sie die Lerntipps auf den Kärtchen nach der Gruppenarbeit ein und verteilen Sie sie auf einem großen Tisch, um den alle herumstehen. Wählen Sie zu jedem Tipp die Stichpunkte aus, die am treffendsten sind, besprechen Sie sie noch einmal und hängen Sie dann die ausgewählten Tipps im Kursraum auf. Die aussortierten Kärtchen können Sie wegwerfen. **VERTIEFUNG:** Lassen Sie die TN bestimmen, wie wichtig für sie die Lerntipps sind, indem Sie zum Beispiel darüber abstimmen lassen. Der wichtigste Lerntipp hängt oben (zum Beispiel an der Wand), die anderen in der Reihenfolge, die die TN wählen, darunter. Auf diese Weise identifizieren sich die TN persönlich mit den Lerntipps, was zum besseren Einprägen beiträgt.	Kärtchen	
Einzelarbeit Partnerarbeit	**VERTIEFUNG:** Die Kopiervorlage zu Lektion 12/2 ist ein Quiz mit Fokus auf die Redemittel des gesamten Kursbuches. Jeder TN erhält eine Kopie. Die TN lesen die Situation und notieren sich zunächst allein entsprechende Sätze dazu. Betonen Sie, dass es ganze Sätze sein sollen und dass die Arbeit mit dem Kursbuch erwünscht ist. Weisen Sie die TN auch auf die Übersicht „Wichtige Redemittel / Kommunikation" im Anhang hin. Auf diese Weise wiederholen die TN garantiert die Redemittel des Kursbuches. Haben die TN ihre individuellen Antworten notiert, vergleichen und besprechen sie Aufgabe für Aufgabe mit ihrer Lernpartnerin / ihrem Lernpartner. Gehen Sie herum und helfen Sie bei Schwierigkeiten.	Kopiervorlage 12/2	
Partnerarbeit Plenum	**VERTIEFUNG:** Nach Abschluss von Lektion 12 ist der richtige Zeitpunkt gekommen, um die Portfoliomappen zur Hand zu nehmen und durchzusehen. Falls Sie keine angelegt haben, bringen die TN ihre Arbeiten zu „Mein Dossier" mit und sehen sie noch einmal an: ihre eigenen und die der anderen TN. Wenden Sie dazu die Methode **Kursausstellung (Glossar → S. 153)** an. Fragen Sie die TN: *Können Sie eine sprachliche Entwicklung anhand Ihrer Dossiers feststellen?*		

LEKTION 12 SPRACHE UND REGIONEN

Plenum	**VERTIEFUNG:** Falls Sie es nicht schon zwischendurch getan haben, ist jetzt die beste Gelegenheit, die Umschläge aus der **Wiederholungskiste** (Glossar → S. 157) auszupacken und den TN entsprechend ihrer Bedürfnisse die Möglichkeit zur Wiederholung zu geben. **TIPP:** Organisieren Sie die Wiederholung nach der Methode **Zirkellernen** (Glossar → S. 157). Bauen Sie dazu Lernstationen auf. An jede Lernstation legen Sie die Umschläge aus der **Wiederholungskiste** (Glossar → S. 157) zu einem Thema. Erklären Sie vor Beginn der Übung, an welcher Station welche Themen liegen. Die TN gehen dann zu der Lernstation, deren Inhalt sie wiederholen bzw. intensivieren möchten. Eine Lernstation gestalten Sie zum Beispiel, indem Sie einen Tisch mit vier Stühlen zusammenstellen und etwas von den anderen Tischen abrücken. Diese Gestaltung der Wiederholung gibt Ihnen die Möglichkeit zu sehen, ob es noch Themen gibt, bei denen viele TN Wiederholungsbedarf haben oder nicht. Gibt es „überfüllte" Lernstationen, sollten Sie deren Inhalte im Fortsetzungskurs noch einmal wiederholen.	Wiederholungskiste	
Plenum	**VERTIEFUNG:** Bei der Methode **Satz um Satz** (Glossar → S. 155) schreiben die TN die Fortsetzung eines Textes. Dazu nehmen Sie zum Ende der Arbeit mit diesem Kursbuch ein Blatt hochkant, schreiben als Überschrift *Mein Deutschkurs* darauf und geben folgenden Arbeitsauftrag: *Schreiben Sie in einem Satz, wie Sie unseren Deutschkurs fanden und fügen Sie eine Begründung an.* Geben Sie dann das Blatt an einen TN weiter. Dieser schreibt einen Satz dazu und reicht das Blatt an die/den nächsten TN weiter, die/der wiederum einen Satz schreibt und das Blatt so umknickt, dass nur noch ein Satz, nämlich ihrer/seiner, zu sehen ist. So geht es reihum weiter, bis alle TN ihren Satz geschrieben haben. Am Ende entfalten Sie das Blatt und lesen vor, was die TN geschrieben haben. In der Regel gibt es viel zu lachen. Gleichzeitig können Sie dem Text viele Informationen entnehmen, eventuell auch Kritik, die Sie in den Folgekurs einfließen lassen können.	Blatt Papier	

KOPIERVORLAGE LEKTION 7/1

MEMO-SPIEL: NOMEN MIT PRÄPOSITIONEN

Kopieren Sie die Vorlage für jede Gruppe und zerschneiden Sie die Karten an den angegebenen Stellen.

Beziehung	Vertrauen	Verständnis	Wut	Respekt
Vorstellung	Verabredung	Unterhaltung	Freude	Trennung
Interesse	Wunsch	Gewöhnung	Streit	Antwort
Protest	Bitte	Dank	Verhältnis	Erzählung

zu	zu	für	auf	vor
gegen	zu	von	mit	über
über	von	um	von	an
nach	an	zwischen	auf	für

SPIEL: GENERALISIERENDE RELATIVSÄTZE

Kopieren Sie die Vorlage für jede Gruppe und zerschneiden Sie die Karten an den angegebenen Stellen.

Wer verliebt ist,	möchte unbedingt heiraten.
Wer sich scheiden lässt,	muss mit hohen Kosten rechnen.
Wer sich trennen will,	hat sich diese Entscheidung genau überlegt.
Wem die Ehe nicht gefällt,	der kann sich scheiden lassen.
Wer ohne Trauschein leben möchte,	lebt genauso glücklich.
Wem Sicherheit wichtig ist,	der wird sich einen reichen Partner suchen.
Wer auf der Hochzeit war,	war begeistert von dem frisch verheirateten Paar.
Wer im Alltag keinen Partner findet,	der versucht, jemanden in Online-Partnerbörsen zu finden.
Wer bei einem Speed-Dating war,	kann viel erzählen.
Wem der Mut zur Heirat fehlt,	verliert manchmal seinen Partner.
Wer geschieden ist,	heiratet nicht so einfach noch einmal.
Wer verliebt ist,	hat Schmetterlinge im Bauch.
Wer sich liebt,	der schenkt sich etwas zum Valentinstag.
Wem man ein Leben lang vertrauen will,	den muss man sorgfältig auswählen.
Wer gerade frisch geschieden ist,	ist oft traurig.

SPIEL: KONZESSIVE ZUSAMMENHÄNGE

Sie brauchen pro Mitspieler eine Spielfigur und mindestens einen Würfel pro Gruppe. Stellen Sie die Figuren auf „Start". Die/Der Jüngste beginnt. Sie würfeln, ziehen und lesen, was auf Ihrem Feld steht. Versuchen Sie dann, einen Satz mit einem der Wörter in der Spielfeldmitte zu bilden.
Beispiel: *Leni hat ihre Mikrowelle verkauft.*
→ *trotz* → *Trotz des Verkaufs der Mikrowelle hat Leni nicht genug Geld.*
→ *obwohl* → *Leni hat ihre Mikrowelle verkauft, obwohl sie sie oft benutzt hat.*
Ist der Satz korrekt, dürfen Sie auf dem Feld stehen bleiben. Dann kommt die/der nächste TN an die Reihe. Ist der Satz nicht korrekt, helfen die anderen TN, und Sie müssen auf das Ausgangsfeld zurückgehen. Wer als Erster im Ziel ist, hat gewonnen.

Start/Ziel	Tomaten sind aromatisch.	Ich esse Erdbeeren immer vom Strauch.	Eva bringt das Gemüse in die Abfalltonne.	Veganer verzichten auf Vielfalt.
Nutztiere müssen ein gesundes Leben führen können.				Der Salat ist nicht genießbar.
Ich muss immer Kartoffeln schälen.	obwohl	selbst wenn		Die Vielfalt im Supermarkt ist gigantisch.
Unser Organismus bekommt genug Mineralstoffe.	auch wenn	dennoch		Massentierhaltung ist notwendig.
Unsere Familie leistet sich manchmal Rindfleisch.	trotz	trotzdem		Meine Tante interessiert sich für exotischen Fisch.
Renate kauft Billigfleisch.	selbst bei	auch bei		Mit Fisch muss man hygienisch umgehen.
Kohlenhydrate machen dick.	Heute räumt er seinen Kühlschrank aus.	Zitronen haben sehr viel Vitamin C.	Wir konsumieren zu viel Fett.	Er weist sie immer auf den Ablauf des Verfallsdatums hin.

KOPIERVORLAGE LEKTION 9

REDEMITTEL BENUTZEN

Kopieren Sie die Vorlage für jede Gruppe und schneiden Sie wie angegeben Kärtchen aus.

Da stimme ich dir zu, weil /denn …

Ich bin ganz deiner Meinung, weil …

… ist mir auch sehr wichtig/…, weil …

Mir wäre … auch am liebsten.

In diesem Punkt kann ich (dir) leider nicht zustimmen, denn …

In diesem Punkt bin ich anderer Meinung, weil …

… ist nicht so wichtig/… für mich, weil …

Ich bin nicht sicher, ob ich das richtig verstanden habe.

Kannst du das genauer erklären?

Was genau sind deine Vorstellungen in Bezug auf …?

Studieren ist Unsinn.

Um erfolgreich zu sein, braucht man viel Glück.

Studenten in Deutschland haben zu viel Geld.

Die Lebenshaltungskosten in Deutschland sind für alle zu hoch.

Das Traumstudium überhaupt ist Betriebswirtschaft.

Warum Hausarbeiten selbst schreiben? Es gibt sie kostenlos im Internet.

Auf dem Campus findet man die Frau / den Mann fürs Leben.

Umzugshelfer ist der beste Studentenjob.

Die beste Universität ist die mit den renommiertesten Wissenschaftlern.

Seminare mit maximal zehn Teilnehmern sind die besten.

Die Studentenzeit ist die glücklichste im Leben.

KOPIERVORLAGE LEKTION 10/1

SPIEL: SCHNÄPPCHEN-BEGRIFFE RATEN

Kopieren Sie die Vorlage und zerschneiden Sie die Kärtchen an den angegebenen Stellen. Verteilen Sie je ein Set pro Gruppe.

Mogelpackung	Schnäppchen	Rabatt
betrügen	billig	Prozent
mehr	günstig	günstig
viel	wenig	billig
wenig	Geld	reduzieren
Enttäuschung	Flohmarkt	Sonderangebot

Jagd	Gutschein	Enttäuschung
Wald	Geburtstag	traurig
Hund	kein-	wütend
Schnäppchen	Idee	Geschenk
suchen	Geschenk	öffnen
finden	kaufen	Schnäppchen

limitiert	Angebot	Werbung
begrenzt	günstig	Radio
Zahl	billig	Fernsehen
Stück	teuer	Zeitung
wenig	Sonder-	Zeitschrift
viele	Schnäppchen	Rabatt

sparen	Aktion	Gewinn
Geld	Rabatt	Profit
haben	Sonder-	Geld
ausgeben	Werbung	mehr
Sparkonto	Angebot	haben
Sparschwein	Schnäppchen	Firma

ausverkauft	unschlagbar	Fachmann
weg	toll	Experte
leer	einmalig	Geschäft
limitiert	günstig	reparieren
spät	billig	Frau
langsam	Angebot	Schule

SPIEL: ROULETTE MIT PASSIVSÄTZEN UND ALTERNATIVEN ZUM PASSIV

Richtig oder falsch? Sie entscheiden und setzen 2, 4 oder 6 Punkte auf den Satz.

1	Sonnenblumen lassen sich auf einem Blumenfeld gut anpflanzen.	P
2	Die Felder werden vor neun Jahren eröffnet.	P
3	Im Sommer muss nur nach dem Rechten gesehen werden.	P
4	Es sind nur 25 Cent pro Dahlie bezahlbar.	P
5	Blumen werden als Mitbringsel immer gern besorgt.	P
6	Es werden die Felder nur im Frühling und Sommer bewässert.	P
7	Der Geldbetrag ist in eine Büchse zu werfen.	P
8	Blumen werden lieber auf dem Feld als im Laden gekauft.	P
9	Rote Rosen sind heute kaum noch bezahlbar.	P
10	Wer weiß, mit welchem Gift importierte Blumen behandelt worden, bevor sie hierher kommen?	P
11	Wegen des Gifts ist es nicht zu empfehlen, an diesen Rosen zu riechen.	P
12	Es werden die Blumen in Gärtnereien viel teurer verkauft als auf Feldern.	P
13	Kunstblumen lassen sich vor allem an ältere Leute gut verkaufen.	P
14	Ein dicker bunter Strauß ist für 15 Euro auf dem Feld zu bekommen.	P
15	Im Blumenladen ist so ein Strauß für 50 Euro erhältlich.	P

INDEFINITPRONOMEN

Kopieren Sie die Vorlage für jede Gruppe und schneiden Sie wie angegeben Kärtchen aus.

man	irgendetwas	irgendjemand	jemanden
irgendetwas	niemandem	keiner	irgendwelche
irgendetwas	keinen	man	nichts

Eine Patientin in der Klinik erzählt:

1 Hier in der Klinik behandelt _____ uns sehr gut.

2 Wenn _____ ist, brauche ich nur zu klingeln und _____ vom Pflegepersonal ist schon da.

3 Manchmal können meine Angehörigen nicht kommen, aber ich habe immer _____ zum Reden.

4 Die Schwestern und Pfleger haben immer _____ zu erzählen.

5 _____ von uns Patienten fällt es leicht, hier zu sein.

6 Aber _____ von uns hat die Wahl: Wir wollen gesund werden, also bleiben wir hier.

7 Und die Medikamente … Jeder von uns muss _____ nehmen, die hoffentlich auch _____ bewirken.

8 Ich kenne _____, der das gerne macht: Tabletten nehmen, Spritzen bekommen …

9 Der Punkt ist: _____ muss das Beste daraus machen.

10 Also, alles in allem ist es sehr gut hier. Ich kann die Klinik zweifellos empfehlen. Auch wenn _____ über das eigene Zuhause geht.

SPIEL: MODALE ZUSAMMENHÄNGE

Kopieren Sie die Vorlage für jede Gruppe und schneiden Sie wie angegeben Kärtchen aus.

dadurch, dass	man – mit dem Rauchen aufhören	man – sein Leben verlängern können
indem	Sie – schnell zum Arzt gehen	Sie – eine Verschlimmerung der Beschwerden verhindern können
ohne dass	alternative Therapien – sich oft bewährt haben	die Schulmedizin – eine Erklärung dafür haben
ohne … zu	übertreiben wollen	Dr. Schwaiger – der beste Arzt sein
anstatt dass	du – starke Kopfschmerztabletten nehmen	du – spazieren gehen können
anstatt … zu	die teure Therapie zahlen	Sie – sich nach verschiedenen Therapiemöglichkeiten umsehen
durch + Akk.	ein Zuschuss der Krankenkasse	die Behandlungskosten – sinken
ohne + Akk.	kostspielige Forschung	keine neuen Medikamente entwickeln können
statt + Gen.	Medikamente mit starken Nebenwirkungen	man – immer häufiger alternative Heilmethoden ausprobieren

ERWEITERTES PARTIZIP

Kopieren Sie die Vorlage für jedes Lernpaar und zerscheiden Sie sie wie angegeben.

Gruppe A

1 Der _____ (große Verluste aufführen) Geschäftsbericht ist kein Grund, stolz zu sein.

2 Lösung: in Berlin sitzende

3 Die _____ (komplett verschlucken) Silben der Dialekte sind für Hochdeutsch _____ (sprechen) Personen eins der größten Hindernisse beim Verstehen.

4 Lösung: täglich zurückgelegten

5 Der _____ (an der großen Herausforderung scheitern) Sportler war frustriert.

6 Lösung: als unglaubliche Provokation bezeichnete

7 Das in Deutschland _____ (unter Jungen am meisten verbreiten) Hobby ist Fußball.

8 Lösung: wunderschön gemaltes

9 Leider muss ich den _____ (gestern ausmachen) Termin wieder absagen.

10 Lösung: zum Geburtstag eingeladenen

✂ -

Gruppe B

1 Lösung: große Verluste aufführende

2 Der _____ (in Berlin sitzen) Konzern macht weltweit große Gewinne.

3 Lösung: komplett verschluckten; sprechende

4 Die _____ (täglich zurücklegen) Etappen betrugen ca. 20 Kilometer.

5 Lösung: an der großen Herausforderung gescheiterte

6 Die _____ (als unglaubliche Provokation bezeichnen) Aktion war spektakulär.

7 Lösung: unter Jungen am meisten verbreitete

8 Es geht nichts über ein _____ (wunderschön malen) Porträt.

9 Lösung: gestern ausgemachten

10 Den _____ (zum Geburtstag einladen) Freund meines Sohnes kenne ich gut.

ZU REFLEXION DES LEHRWERKS/12

KOPIERVORLAGE LEKTION 12/2

WIEDERHOLUNGSSPIEL

Kopieren Sie die Vorlage für jeden TN einmal.

ZIEL

10 Ihre Lernpartnerin / Ihr Lernpartner möchte ihre/seine Tochter in einen zweisprachigen Kindergarten schicken. Nennen Sie ihr/ihm drei Vorteile und drei Nachteile.

9 Sie haben gehört, dass Yoga bei Rückenschmerzen hilft. Fragen Sie nach. Notieren Sie vier Fragen.

8 Ihre Lernpartnerin / Ihr Lernpartner hat Rückenschmerzen. Geben Sie ihr/ihm Tipps zur Schmerzlinderung. Notieren Sie mindestens vier Tipps.

7 Sie haben Bauchschmerzen. Beschreiben Sie dem Arzt Ihre Beschwerden in mindestens vier Sätzen.

6 Berichten Sie über einen Zeitungsartikel, der Sie beeindruckt hat. Schreiben Sie eine kurze Zusammenfassung des Artikels.

5 Eine Freundin / Ein Freund möchte einen 24-Stunden-Bügelservice anbieten. Stellen Sie drei kritische Fragen zu ihrer/seiner Geschäftsidee.

4 Berichten Sie über Ihren Ferienjob. Beschreiben Sie die Tätigkeit und geben Sie Auskunft über die Verdienstmöglichkeiten.

3 Sie haben Käse gekauft. Zu Hause sehen Sie, dass das Mindesthaltbarkeitsdatum am nächsten Tag erreicht ist. Sie bringen ihn zurück. Was sagen Sie dem Verkäufer?

2 Berichten Sie über ein typisches Gericht aus Ihrer Heimat. Schreiben Sie mindestens fünf Sätze.

1 Sie möchten Ihre Meinung zum Statement „Fernbeziehungen sind die besten" schriftlich formulieren. Was schreiben Sie? Notieren Sie drei Möglichkeiten.

START

TEST LEKTION 7

Name: _____

1 WORTSCHATZ

Was passt? Ergänzen Sie in der richtigen Form.

alleinerziehend • beiläufig • Verhältnis • Konstellation • Single • akzeptieren • Patchwork • bikulturell • Sicht • Lebensform

Liebe Caroline,

stell Dir vor, ich bin jetzt schon neun Monate kein _____ (1) mehr! Endlich habe ich einen wunderbaren Mann kennengelernt: Robert ist _____ (2), wie ich auch. Er kommt aus den USA, sodass ich jetzt eine _____ (3) Beziehung habe – wer hätte das gedacht? Gestern hat er mich wie _____ (4) gefragt, ob wir nicht zusammenziehen wollen. Ich bin überglücklich! Also werde ich in naher Zukunft „Mutter" einer bunten _____ (5)-Familie sein, Robert bringt drei Kinder mit und meine beiden Kleinen dazu. Das gibt eine interessante _____ (6)! Aus meiner _____ (7) das Beste, was mir seit Langem passiert ist. Mein _____ (8) zu seinen Jungs ist sehr gut und sie _____ (9) meine kleinen Monster ohne Wenn und Aber. Ich freue mich sehr auf unsere neue _____ (10), auf viel Leben im Haus und natürlich auf meinen Traummann ☺! Ich rufe Dich in den nächsten Tagen mal an.

Alles Liebe,
Antonia

_____ / 5

2 GRAMMATIK

a Was passt? Ordnen Sie zu.

1	Die Gewöhnung	auf	gescheiterte Ehen möchte ich nicht führen.
2	Eine Unterhaltung	zu	die neue Familienkonstellation ist nicht einfach.
3	Seine Wut	an	die Exfrau ist noch groß.
4	Ich habe kein Interesse	über	den Kindern meines neuen Freundes ist wunderbar.
5	Die Beziehung	an	einer Fernbeziehung.

_____ / 5

b Indirekte Rede: Renate hat einen Liebesbrief bekommen und erzählt ihrer Freundin davon. Was ist richtig? Markieren Sie.

Er schreibt:

... Du bist so wunderbar. So eine fröhliche Frau habe ich lange nicht mehr kennengelernt. Da war von Anfang an ein Zauber zwischen uns. Ich kann mir schon jetzt eine gemeinsame Zukunft mit Dir vorstellen ...

Renate erzählt ihrer Freundin:
Er schreibt, ich ☐ wäre ☐ sei ☐ seie (1) wunderbar.
So eine fröhliche Frau ☐ hat ☐ hätte ☐ habe (2) er lange nicht mehr kennengelernt.
Er findet auch, von Anfang an ☐ sei ☐ wäre ☐ war (3) ein Zauber zwischen uns gewesen.
Und er ☐ könnte ☐ könne ☐ konnte (4) sich jetzt schon eine gemeinsame Zukunft mit mir vorstellen ...

_____ / 4

TEST LEKTION 7

c Schreiben Sie generalisierende Relativsätze.

1 Wer – gleich – Begriff „Stiefmutter" – den – die böse Stiefmutter – an – hört – in Märchen – denkt.

2 der – fehlt – in – Partner – das Vertrauen – den – Wem – muss – an seiner Beziehung – arbeiten.

3 Distanz – Wen – einer – Fernbeziehung – stört – in – die – der – umziehen – muss.

_____ / 3

d Bilden Sie Sätze mit *je ... desto/umso*.

1 groß – die Sehnsucht – sein / schwierig – eine Fernbeziehung – sein

2 hoch – die Scheidungsrate – sein / viel – Alleinerziehende – geben – es

3 romantisch – die Liebesbriefe – sein / groß – die Erwartungen – sein

_____ / 3

3 KOMMUNIKATION

Schreiben Sie einem Freund eine E-Mail zum Thema „Familien" in Ihrer Stadt. Formulieren Sie die angegebenen Informationen so um, dass Ihre Sätze keine Zahlen mehr enthalten. Verwenden Sie dazu die bekannten Redemittel.

	vor hundert Jahren	heute
1	über 4 Personen pro Haushalt	weniger als 2
2	3 % Scheidungen	35 % Scheidungen
3	1 % uneheliche Geburten	45 % uneheliche Geburten
4	2 % Alleinerziehende	26 % Alleinerziehende
5	11 % Ein-Personen-Haushalte	68 % Ein-Personen-Haushalte

Hallo Paolo,
ich hab mir mal die Zahlen zum Thema „Familien" in meiner Stadt angesehen.
Vor hundert Jahren ...

_____ / 10

Insgesamt _____ / 30

richtige Lösungen	Note	richtige Lösungen	Note
30 – 27	sehr gut	18 – 15	ausreichend
26 – 23	gut	14 – 0	nicht bestanden
22 – 19	befriedigend		

TEST LEKTION 8

Name: _____

1 WORTSCHATZ

Was ist richtig? Markieren Sie.

Forum

Hallo zusammen!
Als ich gestern im Supermarkt vor dem Regal mit Milchprodukten stand, habe ich mich gefragt: Wer braucht denn solch eine *Tendenz/Vielfalt* (1) an Joghurts? Was für *ein Widerspruch / eine Verschwendung* (2)! Drei oder vier Sorten ohne künstliche *Aromen/Aromata* (3) sind mehr als genug. Noch schlimmer finde ich die grausame *Massentierhaltung/Erzeugung* (4), vor der wir *meines Erachtens / meiner Meinung* (5) alle die Augen verschließen. Viel gesünder ist *aromatisches/prickelndes* (6) Gemüse, am besten *schlüssig/roh* (7). Also, Leute, für mich ist klar: Solche Supermärkte sind für mich in Zukunft *vermeidbar/tabu* (8). Ich kaufe nur noch im Bioladen um die Ecke ein. Da habe ich ein gutes *Geschäft/Gewissen* (9), auch da gibt es Produkte, die *lecker/genießbar* (10) sind. Wer die Adressen möchte – schickt mir eine Mail.

Eure Jenny

_____ / 5

2 GRAMMATIK

a Schreiben Sie Sätze mit *sollen*.

1 Es wird behauptet, dass hoher Fleischkonsum sehr ungesund ist.
_____

2 Laut einer Statistik des Genuss-Magazins leben Veganer länger.
_____

3 Ich habe gelesen, dass viele Supermärkte der Bitte um Essensspenden nachgekommen sind.
_____

4 Wie die FS-Zeitung behauptet, leben wir in einem Überfluss wie nie zuvor.
_____

5 Die Anzahl der Bio-Bauernhöfe hat sich angeblich verdoppelt.
_____

_____ / 5

b Bilden Sie das passende Nomen.

1 verpacken → die _____
2 verzehren → der _____
3 zunehmen → die _____
4 verfolgen → der _____
5 schälen → das _____
6 vernichten → die _____
7 verzichten → der _____
8 ablaufen → der _____
9 genießen → der _____
10 brauchen → der _____

_____ / 5

TEST LEKTION 8

c Konditionale und konzessive Zusammenhänge: Ordnen Sie zu.

sofern • bei • selbst wenn • trotzdem • trotz

1 Ich kaufe keine Tomaten aus dem Supermarkt mehr. Denn meine Erfahrung ist leider: _____ sie lecker aussehen, schmecken sie nach nichts.

2 Es passiert mir leider immer wieder, dass ich Lebensmittel _____ aller Planung in die Abfalltonne werfe.

3 _____ Interesse schicke ich Ihnen das Rezept gerne zu.

4 Kartoffeln gibt es an jeder Ecke zu kaufen. _____ habe ich immer gern einen Vorrat im Keller.

5 _____ Sie uns Ihre E-Mail-Adresse mitteilen, beantworten wir Ihre Beschwerde sofort.

_____ / 5

3 KOMMUNIKATION

Wenden Sie sich an den Bürgermeister Ihrer Stadt, um ihn über Ihr Projekt: „Keine Verschwendung von Lebensmitteln" zu informieren. Gehen Sie auf jeden der fünf Punkte ein. Verwenden Sie dazu die bekannten Redemittel.

- Idee vorstellen: zu viele Supermärkte werfen noch essbare Lebensmittel weg
- Termine in Supermärkten der Region vereinbaren
- Angebot: Lebensmittel 1x pro Woche abholen, die Supermarkt wegwerfen würde, und an Bedürftige kostenlos verteilen
- Erstellen einer Broschüre zum Thema „Lebensmittelverschwendung", um viele Menschen zu erreichen
- nach der Meinung des Bürgermeisters fragen

Sehr geehrter Herr Bürgermeister,
wir wollen Ihnen heute unser Projekt „Keine Verschwendung von Lebensmitteln" vorstellen: ...

_____ / 10

Insgesamt _____ / 30

richtige Lösungen	Note	richtige Lösungen	Note
30 – 27	sehr gut	18 – 15	ausreichend
26 – 23	gut	14 – 0	nicht bestanden
22 – 19	befriedigend		

TEST LEKTION 9

Name: _____

1 WORTSCHATZ

Was passt? Ergänzen Sie in der richtigen Form.

> mühelos • rund • Gelände • eine Karriere einschlagen • Lehrveranstaltung •
> verfügen über • Mensa • Lust wecken auf • ablegen • Hörsaal

Liebe Mama, lieber Papa,

endlich komme ich mal dazu, mich bei euch zu melden. Mein Austauschsemester läuft soweit ganz gut. Den _____ (1) kann ich _____ (2) folgen, gar kein Problem. Aber: Die _____ (3) sind mit _____ (4) 150 Studenten pro Veranstaltung komplett überfüllt. Ich weiß gar nicht, wie so viele Studenten gleichzeitig eine schriftliche Prüfung _____ (5) sollen.
Zur Uni gehört noch ein großes _____ (6), das sogar _____ einen großen Park _____ (7). Das leckere Essen hier in Madrid – nicht das in der _____ (8) natürlich – hat meine _____ einen Kochkurs _____ (9), den ich jetzt immer samstags besuche. Wer weiß, vielleicht _____ ich doch noch eine ganz andere _____ (10) und werde Sterneköchin mit eigenem Restaurant? Jetzt muss ich schnell zur Vorlesung, ich ruf bald mal an.
Alles Liebe
Eure Pia

_____ / 5

2 GRAMMATIK

a Verbinden Sie die Sätze.

1 Der Ferienjob ist toll. Ich will ihn nächstes Jahr wieder machen. (derartig … dass)
_____

2 Die Lebenshaltungskosten sind für viele Studenten hoch. Sie müssen arbeiten. (infolge)
_____

3 Das International Office organisiert Wohnungen für Austauschstudenten. Sie können sich ganz auf das Studium konzentrieren. (sodass)
_____

4 Die Fachbereiche wachsen immer schneller. Die Universitäten benötigen mehr Dozenten. (infolgedessen)
_____

_____ / 4

TEST LEKTION 9

b Welches Verb passt? Markieren Sie.

1 Nächstes Jahr muss ich unbedingt meine PC-Kenntnisse ☐ gewinnen ☐ erweitern ☐ haben.
2 So eine Tätigkeit ☐ kommt ☐ stellt ☐ hinterlässt für mich nicht infrage.
3 Der Neue hat wirklich einen sehr guten Eindruck ☐ hinterlassen ☐ gehabt ☐ vertiefen.
4 Welchen Eindruck hast du von ihm ☐ geknüpft ☐ gemacht ☐ gewonnen?
5 Für diese Aktion ☐ treffe ☐ übernehme ☐ stelle ich keine Verantwortung!

_____ / 5

c Bilden Sie Adjektive, die das Gegenteil bedeuten.

1 mühevoll → _____
2 kritisch → _____
3 relevant → _____
4 verbal → _____
5 verständlich → _____
6 typisch → _____
7 interessiert → _____
8 real → _____

_____ / 8

3 KOMMUNIKATION

Reagieren Sie auf die folgenden Bewertungen positiv (+) oder negativ (-) und begründen Sie Ihre Antwort. Verwenden Sie dazu die bekannten Redemittel.

1 Für mich ist der Freizeitwert der Universitätsstadt sehr wichtig. (+)
2 Den Zinssatz der Studienkredite finde ich sehr hoch. (-)
3 Reiche Eltern wären das Beste. (+)
4 Die technische Ausstattung der Uni ist mir sehr wichtig. (-)

1 _____
2 _____
3 _____
4 _____

_____ / 8

Insgesamt _____ / 30

richtige Lösungen	Note	richtige Lösungen	Note
30 – 27	sehr gut	18 – 15	ausreichend
26 – 23	gut	14 – 0	nicht bestanden
22 – 19	befriedigend		

TEST LEKTION 10

Name: _____

1 WORTSCHATZ

Am Telefon: Ergänzen Sie in der richtigen Form.

einen Beruf ausüben • nach dem Rechten sehen • Jagd • knifflig • über den Kopf wachsen • Phänomen • in Anspruch nehmen • flitzen • im Trend liegen • Programmierung

Hallo, mein Name ist Sina Baumer. Ich habe Ihre Anzeige in der Zeitung gelesen. Sie sind der „Alleskönner", der immer zu Hilfe kommt, richtig? Ich möchte Ihren Service gern _____ (1). Es ist so: Die Pflege meines Grundstücks ist mir _____ (2). Ich habe wenig Zeit, wissen Sie, ich _____ anstrengenden _____ (3). Jemand muss für mich die Bäume schneiden und Rasen mähen. Die Wandfarbe in meinem Wohnzimmer _____ auch nicht mehr _____ (4). Können Sie es orange mit gelben Punkten streichen? Ein besonderes _____ (5) gibt es noch im Haus: Die _____ (6) der elektrischen Jalousien ... die ist etwas _____ (7), manchmal funktionieren sie, manchmal nicht. Das schaffen Sie doch alles in 24 Stunden, oder? Und dann brauche ich jemanden, der im Keller mal _____ (8). Ich glaube, da ist eine Mäuse-_____ (9) nötig, ich höre sie nämlich _____ (10). Hallo, sind Sie noch da? Hallo ... hallo ...

_____ / 5

2 GRAMMATIK

a Ergänzen Sie die Adjektive mit -lich oder -bar in der richtigen Form und, wo nötig, mit der Negation.

1 Sagen Sie, ich habe hier ein echt _____ (lösen) Problem. Können Sie mir helfen?
2 Nein, dieser Vierbeiner ist nicht _____ (kaufen), für kein Geld der Welt.
3 Diese gelb-blauen Hemden sind leider nicht mehr _____ (erhalten).
4 Als er mir so zugelächelt hat, das war ein _____ (beschreiben) Gefühl!
5 Es ist mir _____ (erklären): Die Unterlagen lagen doch da auf dem Tisch. Ganz sicher.
6 Grundstücke in Hamburg sind _____ (bezahlen) geworden. Wir können uns leider nur eine Wohnung leisten.
7 Mit diesem lila-gelben Logo wird unser Café _____ (verwechseln)!
8 Seine Enttäuschung ist _____ (verstehen). Wer will denn so eine Mogelpackung?
9 Herr Gruber ist _____ (ersetzen). Ohne ihn würden wir das nicht schaffen.
10 Tut mir leid, die Freisprechanlage ist nicht mehr _____ (brauchen). Ich bestelle Ihnen eine neue.
11 Der Hund der Beyers ist _____ (überhören). Er bellt Tag und Nacht.
12 Diese Erdbeeren schmecken ... na ja ... _____ (definieren).

_____ / 12

TEST LEKTION 10

b Hochzeitsvorbereitungen: Formulieren Sie die Sätze anders.

1 Der Blumenstrauß für Angela muss noch beim Gärtner abgeholt werden.

_____ .

2 Eine Begleitung für Tante Karin kann nicht organisiert werden.

_____ lässt _____ .

Niemand hat Zeit!

3 Der Rasen hinter dem Haus kann nicht bewässert werden.

_____ ist _____ . Der Rasensprenger ist kaputt!

_____ / 3

c Formulieren Sie die Sätze ohne Subjekt.

1 Jemand muss mit dem Koch wegen der Nachspeise sprechen.

Es _____

2 Mit dem Sektempfang soll das Personal um 11 Uhr beginnen.

_____

_____ / 2

3 KOMMUNIKATION

Gespräch über eine neue Dienstleistung.
Ergänzen Sie mithilfe der bekannten Redemittel.

■ Wir können Ihnen _____ (1),
nämlich einen kostenlosen esoterischen Beratungsservice zur Wahl Ihrer Pflanzen.

● Wie soll _____ (2)?

■ Ganz einfach: Wir beraten Sie, welche Pflanze zu Ihnen passt, das heißt wir fragen: *Wo ist sie gewachsen? Wurde sie bei Vollmond gepflanzt?* und so weiter. So etwas _____ (3).

● Ich kann mir _____ (4), wie das so abläuft.

■ Das ist ganz einfach. Wir bestimmen zuerst Ihre esoterischen Merkmale und dann ...

● _____ (5), ob ich das brauche.

■ Aber diese Beratung ist _____ (6). Stellen Sie sich vor, Ihre Pflanzen harmonieren nicht mit Ihrer esoterischen Konstellation: eine Katastrophe!

● Ja, ja ... schon ... Das _____ (7), aber sagen Sie mal ... ist der Transport von 1,80 m großen Palmen bis in den fünften Stock ohne Aufzug _____ (8)?

■ Na ja ... also ...

_____ / 8

Insgesamt _____ / 30

richtige Lösungen	Note	richtige Lösungen	Note
30 – 27	sehr gut	18 – 15	ausreichend
26 – 23	gut	14 – 0	nicht bestanden
22 – 19	befriedigend		

TEST LEKTION 11

Name: _____

1 WORTSCHATZ

a Die richtige Heilmethode: Ergänzen Sie in der richtigen Form.

sich bewähren • unzureichend • Bluthochdruck • kostspielig • Schulmedizin • Ausschlag • reizen • Qualifikation • alternativ • sich auskennen

Ich helfe Ihnen!

Sie haben chronische Schmerzen und die _____ (1) kann nicht helfen? Ihre Augen sind _____ (2) von der stundenlangen Arbeit am Bildschirm? Außerdem kämpfen Sie gegen gefährlichen _____ (3)? Sie haben Allergien und _____ (4), die Ihr Arzt nur _____ (5) behandeln kann? Sie haben unzählige sehr _____ (6) Therapien erfolglos abgebrochen?
Ich _____ mit den modernen Zivilisationskrankheiten _____ (7)! Meine _____ (8) Heilmethoden haben _____ über 65 Jahre _____ (9).
Das medizinische Wissen, das in meiner Familie über 400 Jahre von einer Generation zur nächsten weitergetragen wurde, ist meine _____ (10) für Sie!
Rufen Sie noch heute an!

_____ / 5

b Welches Wort ist richtig? Markieren Sie.

1 Dr. Meyer ist ein _____ Arzt. ☐ akuter ☐ angesehener ☐ ansehbarer
2 Ihren Sonnenbrand müssen Sie täglich mehrmals _____ . ☐ bewähren ☐ reiben ☐ behandeln
3 Der Arzt _____ die Beschwerden. ☐ diagnostiziert ☐ deklariert ☐ praktiziert
4 Dann _____ er Medikamente. ☐ verabreicht ☐ reguliert ☐ vermeidet
5 Ich habe _____ Schmerzen. ☐ schlechte ☐ belastbare ☐ stechende
6 Paul blutet! Schnell, ich brauche _____ ! ☐ ein Zäpfchen ☐ ein Pflaster ☐ eine Spritze

_____ / 6

2 GRAMMATIK

a Ergänzen Sie in der richtigen Form.

irgendjemand • niemand • irgendetwas • nichts • keiner

■ Herr Doktor, ich brauche dringend Ihre Hilfe!
● Wo tut es Ihnen denn weh?
■ _____ (1) stimmt mit meinem Rücken nicht mehr. Immer diese stechenden Schmerzen …
● Wie lange haben Sie diese Beschwerden schon?
■ Das fing irgendwann vorletzten Winter an. _____ (2) hat mir dann eine asiatische Therapiemethode empfohlen. Die hat zunächst auch geholfen, aber leider nicht dauerhaft.
● Haben andere in Ihrer Familie das auch?

TEST LEKTION 11

- Nein, nein, da kenne ich _____ (3), der solche Probleme hat. Und dann ist da noch meine Müdigkeit. Da hilft einfach _____ (4)! Ich bin immer müde, auch wenn ich wirklich viel schlafe. Ich habe im Bekanntenkreis einige Ärzte, aber _____ (5) von ihnen konnte mir helfen. Sie sind jetzt meine letzte Rettung!
- Ich denke, Sie brauchen einfach eine Auszeit. Was halten Sie von einem langen Urlaub, zum Beispiel in den Bergen?
- Wenn Sie meinen ... dann versuche ich das mal. Danke, Herr Doktor!

_____ / 5

b Verbinden Sie die beiden Sätze mithilfe der angegebenen Konnektoren bzw. Präpositionen.

1 Man wendet zusätzlich alternative Heilmethoden an. Man kann den Patienten effektiver helfen. (dadurch, dass)

2 Man wäscht sich oft die Hände. Man vermeidet die Ansteckung mit Viren. (indem)

3 Diese Tropfen nehmen den Schmerz. Sie reizen das Auge nicht. (ohne zu)

4 Die Preise für Zigaretten zu erhöhen, ist Unsinn. Man sollte die Konsequenzen des Rauchens aufzeigen. (statt)

5 Diese Tabletten helfen. Sie haben keine großen Nebenwirkungen. (ohne)

6 Sie haben eine Infektion. Ihre Blutwerte haben sich verschlechtert. (durch)

_____ / 6

3 KOMMUNIKATION

Schreiben Sie einen Beitrag in einem Internetforum zum Thema *„Ab 1.1. werden in Deutschland, Österreich und der Schweiz keine Zigaretten mehr verkauft."* Verwenden Sie dazu die bekannten Redemittel.

– Gehen Sie auf das Thema ein.
– Machen Sie auf die Folgen aufmerksam.
– Nennen Sie Ihren Standpunkt.
– Begründen Sie Ihre Meinung.

_____ / 8

Insgesamt _____ / 30

richtige Lösungen	Note	richtige Lösungen	Note
30 – 27	sehr gut	18 – 15	ausreichend
26 – 23	gut	14 – 0	nicht bestanden
22 – 19	befriedigend		

TEST LEKTION 12

Name: _____

1 WORTSCHATZ

Was ist richtig? Markieren Sie.

Der Geheimtipp für Gestresste

– Sie arbeiten hart und haben es mit einer *Fülle / Masse* (1) von verschiedenen Aufgaben den ganzen Tag über zu tun?

– Sie würden sich selbst als ständig müde *bezeichnen / benennen* (2)?

– Sie haben keine Lust mehr auf *Aktionen / Ausflüge* (3) wie Theaterbesuche, Radtouren oder Grillen mit den Nachbarn?

Dann sind Sie *auffällig / erholungsbedürftig* (4)!

Kommen Sie zu uns in das *spektakuläre / signifikante* (5) Seenland und werden Sie wieder zum *abenteuerlustigen / abenteuerlichen* (6) Entdecker! Wir bieten unter anderem an:

 – *Standards / Kanutouren* (7)
 – Wanderungen durch eine Traumlandschaft
 – Kletterkurse für *Wasserfreunde / Wasserscheue* (8)
 – Ausflüge zur *Quelle / Wurzel* (9) des größten Flusses der Region.

Wir bieten auch Workshops, zum Beispiel: „Wie erkenne ich meine *Motive / Talente* (10)? Entdecken Sie, was Sie besonders gut können."

Wir freuen uns auf Sie!

_____ / 5

2 GRAMMATIK

a Ergänzen Sie Partizipien als Nomen in der richtigen Form.

Sehr geehrte (studieren) _____ (1),

zuletzt noch ein Hinweis in eigener Sache:

Unter den auf dem Universitätsgelände in der Altmühl (baden) _____ (2)

gab es letzte Woche drei (verletzen) _____ (3). Ein paar (betrinken) _____ (4)

warfen Steine von der Brücke auf die (schwimmen) _____ (5).

Den (festnehmen) _____ (6) drohen hohe Strafen. Die gute Nachricht ist, dass die drei Studenten

auf dem Weg der Besserung sind.

_____ / 6

TEST LEKTION 12

b Verbinden Sie den folgenden Satz mit den adversativen Konnektoren *während, im Gegensatz dazu* und *dagegen*.

In Deutschland spricht man von Rührei. In Österreich heißt es Eierspeise.

1 _____ .
2 _____ .
3 _____ .

___ / 3

c Ergänzen Sie das Fugenelement *-s-*, wo nötig.

1 Lücken _____ text
2 Liebling _____ musik
3 Freundschaft _____ band
4 Bewegung _____ melder
5 Einheit _____ mode
6 Fremd _____ sprache
7 Tätigkeit _____ beschreibung
8 Nachbar _____ region

___ / 8

3 KOMMUNIKATION

Verfassen Sie mithilfe der folgenden Argumente einen kurzen Beitrag zum Thema *„Regionale Dialekte werden zu einem eigenen Unterrichtsfach in deutschen Schulen"*. Verwenden Sie dabei die bekannten Redemittel und schreiben Sie zu jedem der Punkte zwei Sätze.

– Legen Sie Ihren eigenen Standpunkt dar.
– Begründen Sie ihn mit zwei Argumenten.
– Weisen Sie Argumente zurück.
– Formulieren Sie Einwände.

Vorteile	Nachteile
– Dialekt stirbt nicht aus (Einwand: Dialektsprecher wird es immer geben.)	– weniger Zeit für die wichtigen Fächer (Einwand: Dialekte sind ein Teil der Kultur und deshalb wichtig.)
– weitere Fremdsprachen lernen sich leichter (Einwand: Generationen von Schülern haben Fremdsprachen auch ohne Dialektunterricht gelernt.)	– zu wenige ausgebildete Lehrer (Einwand: Viele Junglehrer bekommen keine Stelle und machen gerne die Zusatzausbildung.)

Ihren Beitrag zum Thema „Regionale Dialekte werden zu einem eigenen Unterrichtsfach in deutschen Schulen" habe ich mit großem Interesse gelesen …

___ / 8

Insgesamt ___ / 30

richtige Lösungen	Note	richtige Lösungen	Note
30 – 27	sehr gut	18 – 15	ausreichend
26 – 23	gut	14 – 0	nicht bestanden
22 – 19	befriedigend		

DAS METHODEN GLOSSAR

A-B-C-Kette (Lektion 9 → S. 61)
SPRECHHILFE: Stellen Sie eine Frage, zum Beispiel: *Wofür geben Sie Geld aus?* und werfen Sie den Ball einem der TN zu, der beispielsweise *Bücher* antwortet und den Ball weiterwirft. Der nächste TN muss nun ein Wort nennen, das mit dem letzten Buchstaben des vorangegangenen Wortes beginnt, also hier mit dem Buchstaben *R*. Der TN sagt zum Beispiel *Reparaturen*. Wenn die TN im Kreis stehen, ist diese Übung gleichzeitig eine gute Energieaufbauübung (Glossar → S. 151). Sie funktioniert aber auch im Sitzen.

Artikeltrio (Lektion 7 → S. 15)
GRAMMATIK SEHEN: Teilen Sie an jeden TN je drei vorgefertigte Kärtchen aus: ein blaues, auf dem *der* steht, ein rotes mit *die* und ein grünes mit *das*. Lesen Sie Nomen aus einem Wortfeld vor, die TN halten zu jedem Nomen das richtige Kärtchen hoch. Auf diese Weise verschaffen Sie sich einen guten Überblick über die Artikelkenntnisse Ihrer TN. Diese Methode eignet sich gut als Wiederholungsübung zwischendurch.

Atomspiel (Lektion 8 → S. 47)
AUTOMATISIERUNG: Bei dieser Methode bereiten Sie zunächst Kärtchen mit den zu lernenden Redemitteln vor. Die TN ziehen je eines, laufen dann durch den Raum und sagen immer wieder ihren Satz(teil) vor sich hin. Gleichzeitig hören sie auf die anderen Redemittel. Erstes Ziel ist es, Gruppen entsprechend der zusammengehörenden Redemittel zu bilden. Im zweiten Schritt stellen sich die Gruppen dann in der richtigen Reihenfolge ihrer Redemittel auf. Bei Redemitteln zu einer Präsentation beispielsweise als erste Gruppe: *die Idee eines Projekts darlegen*, zweite Gruppe: *den Ablauf des Projekts schildern*, dritte Gruppe: *die Zuhörer um ein Feedback bitten*. Mithilfe dieser Methode werden die Redemittel automatisiert.

Auf Zeit (Lektion 9 → S. 60)
AUTOMATISIERUNG: Diese Methode eignet sich sehr gut zum Einschleifen von Wortverbindungen. Die TN legen zu zweit eine Liste mit Wortverbindungen an, zum Beispiel Verbverbindungen. Alternativ können Sie auch im Laufe des Kurses wichtige Wortverbindungen auf Plakaten sammeln. Dabei können die Grammatikseiten im Kursbuch helfen. Ein/e TN nimmt dann die Liste und nennt das erste Wort. Die/Der andere muss so schnell wie möglich ein passendes zweites Wort nennen, beim Thema „Nomen-Verb-Verbindungen" zum Beispiel *einen Eindruck – bekommen, Kenntnisse – vertiefen, in Frage – kommen*. Es kann mehrere Lösungen geben, zum Beispiel *einen Eindruck – bekommen, einen Eindruck – hinterlassen*. Wichtig ist es, schnell zu antworten. Nach einer von Ihnen festgelegten Zeit wechseln die Lernpartner die Rollen.

Bitte drei (Lektion 12 → S. 125)
UNTERRICHTSTECHNIK: Mit dieser Methode reflektieren die TN Inhalte, zum Beispiel die einer Lektion. Sie geben die Kategorien vor, zu denen die TN je drei Sätze oder Beispiele schreiben, zum Beispiel *Nachfragen, gewanderte Wörter, den eigenen Standpunkt darlegen* etc. Bereiten Sie dazu entsprechende Arbeitsblätter vor. Die TN sollen möglichst ohne Kursbuch oder andere Materialien arbeiten und sich nur auf ihr Gedächtnis verlassen. Geben Sie deshalb zur Vorbereitung die Hausaufgabe auf, die entsprechenden Inhalte noch einmal anzusehen.

Blitzlicht (Lektion 10 → S. 70)
UNTERRICHTSTECHNIK: Stellen Sie eine Frage zu einem Thema und bitten Sie die TN, diese wirklich kurz und knapp mit nur einem Satz zu beantworten. Das Blitzlicht kann sowohl als Einstieg in ein Thema angewandt werden (jede/r TN sagt kurz und knapp, was sie/er über ein Thema weiß), als auch mit der Bitte um eine spontane, kurze Meinungsäußerung oder Zwischenevaluation.

Buchstabenschnecke (Lektion 11 → S. 92)
LESETECHNIK: Zeichnen Sie auf ein Blatt Papier eine Schnecke und teilen Sie ihr Haus in 26 gleich große Teile, in die Sie je einen Buchstaben des Alphabets schreiben. Als Reflexion eines längeren Lesetextes oder einer Lektion schauen sich die TN in Gruppen oder zu zweit noch einmal den Text / die Lektion an und suchen zu möglichst vielen Buchstaben im Schneckenhaus ein Wort heraus, das ihnen wichtig erscheint. Dieses tragen sie in die Schnecke ein. Sind alle TN fertig, erfolgt ein Vergleich sowie die Erklärung unbekannter Wörter im Plenum. Die herausgesuchten Wörter können auch Grundlage für weitere Aufgaben sein. Diese Methode

DAS METHODEN GLOSSAR

spricht sowohl visuelle als auch kinästhetische TN an und veranlasst die TN dazu, sich das Vokabular des Textes / der Lektion noch einmal vor Augen zu führen.

Daumen hoch (Lektion 11 → S. 103)
FEEDBACK GEBEN: Nutzen Sie diese Methode, um eine schnelle TN-Einschätzung zu neu Erlerntem zu bekommen. Erklären Sie, dass es drei Daumenpositionen gibt: nach oben für „sehr gut", waagerecht für „geht so" und nach unten für schlechteres Beherrschen der neu erlernten Fertigkeiten. Sie lesen nacheinander die Fertigkeiten vor und die TN zeigen Ihnen ihre Daumen. Der Vorteil dieser Feedbackmethode liegt darin, dass Sie ohne große Vorbereitung wie Austeilen von Karten etc. sofort eine aussagekräftige Rückmeldung bekommen, wo es noch einmal Übungsbedarf gibt.

Denkhüte (Lektion 8 → S. 38)
UNTERRICHTSTECHNIK: Mit dieser Methode lassen sich Diskussionen lebendig und vielschichtig führen. Bringen Sie genügend Papierhüte in drei bis vier Farben mit in den Unterricht. Jeder Farbe wird eine bestimmte Sichtweise bzw. Charaktereigenschaft zugeordnet – zum Beispiel *Grün:* argumentiert sachlich, sucht Fakten; *Rot:* ist sehr impulsiv, zeigt Gefühle; *Schwarz:* sieht alles negativ; *Blau:* ist dafür und sieht alles idealistisch etc. Dann wird der Kurs in diese vier Farbgruppen aufgeteilt, und jede Gruppe überlegt sich Argumente, die zu der jeweiligen Sichtweise passen. Bei der roten Gruppe sollten es einfache, aber provokante Sätze sein. Gehen Sie von Gruppe zu Gruppe und helfen Sie beim Formulieren von passenden Argumenten. Dann einigt sich der Kurs auf vier TN, die sich je einen Hut aufsetzen und die Diskussion durchführen. Nach einer Weile werden die Personen getauscht.

Echo-Sprechen (Lektion 11 → S. 96)
AUTOMATISIERUNG: Beginnen Sie, einen Satz oder Textabschnitt laut vorzulesen, die TN lesen denselben Satz zeitversetzt mit. Dabei versuchen sie, Ihr Tempo und Ihre Intonation nachzuahmen. Regen Sie die TN dazu an, solche Übungen auch mit anderen Hörtexten selbstständig zu Hause durchzuführen. Diese Methode eignet sich zur Automatisierung zum Beispiel neuer Redemittel und auch, um die richtige Intonation und das akzentfreie Sprechen zu trainieren.

Ecriture automatique (Lektion 7 → S. 22; Lektion 10 → S. 88)
KREATIVES SCHREIBEN: Die TN schreiben für fünf Minuten ohne Punkt und Komma, was ihnen durch den Kopf geht. Sie dürfen dabei nicht stoppen oder nachdenken. Begleiten Sie das Schreiben zum Beispiel mit klassischer Musik. Bedingung ist, dass dieser Text später nicht zur Kontrolle herangezogen wird. Er dient nur dazu, Schreibblockaden abzubauen und sich sozusagen schriftlich „aufzuwärmen", um dann nahtlos auf das kreative Schreibthema überzuleiten und dieses zu bearbeiten.

Eins-zwei-drei (Lektion 12 → S. 117)
GRUPPENFINDUNG: Wählen Sie je drei Wörter, die thematisch zusammenpassen, zum Beispiel aus dem Variantenwörterbuch des Deutschen, ein deutsches Wort sowie seine Entsprechungen in Österreich und der Schweiz. Beispiele wären hierfür: *Federmäppchen (D), Federschachtel (A), Etui (CH); Pfannkuchen (D), Palatschinken (A), Omelette (CH); Fahrradkurier (D), Fahrradbote (A), Velokurier (CH); Waschbeutel (D), Toilettetasche (A), Necessaire (CH)*. Schreiben Sie für jede/n TN eines der drei Wörter auf jeweils ein Kärtchen. Mithilfe der Kärtchen finden sich die drei Gruppenmitglieder entsprechend der Wörter mit der gleichen Bedeutung und arbeiten zusammen.

Energieaufbauübung (Lektion 7 → S. 24; Lektion 10 → S. 82; Lektion 11 → S. 94, 95)
KONZENTRATION: Energieaufbauübungen sind Konzentrations- und/oder Bewegungsübungen, die das Ziel haben, nach mental anstrengenden Phasen wieder körperlich aktiv zu werden. So wird der Kreislauf wieder in Schwung gebracht und das Gehirn besser mit Sauerstoff versorgt, was wiederum eine Erhöhung der Konzentrationsfähigkeit mit sich bringt. Außerdem tragen sie zu einer lockeren und ungezwungenen Atmosphäre im Kurs bei.

DAS METHODEN GLOSSAR

Fehlerteufel (Lektion 9 → S. 62)
FEHLERARBEIT: Notieren Sie sich fehlerhaft gesprochene Sätze der TN. Schreiben Sie die Äußerungen anschließend wortwörtlich an die Tafel und markieren Sie die fehlerhaften Stellen. Erklären Sie zunächst nichts und machen Sie normal mit der Aufgabe weiter. In der Regel kommen die richtigen Antworten automatisch von den TN. Sobald jemand einen Verbesserungsvorschlag geäußert hat, verbessern Sie den Fehler an der Tafel. Diese Methode können Sie immer bei mündlichen Äußerungen Ihrer TN anwenden. Es macht unbewusste Fehler bewusst, sodass man sie beim nächsten Mal eher vermeiden kann.

Flammende Rede (Lektion 8 → S. 39)
FEEDBACK GEBEN: Die TN resümieren das Thema der Stunde bzw. der letzten Stunden. Nennen Sie das Thema der Fertigkeit, das die TN kommentieren sollen, zum Beispiel *Hauptinformationen einer Nachricht auf dem Anrufbeantworter verstehen*. Dazu erhält jede/r TN in der Runde nacheinander ein Streichholz, zündet es an und darf nur so lange sprechen, bis das Streichholz abgebrannt ist. Dann ist die/der Nächste an der Reihe. Dabei lernen die TN, sich kurz zu fassen und ihre Gedanken zu zentrieren. Gleichzeitig bekommen Sie einen guten Eindruck, wie sicher sich die TN in der Fertigkeit einschätzen.

Freies Feedback (Lektion 11 → S. 107)
FEEDBACK GEBEN: Die TN reflektieren die gesamte Lektion. Bereiten Sie drei große Plakate vor, auf die Sie folgende Überschriften schreiben: *Das Beste in dieser Lektion war für mich:*; *Das Wichtigste in dieser Lektion war für mich:*; *Ich bin froh, dass ich jetzt ... kann*. Diese Plakate hängen Sie im Kursraum auf. Die TN ergänzen ihre (subjektiven) Kommentare/Ideen/Bemerkungen darauf. Auf diese Weise reflektieren sie die ganze Lektion und ihren Ablauf, nicht nur die Grammatik und Redemittel, sondern auch die Gruppenübungen, Rollenspiele und ungelenkten Gespräche, die sich anlässlich der Kursbuchaufgaben ergeben haben. Sehen Sie sich die Kommentare Ihrer TN auf den Plakaten gut an, sie geben Ihnen ein authentisches und eventuell auch unerwartetes Feedback zu Sozialformen etc., das Sie in Ihre zukünftige Unterrichtsplanung mit einfließen lassen können.

Gedankenraten (Lektion 10 → S. 85)
ASSOZIATIONSVERFAHREN: Diese Methode eignet sich bei der Betrachtung von Fotos und Zeichnungen, auf denen Personen abgebildet sind. Teilen Sie dazu leere Gedankenblasen aus. Sie können sie im Schreibwarenhandel kaufen oder selbst zeichnen und ausschneiden. Die TN raten die Gedanken der Personen, die sie in den leeren Gedankenblasen festhalten. Wenn alle TN fertig sind, lesen sie ihre Gedankenblasen vor, heften sie an eine Pinnwand oder Tafel und wählen im Plenum die drei originellsten bzw. treffendsten aus. So können Sie den TN und ihren Arbeiten gegenüber Wertschätzung ausdrücken. Diese Methode schult das Einfühlungsvermögen, welches wiederum die Kreativität fördert, und macht außerdem auf die kommende Lese- oder Höraufgabe neugierig.

Improvisationsübung (Lektion 9 → S. 55)
AUTOMATISIERUNG: Jeweils zwei TN stellen sich gegenüber auf. Sie nennen ein Themengebiet. Ein/e TN gibt nun ein Wort passend zu diesem Thema vor, die/der andere sagt schnell ein anderes Wort, das ihr/ihm dazu einfällt; zum Thema „Aktivitäten im Unterricht" beispielsweise *Tafel – abwischen*; *Diktate – schreiben*. Achten Sie darauf, dass die TN möglichst schnell agieren und keine großen Pausen entstehen. Das fördert die sprachliche Automatisierung enorm und ist außerdem eine sehr gute Konzentrationsübung.

Impuls (Lektion 7 → S. 15)
ASSOZIATIONSVERFAHREN: Zeigen Sie ein Foto zu einem bestimmten Thema oder zeichnen Sie ein typisches Symbol an die Tafel, beim Thema „Feste" zum Beispiel einen Kuchen mit Kerze oder ein Geschenk. Lassen Sie die TN Assoziationen dazu finden. Stellen Sie keine zielgerichteten Fragen, sondern notieren Sie an der Tafel alle von den TN genannten Wörter. Steuern Sie dieses Tafelbild nur, indem Sie die genannten Wörter oder Wortgruppen sortieren, zum Beispiel nach Wortarten oder nach Wortfeldern wie *Geschenke, Feste* etc. Damit fördern Sie vor allem für visuelle Lerner die Aufnahme der Begriffe.

DAS METHODEN GLOSSAR

Ja oder Nein (Lektion 7 → S. 27)
GRUPPENFINDUNG: Hängen Sie in eine Ecke des Raums ein Schild mit der Aufschrift JA, in eine andere Ecke eines mit NEIN. Dann schreiben Sie eine Frage, die man mit Ja oder Nein beantworten kann, an die Tafel oder stellen sie mündlich im Plenum. Die TN stehen auf und gehen zu der Ecke, die ihre Meinung widerspiegelt. Dann wählen die TN jeweils eine Lernpartnerin / einen Lernpartner aus ihrer Ecke aus, mit der/dem sie bei der nächsten Aufgabe oder Aktivität zusammenarbeiten.

Ja, genau (Lektion 10 → S. 89)
EINPRÄGHILFE: Mithilfe dieser Methode wiederholen und überdenken die TN bewusst grammatische Regeln. Zur Vorbereitung sollen sich die TN noch einmal intensiv mit dem jeweiligen grammatischen Thema beschäftigen, zum Beispiel als Hausaufgabe. Dann arbeiten sie zu zweit. Eine Lernpartnerin / ein Lernpartner erklärt der/dem anderen, wie die Regeln zum Thema lauten; zum Beispiel: *Ein Adjektiv auf -bar kann man durch einen Relativsatz mit Modalverb ersetzen.* Die/Der andere sagt: *Ja, genau.* Macht die erklärende Person einen Fehler, schüttelt die/der Zuhörende so lange den Kopf, bis die Erklärung korrekt ist und er *Ja, genau* sagen kann. Falls die erklärende Person Schwierigkeiten hat, darf die/der Zuhörende auch Hilfestellung leisten, indem sie/er zum Beispiel Schlüsselbegriffe oder Beispiele nennt. Dann wechseln beide die Rollen. Diese Methode spricht vor allem auditive Lerner an.

Kofferpacken (Lektion 11 → S. 94; Lektion 12 → S. 112)
EINPRÄGHILFE: Diese Methode eignet sich zum Einprägen oder zur Wiederholung von Vokabular aus einem Themenfeld. Alle TN stellen sich in einen Kreis. Sie beginnen und sagen zum Beispiel: *Ich packe meine Reiseapotheke und nehme ein Nasenspray mit.* Ihr linker Nachbar wiederholt den Satz und fügt einen Begriff, in diesem Fall einen Artikel, hinzu, zum Beispiel: *Ich packe meine Reiseapotheke und nehme ein Nasenspray und eine Spritze mit* etc. Jede/r TN fügt so einen Begriff hinzu, wobei jeder Begriff nur einmal genannt werden darf. Sie können zu dieser Methode auch einen Ball verwenden, den die TN einander zuwerfen, und so bestimmen, wer als Nächster einen Begriff hinzufügt. Dann ist diese Methode gleichzeitig eine **Energieaufbauübung** (Glossar → S. 151).

Kommentarlawine (Lektion 7 → S. 25)
FEHLERARBEIT: Die TN arbeiten in Gruppen. Jede/r TN schreibt einen Text (zum Beispiel eine Stellungnahme zu einem Thema oder eine Zusammenfassung eines Textes/Themas). Danach liest jede/r TN einen Text aus der Gruppe (nicht den eigenen) und kommentiert ihn im Hinblick auf Fehler. Hierfür können Textstellen eingekreist und am Rand mit einer Bemerkung versehen werden. Dann wird der Text an die/den Nächsten weitergegeben. Diese/Dieser liest die Kommentare und kommentiert sie oder fügt neue hinzu. So wird weitergemacht, bis jede/r das eigene Blatt zurückbekommt. Anhand der Kommentare überarbeitet nun jede/r TN – wenn nötig mit Ihrer Hilfe – den eigenen Text.

Kugellager (Lektion 11 → S. 98)
UNTERRICHTSTECHNIK: Die TN stehen sich in einem Außen- und einem Innenkreis gegenüber. Der Außenkreis stellt Fragen, der Innenkreis gibt die passenden Antworten. Nach jeder gelösten Aufgabe oder wenn Sie ein Signal (zum Beispiel mit einer Glocke) geben, bewegt sich der innere Kreis im Uhrzeigersinn eine Person weiter, stellt dem neuen Gegenüber wieder eine Frage und antwortet auf die der/des anderen. Wiederholen Sie dies drei- bis viermal.

Kursausstellung (Lektion 9 → S. 66; Lektion 10 → S. 74; Lektion 12 → S. 126)
FEEDBACK GEBEN: Dabei werden verschiedene Arbeiten der TN wie zum Beispiel Texte, Plakate etc. wie Ausstellungsstücke im Kursraum aufgehängt. Die TN gehen von Arbeit zu Arbeit, machen sich Notizen zu den Arbeiten und besprechen ihre Notizen danach gemeinsam im Kurs. Kündigen Sie vorher an, dass die Arbeiten später ausgestellt werden sollen. Dadurch steigt die Motivation, sich bei der Produktion besonders viel Mühe zu geben und auch auf Details zu achten. Sie wiederum können durch die Kursausstellung den TN und ihren Arbeiten gegenüber eine besondere Wertschätzung ausdrücken und sie damit weiter motivieren.

DAS METHODEN GLOSSAR

Mein Lieblingswort (Lektion 9 → S. 69)
EINPRÄGHILFE: Diese Methode dient der Wiederholung des Vokabulars sowie der Steigerung des Sprechvermögens. Die TN wählen ihre individuellen drei Lieblingswörter einer Lektion oder eines Textes aus und schreiben sie auf Karten. Sammeln Sie die Karten ein, mischen Sie sie und verteilen Sie sie neu an die TN. Die Wörter dürfen nicht vorgelesen werden, sondern müssen umschrieben bzw. definiert werden. Diejenige/Derjenige, die/der das Wort errät, bekommt die Karte. Es gewinnt, wer am Ende die meisten Karten hat.

Murmelgruppe (Lektion 9 → S. 52; Lektion 10 → S. 80)
SPRECHHILFE: Auf einen Impuls hin – ein Lied, ein Thema, eine Frage etc. – fangen die TN in Partnerarbeit an, miteinander zu sprechen, was ihnen dazu in den Sinn kommt. Geben Sie den TN nur wenige Minuten Zeit und lassen Sie die Kommunikation ganz natürlich erfolgen. Eine Zusammenfassung im Plenum muss nicht unbedingt erfolgen. Diese Methode eignet sich sehr gut als Einstieg in ein neues Thema und ist besonders für auditive Lernertypen sehr geeignet.

Pantomime (Lektion 11 → S. 90)
SPRECHHILFE: Diese Methode dient der Aktivierung des bereits vorhandenen Wortschatzes zu einem Themenfeld. Bereiten Sie Karten mit Begriffen vor, die die TN pantomimisch darstellen sollen, zum Beispiel zum Themenfeld „Krankheit": *Krankenschwester, Vitamine* etc. Fragen Sie, wer eine pantomimische Darstellung übernehmen möchte und geben Sie der/dem Freiwilligen eine der Karten. Die Person kommt nach vorne, für sie ist Sprechen verboten! Die anderen TN rufen der Person so lange Wörter zu, bis sie den Begriff erraten. Der TN, der den Begriff erraten hat, bekommt die nächste Karte. Auf diese Weise können Sie auch anspruchsvolle Lesetexte vorentlasten oder Vokabular wiederholen.

Persönliche Grammatik (Lektion 10 → S. 77)
GRAMMATIK SEHEN: Mithilfe dieser Methode führen Sie Grammatik vor Augen. Dazu teilen Sie die TN zunächst in Gruppen zu je so vielen TN auf, wie das zu bearbeitende Grammatikthema Elemente hat. Enthalten die „darzustellenden" Sätze beispielsweise je fünf Wörter, lassen Sie Gruppen zu je fünf TN bilden. Lässt sich die Anzahl Ihrer TN nicht durch fünf teilen, können sich auch weniger TN zu einer Gruppe zusammenfinden. Teilen Sie genügend DIN-A4-Blätter und Krepp- oder Klebeband an die Gruppen aus. Auf einem Blatt geben Sie ihnen einen zur Grammatik passenden Satz vor, beim Thema „Alternativen zum Passiv" zum Beispiel: *Wie lässt sich das realisieren?* Die Gruppen überlegen nun, wie die vier Varianten für diesen Satz lauten und notieren diese. Im Anschluss legen Sie fest oder losen aus, welche Gruppe welche Variante im Plenum präsentiert (zum Beispiel Gruppe 1: mit Passiv *Wie kann das realisiert werden?*, Gruppe 2: mit -bar *Wie ist das realisierbar?*, Gruppe 3: mit ist + zu *Wie ist das zu realisieren?*, Gruppe 4: mit Modalverb *Wie kann man das realisieren?*). Erst dann schreiben die Gruppen die ihnen zugewiesene Alternative des Satzes auf die DIN-A4-Blätter, jedes Wort des Satzes steht jeweils auf einem eigenen Blatt. Danach heftet sich jede/jeder TN eines der Blätter auf die Brust und alle stellen sich dann in der richtigen Reihenfolge nebeneinander auf, sodass die anderen TN den Satz an ihnen „ablesen" können. Gruppen mit weniger als fünf TN heften sich ggf. mehr als ein Blatt auf die Brust oder halten zwei Blätter in den Händen. Die anderen prüfen jeweils, ob die „Darstellung" der anderen Varianten korrekt ist, und korrigieren gegebenenfalls. Diese Methode spricht vor allem visuelle und kinästhetische Lerner an.

Rasender Reporter (Lektion 10 → S. 76, 77; Lektion 11 → S. 93, 99)
UNTERRICHTSTECHNIK: Nach dieser Methode macht eine/einer der TN Interviews mit den anderen TN. Dazu stellen sich alle TN im Kreis auf, der rasende Reporter steht in der Mitte. Er geht auf einen TN zu und stellt seine Frage, die der Befragte beantwortet. Dann befragt er den nächsten TN etc. Wenn Sie eine sehr große Gruppe haben, bilden Sie zwei oder mehr Kreise mit je einem Reporter. Es sollten nicht mehr als acht TN um den Reporter stehen. Mithilfe dieser Methode werden kommunikative Kompetenzen trainiert. Während der Interviews haben Sie Zeit, sich Fehler zu notieren, die Sie an späterer Stelle thematisieren.

DAS METHODEN GLOSSAR

Satz um Satz (Lektion 12 → S. 127)
FEEDBACK GEBEN: Die TN schreiben die Fortsetzung eines Textes. Dazu nehmen Sie ein Blatt hochkant, schreiben zum Beispiel als Überschrift *Mein Deutschkurs* darauf und geben folgenden Arbeitsauftrag: *Schreiben Sie in einem Satz, wie Sie unseren Deutschkurs finden und fügen Sie eine Begründung an.* Geben Sie dann das Blatt an einen TN weiter. Diese/r schreibt einen Satz dazu und reicht das Blatt an die/den nächsten TN weiter, die/der wiederum einen Satz schreibt und das Blatt so umknickt, dass nur noch ein Satz, nämlich seiner, zu sehen ist. So geht es reihum weiter, bis alle TN ihren Satz geschrieben haben. Am Ende entfalten Sie das Blatt und lesen vor, was die TN geschrieben haben. In der Regel gibt es viel zu lachen. Gleichzeitig können Sie dem Text viele Informationen entnehmen, die Sie in den Folgekurs einfließen lassen können.

Schneeballprinzip (Lektion 11 → S. 91)
UNTERRICHTSTECHNIK: Jede/r TN notiert zu einem Thema beispielsweise drei Ideen. Danach sucht sie/er sich eine Lernpartnerin / einen Lernpartner. Beide einigen sich gemeinsam auf die wichtigsten vier Punkte (von ihren sechs). Danach sucht sich das Paar ein weiteres Paar und man einigt sich zu viert auf die wichtigsten sechs Punkte (von den acht) etc. Mit dieser Methode kann man viele Aspekte zu einem Thema sammeln und gleichzeitig üben, sich auf eine Auswahl der relevantesten Punkte zu einigen.

Sinnesfoto (Lektion 9 → S. 64; Lektion 12 → S. 108)
ASSOZIATIONSVERFAHREN: Diese Methode eignet sich bei der Betrachtung von Fotos und Zeichnungen, auf denen Personen abgebildet sind. Die TN beschreiben die Fotos genauer. Fragen Sie die TN, was die jeweiligen Personen wohl in dieser Situation sehen, fühlen, hören, riechen. Diese Methode schult das ganzheitliche Wahrnehmen, was wiederum die Kreativität und das Sprechvermögen fördert.

Smiley (Lektion 7 → S. 29; Lektion 9 → S. 57)
FEEDBACK GEBEN: Verteilen Sie (am besten laminierte) Kärtchen mit Smileys. Jeder TN erhält einen lächelnden, einen neutralen und einen traurigen Smiley. Sie lesen die zu bewertenden Themen oder Fertigkeiten vor, zum Beispiel *Ich kann jetzt ... erklären.* Die TN halten dann alle gleichzeitig das für sie zutreffende Kärtchen hoch. So können Sie sich einen schnellen Überblick über die Einschätzung der TN verschaffen.

Sonnenaufgang (Lektion 7 → S. 21; Lektion 8 → S. 45; Lektion 10 → S. 71)
AKTIVIERUNG: Diese Methode eignet sich zur Einführung neuen Vokabulars oder auch zur Wiederholung bekannter Wörter. Die TN erraten einen Begriff. Teilen Sie dazu die TN in zwei konkurrierende Gruppen, das motiviert und fördert den „Wetteifer". Zeichnen Sie horizontal so viele Striche an die Tafel, wie das gesuchte Wort Buchstaben hat. Die Gruppen geben Ihnen abwechselnd je einen Buchstaben des Alphabets vor. Enthält das gesuchte Wort ihn, schreiben Sie ihn auf den/die richtigen Strich/e. Falls nicht, notieren Sie den Buchstaben am Rand und zeichnen eine Sonne (einen Kreis) mit einem ersten Strahl. Bei weiteren Buchstaben, die nicht im Wort enthalten sind, malen Sie je einen Strahl hinzu. Die Gruppe, die zuerst das gesuchte Wort errät, hat gewonnen. Haben Sie zwölf Strahlen gezeichnet, haben Sie gewonnen und lösen das Wort auf.

Speed-Dating (Lektion 9 → S. 52)
UNTERRICHTSTECHNIK: Die TN sitzen oder stehen sich in zwei Gruppen jeweils paarweise gegenüber. Jede Seite hat ein bestimmtes Thema (beim Thema „Beruf" zum Beispiel das eigene Tätigkeitsprofil). Die TN sprechen miteinander. Nach einer bestimmten Zeit, zum Beispiel nach einer Minute, geben Sie ein Zeichen, und die TN einer Reihe gehen einen Platz weiter nach rechts und sprechen mit ihrem neuen Gegenüber über das vorgegebene Thema. Damit können alle TN gleichzeitig sprechen, was den Sprachfluss fördert. Zudem werden wichtige Sprachmittel eingeübt.

Stadt-Land-Fluss (Lektion 8 → S. 38)
AKTIVIERUNG: Die TN nehmen ein Blatt quer und teilen es in fünf Spalten. Jede Spalte bekommt eine Überschrift, zum Beispiel: *Getränk, Obst, Gemüse, Süßes, Sonstiges.* Dann sagt ein TN den Buchstaben A laut und geht so lange still durch das Alphabet, bis sein Nachbar „stopp" sagt. Er nennt den Buchstaben, bei dem er im Alphabet stehen geblieben ist, zum Beispiel: *M.* Die TN füllen so schnell wie möglich ihre Spalten mit Wörtern, die mit *M* beginnen, zum Beispiel: *Milch, Mandarine, Mangold, Marmelade, Mandeln.* Wer als

Erste/r fertig ist, ruft „stopp". Die TN hören sofort auf zu schreiben. Vergleichen Sie die Antworten im Plenum. Haben mehrere TN das gleiche Wort, gibt es 5 Punkte, hat nur ein TN das Wort, bekommt er 10 Punkte, hat nur ein TN überhaupt ein Wort in dieser Kategorie, ist das 20 Punkte wert. So geht es reihum. Wer am Ende die meisten Punkte hat, hat gewonnen. Diese Methode eignet sich auch zwischendurch zur Wiederholung bereits bekannten Vokabulars.

Textquiz (Lektion 8 → S. 51)
LESETECHNIK: Die Gruppen sehen sich am Ende einer Lektion noch einmal die Lesetexte der Lektion an und wählen einen aus. Zu diesem schreiben sie drei bis fünf Quizfragen, die im Anschluss den anderen Gruppen gestellt werden. Die Gruppe, die jeweils als Erste die richtige Antwort weiß, bekommt einen Punkt. Gewonnen hat die Gruppe mit den meisten Punkten.

Vier Ecken (Lektion 8 → S. 35)
UNTERRICHTSTECHNIK: Hängen Sie in vier Ecken des Kursraums je einen Zettel mit Angaben auf, die zu einem Thema passen, zum Beispiel zum Thema „Ernährung": *Fisch, Fleisch, Gemüse, Nudeln*. Stellen Sie eine Frage, die zur Folge hat, dass sich die TN auf die Ecken verteilen, zum Beispiel *Was essen Sie am liebsten?* Die TN gehen in die entsprechende Ecke, finden dort eine Lernpartnerin / einen Lernpartner und stellen sich noch einmal gegenseitig Fragen. Dann stellen Sie die nächste Frage und die TN gruppieren sich neu. Sie können die Methode auch zur Gruppenfindung anwenden: Dazu finden die TN jeweils eine Lernpartnerin / einen Lernpartner in ihrer Ecke und bearbeiten mit ihr/ihm die nächste Aufgabe.

Visualisierung (Lektion 8 → S. 42)
GRAMMATIK SEHEN: Mithilfe dieser Methode führen Sie Grammatik vor Augen. Sie eignet sich insbesondere zur Veranschaulichung von grundlegenden Prinzipien in der deutschen Sprache, zum Beispiel bei der Wortbildung. Sie können beispielsweise bei dem Thema „Nominalisierung von Verben" alle Nomen einzeln auf Kärtchen schreiben und sie an die TN verteilen. Schreiben Sie die jeweils dazugehörigen Wortbildungsprinzipien an das Whiteboard, zum Beispiel: die Verbindung „-en", streichen Sie „en" durch und schreiben Sie „+ er" daneben. Die TN stehen dann auf, nehmen einen Magneten und heften ihr Wort in die richtige Kategorie. Wenn Sie kein Whiteboard haben, können Sie Ihre Tafel für die Wortbildungsprinzipien und eine große Tischfläche für die Kärtchen benutzen. Diese Methode kommt besonders visuellen Lernern entgegen.

Wahrheit oder Lüge? (Lektion 9 → S. 52; Lektion 10 → S. 73)
SPRECHHILFE: Diese Methode macht Übungen interessanter, bei denen die TN ihre Meinung äußern sollen, und generiert einen weiteren Sprechanlass. Jeder TN zieht vor Beginn der Übung einen Zettel. Darauf steht „Wahrheit" oder „Lüge". Die TN lügen bzw. sagen entsprechend ihrem Zettel die Wahrheit in der darauffolgenden Übung. Begrenzen Sie die Anzahl der Lügner auf drei bis fünf TN. Ist die Übung beendet, versuchen die TN gemeinsam herauszufinden, wer gelogen hat. Die Neugier, die Lüge zu finden, fördert das natürliche Sprechen.

Wer-den-Ball-hat (Lektion 7 → S. 24, 33; Lektion 8 → S. 35; Lektion 9 → S. 54; Lektion 10 → S. 70; Lektion 11 → S. 95, 101)
UNTERRICHTSTECHNIK: Diese Methode ist sehr vielfältig einsetzbar. Es spricht immer derjenige TN, der gerade den Ball hat. Werfen Sie einem TN den Ball zu, geben Sie ihm ca. 30 Sekunden Sprechzeit, dann wirft er den Ball weiter.
Bringen Sie zum Beispiel einen Gegenstand mit und fordern Sie die TN auf, kurz und knapp zu sagen, was ihnen dazu einfällt. In diesem Fall ist die Methode ein Assoziationsverfahren. Zur Aktivierung von Vorwissen nennen die TN Begriffe, die ihnen zu dem von Ihnen vorgegebenen Thema einfallen. Auch wenn es um eine kurze Meinungsäußerung der TN geht, ist diese Methode anwendbar. Außerdem können Sie sie als Einpräghilfe anwenden, indem Sie beispielsweise Verben vorgeben, zu denen die TN Sätze formulieren sollen. Mit dieser Methode steigern Sie die Aufmerksamkeit der TN allgemein und unterstützen im Besonderen die kinästhetischen TN. Sie dient außerdem dem **Energieaufbau** (Glossar → S. 151), wenn sie im Stehen angewendet wird.

DAS METHODEN GLOSSAR

Wiederholungskiste (Lektion 7 → S. 17, 18, 30, 32; Lektion 12 → S. 118, 127)
EINPRÄGHILFE: Legen Sie sich von Beginn des Kurses an eine Wiederholungskiste zu, in der Sie in Briefumschlägen wichtige Redemittel, Grammatik oder Wortschatz aus den Lektionen sammeln. Die TN schreiben die Inhalte auf Kärtchen, Sie stecken diese in nach Lektionen und Rubriken benannte Briefumschläge und in die Wiederholungskiste. Die Inhalte stehen den TN zu jedem beliebigen Zeitpunkt zur Verfügung, zum Beispiel wenn Sie binnendifferenzierend arbeiten möchten und TN mehr Hilfestellung zu einem Thema benötigen, oder wenn Sie einfach nur wiederholen möchten.

Wörter fischen (Lektion 11 → S. 97)
EINPRÄGHILFE: Diese Methode dient der Erweiterung des Vokabulars. Bereiten Sie pro TN ein Raster mit 4 x 4 Feldern vor. Auf der horizontalen Achse schreiben Sie über die Felder: *A, B, C, D*, auf die vertikale: *1, 2, 3, 4*. So können die TN die Wörter genau einem Feld zuordnen. Dann schreiben Sie vier bis fünf Begriffe, die Sie wiederholen möchten, jeweils in ein Feld – gleich viele, aber verschiedene Wörter für Gruppe A und B. Die übrigen Felder bleiben frei. Je zwei TN arbeiten zusammen, einer erhält das Arbeitsblatt zu Gruppe A, der andere zu B. Sie dürfen einander nicht auf das Blatt sehen, sondern müssen durch Sprechen die Felder finden, die Wörter enthalten. Abwechselnd nennt eine/r ein Feld, zum Beispiel: *1A*. Ist das Feld leer, antwortet die/der andere: *Leider nein*. Im Falle eines Treffers wird der/dem Fragenden das Wort umschrieben, zum Beispiel: *Ich habe mich geschnitten. → Ich habe eine Wunde*. Dann ist die Lernpartnerin / der Lernpartner an der Reihe. Es gewinnt, wer zuerst alle Begriffe der/des anderen erraten hat.

Zielscheibe (Lektion 7 → S. 20)
FEEDBACK GEBEN: Zeichnen Sie eine Zielscheibe zu den Lerninhalten, zu denen Sie gern ein Feedback hätten, an die Tafel. Schreiben Sie ein Thema dazu, zum Beispiel *Kurzinformationen verstehen*. Die TN markieren auf der Zielscheibe, wie gut sie ihrer Meinung nach das neue Thema nun beherrschen: Je näher am Zentrum sie ihren Punkt setzen, desto sicherer sind sie sich in der Fertigkeit. Dieses Feedback zeigt Ihnen direkt, wo es noch Wiederholungsbedarf gibt.

Zirkellernen (Lektion 12 → S. 127)
UNTERRICHTSTECHNIK: Bauen Sie Lernstationen auf, an die Sie jeweils Material zu einem Thema, zum Beispiel auch die Umschläge der **Wiederholungskiste** (Glossar → S. 157), legen. Erklären Sie vor Beginn des Zirkellernens, an welcher Station welche Themen liegen. Die TN gehen dann zu der Lernstation, deren Inhalt sie wiederholen bzw. intensivieren möchten. Eine Lernstation gestalten Sie zum Beispiel, indem Sie einen Tisch mit vier Stühlen zusammenstellen und etwas von den anderen Tischen abrücken. Diese Gestaltung der Wiederholung gibt Ihnen die Möglichkeit zu sehen, ob es noch Themen gibt, bei denen viele TN Wiederholungsbedarf haben oder nicht. Gibt es „überfüllte" Lernstationen, sollten Sie deren Inhalte im Fortsetzungskurs noch einmal wiederholen.

Zwei Hälften (Lektion 8 → S. 42; Lektion 11 → S. 98)
GRUPPENFINDUNG: Schreiben Sie Begriffe, die zusammengehören, zum Beispiel Verb und Nomen oder die Teile von Komposita auf kleine Papierstreifen. Immer zwei Papierstreifen gehören zusammen, zum Beispiel *Kalbs-* und *-schnitzel* oder *eine Entscheidung* und *treffen*. Die TN bewegen sich im Raum, finden ihre Ergänzung und somit ihre Lernpartnerin / ihren Lernpartner. Diese Methode ist auch anwendbar, wenn sich die TN in Vierergruppen zusammenfinden sollen, zum Beispiel passt die Zweiergruppe *Kartoffelbrei* zu der Zweiergruppe *Kalbsschnitzel*.

TRANSKRIPTIONEN DER HÖRTEXTE IM KURSBUCH

Lektion 7 BEZIEHUNGEN

Hören 1, Aufgabe 2, Abschnitt 1

Sprecher: Liebe Hörerinnen und liebe Hörer, ich begrüße Sie zum Familienradio. Wussten Sie schon, dass 50 Prozent aller Ehen in Deutschland innerhalb der ersten sieben Jahre wieder geschieden werden? Mehr als die Hälfte aller geschiedenen Mütter und Väter haben nach einem Jahr wieder einen Partner: So entsteht eine sogenannte „Stieffamilie", das heißt, ein Elternteil ist nicht der leibliche Vater oder die leibliche Mutter eines Kindes. „Patchwork-Familie" heißt das bunte Familienleben neudeutsch, über das wir heute sprechen wollen. Eine Patchwork-Familie besteht aus ähnlich unterschiedlichen Teilen wie die sogenannte Patchwork-Decke, die aus verschiedenen Stoffresten zusammengenäht ist.
Bei Patchwork-Familien gibt es viele Variationsmöglichkeiten: Familien mit einem Stiefvater oder einer Stiefmutter oder Familien mit gemeinsamen Kindern und Stiefkindern. Bei manchen neuen Paaren leben die Kinder dauerhaft, bei manchen sind sie nur zeitweise zu Besuch.
Für alle Kinder dieser neuen Konstellationen aber gilt: Sie bekommen zusätzlich zu ihren leiblichen Eltern noch einen neuen Elternteil dazu – und das funktioniert nicht immer ohne Konflikte.

Aufgabe 2, Abschnitt 2

Sprecher: Bis ins 20. Jahrhundert hinein war der Grund für eine Wiederheirat meist der Tod eines Elternteils. Das drückt auch die Vorsilbe „Stief" aus. Sie kommt aus dem Germanischen und bedeutet „beraubt". Der Tod hat den Kindern also Vater oder Mutter weggenommen oder geraubt. Um die Familie sozial und finanziell abzusichern, musste der überlebende Elternteil möglichst schnell wieder heiraten. Heutzutage kommt es aufgrund des medizinischen Fortschritts jedoch viel seltener vor, dass minderjährige Kinder einen Elternteil durch Tod verlieren. Da sich aber so viele Ehepaare trennen oder scheiden lassen, entstehen dennoch immer mehr Stieffamilien. Der Hauptgrund für eine Wiederheirat ist heute meist nicht mehr das Bedürfnis nach sozialer und finanzieller Absicherung. Alleinerziehende Elternteile erhalten oft staatliche Hilfen. Es besteht jedoch bei vielen geschiedenen Eltern weiterhin der Wunsch nach einer „heilen" Familie und nach einer glücklichen Partnerschaft.

Aufgabe 2, Abschnitt 3

Sprecher: Eltern, die gerade einen neuen festen Partner gefunden haben und frisch verliebt sind, sind häufig sehr euphorisch. Sie glauben, dass ihre Kinder das neue Familienmitglied mit offenen Armen empfangen werden. Aber für Kinder ist es oft schwer, einen neuen Partner der Eltern zu akzeptieren. Das gilt besonders dann, wenn ihnen dieser neue Partner als „Ersatz" für den Vater oder die Mutter präsentiert wird, die nicht mehr im gleichen Haushalt leben. Die Kinder hoffen oft noch, dass die erste Familie wieder zusammenkommt. Nun wird ihnen klar, dass dies nicht mehr passieren wird.

Vater oder Mutter wird man durch Schwangerschaft und Geburt, man kann sich also fast neun Monate darauf vorbereiten. Anders als leibliche Eltern haben jedoch Stiefeltern nicht lange Zeit, um sich auf Kinder einzustellen. Durch ihre neue Rolle als Stiefvater oder Stiefmutter verändert sich ihr Leben auf einen Schlag. So wird ein langjähriger Junggeselle vielleicht plötzlich zum Vater von zwei Kindern im Schulalter, oder die Mutter eines Einzelkindes ist nun Teil einer Großfamilie mit vier Kindern. Viele fühlen sich erst einmal hilflos oder haben Angst vor ihrer neuen Rolle, besonders dann, wenn sie bisher keine Erfahrung in Kindererziehung hatten.
Dennoch sehen viele Familienforscher die „Patchwork-Familie" als das Modell der Zukunft: Immer mehr Kinder werden nicht nur in einer, sondern in mehreren Familien aufwachsen. Oft haben die Jugendlichen dadurch sogar flexiblere Vorstellungen von den Rollen, die man als Mann und Frau zu erfüllen hat, als Kinder aus traditionellen Familien.

Aufgabe 4a

1
Der Hauptgrund für eine Wiederheirat ist heute meist nicht mehr das Bedürfnis nach sozialer und finanzieller Absicherung.
2
Es besteht jedoch bei vielen Eltern weiterhin der Wunsch nach einer „heilen" Familie und nach einer glücklichen Partnerschaft.
3
Das gilt besonders dann, wenn ihnen dieser neue Partner als „Ersatz" für den Vater oder die Mutter präsentiert wird.
4
Viele haben Angst vor ihrer neuen Rolle, besonders dann, wenn sie bisher keine Erfahrung in Kindererziehung hatten.
5
Oft haben die Jugendlichen dadurch sogar flexiblere Vorstellungen von den Rollen, die man als Mann und Frau zu erfüllen hat, als Kinder aus traditionellen Familien.

Hören 2, Aufgabe 2, Gespräch 1, Abschnitt 1

Sie: Was findest du besser – das Blaue oder das Braune?
Er: Hm, das Braune.
Sie: Du hast ja gar nicht richtig hingeschaut!
Er: Das seh' ich sofort – das Braune!
Sie: Und warum?
Er: Steht dir einfach besser.

Gespräch 1, Abschnitt 2

Sie: Du findest, das Blaue steht mir nicht?
Er: Doch! Aber das Braune steht dir besser!
Sie: Wegen der Farbe oder wegen der Form?
Er: Beides.
Sie: Du meinst, das Blaue steht mir nicht, weil es zu eng ist?
Er: Das hab' ich nicht gesagt! Du hast mich ge-

TRANSKRIPTIONEN DER HÖRTEXTE IM KURSBUCH

fragt, welches dir besser steht und ich habe gesagt „das Braune".
Sie: Findest du mich zu dick für das Blaue?
Er: Nein.
Sie: Wirklich nicht?
Er: Nein!
Sie: Gut. Dann nehm' ich das Blaue.
Er: Was fragst du mich denn dann?
Sie: Ich wollte nur sichergehen.

Aufgabe 2c

vgl. Track 6–7

Gespräch 2

Er: Bist du heute Abend zu Hause?
Sie: Warum?
Er: Nur so.
Sie: Nur so?
Er: Na, weil heute Abend das Endspiel ist.

Gespräch 2

Er: Bist du heute Abend zu Hause?
Sie: Warum?
Er: Nur so.
Sie: Nur so?
Er: Na, weil heute Abend das Endspiel ist.
Sie: Ach, da brauchst du mich doch nicht um Erlaubnis zu fragen!
Er: Ich frage dich auch nicht um Erlaubnis – ich wollte nur sagen, dass wir das Endspiel gucken und – und, falls du vorhast, dich heute Abend zu verabreden, solltest du das ruhig tun, weil wir Fußball gucken.
Sie: Du willst mich also aus dem Haus haben, damit ihr in Ruhe euer Endspiel anschauen könnt?
Er: Nein, ich dachte nur, dass du lieber nicht zu Hause bist, wenn wir Fußball gucken.
Sie: Ja, und falls ich heute Abend meine Freundinnen einladen wollte?
Er: Ja deshalb frag' ich ja.
Sie: Du hast mich gefragt, ob ich heute zu Hause bin?
Er: Was auch immer! Ich wollte dir nur sagen, dass wir heute Abend das Fußballspiel ansehen, das ist alles!
Sie: Dann sag das doch gleich! – Ich gehe heute sowieso mit Ella ins Kino.

Lektion 8   ERNÄHRUNG

Hören, Aufgabe 2a

Stimme auf dem Anrufbeantworter:
  Kochstudio „Schlemmerwerkstatt", guten Tag, lieber Anrufer! Wir können Ihren Anruf momentan leider nicht entgegennehmen, Sie können uns aber gern auf Band sprechen. Wenn Sie uns Ihre Telefonnummer hinterlassen, rufen wir Sie so bald wie möglich zurück. Besuchen Sie auch unsere Internetseite www.schlemmerwerkstatt.de. Dort erwarten Sie eine Vielzahl von spannenden Kochkursen für Groß und Klein, Anfänger und Profis, sowie einige leckere Rezepte zum Nachkochen.

Leiterin des Kochstudios:
  Hallo Alex, hier spricht Caroline, du, ich habe gerade unser neues Programm für die Kurse ab Anfang Mai noch mal durchgesehen. Bevor wir das auf unsere Internetseite stellen und verschicken, müssen noch ein paar Dinge korrigiert und ergänzt werden. Die gebe ich dir am besten gleich telefonisch durch, dann kannst du das noch einarbeiten. Es sollte möglichst heute noch fertig werden und raus – das wäre super. Danke!

Aufgabe 2b

Leiterin des Kochstudios:
  Also, gleich beim ersten Kurs „Besuch im Nudelparadies – Pasta mal anders" fehlt bei Ort die genaue Adresse: Die Schlemmerwerkstatt ist in der Spitalstraße 24, bitte schreib das noch dazu.

  Und am Samstag, den 4.5., sollten wir beim Titel noch etwas ergänzen, und zwar „Frühlingssalate und leckere Vorspeisen – vegetarisch", das muss unbedingt dazu, damit sich auch die Nicht-Fleisch-Esser angesprochen fühlen.

  Im nächsten Kurs „Fantastisch aromatisch – die Kunst des Würzens" gibt es einen Fehler beim Datum: Mittwoch ist nicht der 19.5., sondern der 22. Also bitte ausbessern, sonst sind die Leute verwirrt und denken vielleicht, es wäre am Sonntag oder so.

  Ja, und der Fisch-Kochkurs mit Patrick Barsch findet im Gourmetstudio Feiner statt, aber die haben mehrere Räume, da sollten wir noch ergänzen, dass es in der „Blauen Küche" stattfindet, im 1. Stock.

  Dann gibt es noch eine Änderung im Molekularkochkurs „Küchenzauberei – Zauberküche?". Den hat ja das Ehepaar Haas entwickelt, aber diesmal hält nicht Heide Haas den Kurs ab, sondern ihr Mann Peter. Hier musst du also bitte noch den Vornamen ändern. Nicht, dass die Fans von Heide sonst enttäuscht sind, oder aber es gibt verstärkt Interesse, wenn der charmante Peter vorkocht.

  Jetzt gibt es nur noch eine letzte kleine Änderung: Beim letzten Kurs auf der Liste: „Genussvolle Rezepte aus der Küche der Regionen" haben wir uns irgendwie wohl beim Preis verschrieben. Der muss statt 66.- € 76.- € lauten.
  So, das wär's aber dann, ich hoffe, das macht nicht allzu viel Mühe. Wenn doch noch etwas unklar ist, kannst du mich gern noch mal zurückrufen. Dir noch ein schönes Wochenende und bis Montag!

Lektion 9   AN DER UNI

Hören, Aufgabe 2a

Referent: Herzlich willkommen im Studentenwerk der Technischen Universität Bergakademie Freiberg. Mein Name ist Hermann Schönfelder, ich leite das Studentenwerk. Wir freuen uns, dass unsere Vortragsreihe für Abiturienten und Abiturientinnen inzwischen so beliebt ist. Seit wir vor zwei Jahren mit

TRANSKRIPTIONEN DER HÖRTEXTE IM KURSBUCH

diesen ... ja sagen wir ruhig ... „lebenspraktischen" Tipps begonnen haben, sind die Teilnehmerzahlen ständig gestiegen. Aber unser Thema heute ist ja auch hochaktuell: Wie gehe ich mit meinem Geld um? Die schlechte Nachricht zuerst: Leider werde ich Ihnen nicht verraten, wie Sie schnell und mühelos zu Geld kommen. Denn das habe ich selber noch nicht herausgefunden. Allerdings habe ich konkrete Ratschläge, die Ihnen hoffentlich helfen werden. Zuerst wollen wir auf die Einnahmen eingehen – also was kommt rein? Da geht es um Jobs für Studierende, Studienkredite und Stipendien.
Im zweiten Teil werden wir auf die Ausgabenseite schauen. Soweit der Überblick.

Aufgabe 2b

vgl. Track 15–18

Aufgabe 2b, Abschnitt 1

Referent: Beginnen wir mit den Fakten. Wie viel Geld haben Studierende monatlich zur Verfügung und wofür geben sie es aus? Dazu ein paar Zahlen anhand eines Beispiels. Tristan Steffens studiert Wirtschaftswissenschaften und bekommt Geld aus drei Quellen: Erstens bekommt er finanzielle Unterstützung vom Staat, also BAföG, zweitens überweisen ihm seine Eltern das staatliche Kindergeld von 184 Euro. Und drittens verdient er sich mit Aushilfsjobs regelmäßig etwas Geld dazu. So kommt er auf stolze 920 Euro im Monat. 320 Euro kostet seine Wohnung, mit dem Rest kommt er nach eigener Aussage gut über die Runden. Wie wir alle wissen, geht es nicht allen so gut.

Abschnitt 2

Referent: Viele Studierende erhalten keine finanzielle Unterstützung vom Staat, weil die Eltern zu viel verdienen. Viele davon möchten aber auch nicht von den Eltern abhängig sein. Deshalb wollen sie das Geld für ihr Studium selber verdienen. Natürlich gibt es hier unendlich viele Möglichkeiten. Wichtig bei so einem Studentenjob ist nicht nur die Art der Tätigkeit. Wichtig ist auch: Wie regelmäßig sind die Einnahmen aus so einem Job? Außerdem spielt es eine Rolle, ob die Arbeitszeiten zu den Stundenplänen passen. Dazu wieder zwei Beispiele. Zunächst Katrin: Die Studentin arbeitet mehrere Abende in der Woche als Abendaushelferin in der Semper-Oper in Dresden. Sie wird pro Abend bezahlt. Wenn sie zwei bis drei Abende im Monat arbeitet, verdient sie etwa 500 Euro. Minus Steuern natürlich. Der Studentenjob passt optimal zum Stundenplan der Studentin. Anne dagegen jobbt bei einer Sandwich-Kette für sieben Euro die Stunde. Sie wird jeweils in Schichten eingeteilt, mal vormittags, mal abends. Um auf 500 Euro zu kommen, müsste sie über 70 Stunden Sandwiches machen, das wären 12 Tage mit jeweils über 6 Stunden Arbeit.
Mein Tipp: Suchen Sie einen Job, in dem Sie möglichst regelmäßig arbeiten können und der Ihnen trotzdem viel Freiraum gibt. Wichtiger als das Geld sind die Arbeitszeiten. Sie müssen zu Ihrem Stundenplan passen.

Abschnitt 3

Referent: Das Arbeiten neben dem Studium ist nicht jedermanns Sache. Das Studium umfasst ja seit Einführung des Bachelors mehr Stunden als früher. Hinzu kommen zusätzliche Aktivitäten wie Praktikum und Ähnliches. Deshalb entscheiden sich immer mehr Studierende statt für einen Nebenjob für einen Kredit. Solche Studienkredite gibt es z.B. bei einer Bank oder über spezielle Bildungsfonds. Studienkredite funktionieren so: Während des Studiums werden die Lebenshaltungskosten und Studiengebühren aus dem Kredit finanziert. Nach dem Berufseinstieg zahlt der Kreditnehmer, also der Studierende, ihn dann wieder zurück. Im Kreditvertrag wird bestimmt, welcher Betrag monatlich zurückgezahlt werden muss. Dieser Beitrag muss aber erst gezahlt werden, wenn der Studierende eine Arbeitsstelle gefunden hat. Die Höhe und die Dauer des Beitrags hängen vom zukünftigen Einkommen des Studierenden ab. Besonders Studierende, die gleich nach dem Studium einen gut bezahlten Job finden, haben weniger Probleme damit, einen Berg Schulden abzubauen.
Mein Tipp: Recherchieren Sie zuerst sorgfältig: Welche Angebote gibt es? Für wie viel Prozent Zinsen? Und vor allem: Wie sind die Bedingungen für die Rückzahlung?

Abschnitt 4

Referent: Eine stressfreie Art, sein Studium zu finanzieren, ist das Stipendium. Hier kurz zusammengefasst die wichtigsten Regeln zu diesem Thema: Stipendien sind nicht nur für Hochbegabte mit den besten Notendurchschnitten gedacht. Die Kriterien für die Auswahl der Stipendiaten sind vielfältig. Sie können vom Studienfach über den Beruf der Eltern bis hin zum Geburtsort reichen. Allein in Deutschland gibt es über 1300 Stipendiengeber. Dazu kommen die in Österreich, der Schweiz und Liechtenstein. Ungefähr jede fünfte Stiftung findet keine passenden Stipendiaten. Da verpassen also viele eine Chance. Stipendien gibt es nicht nur für Studienanfänger, es gibt auch solche, die sich an Fortgeschrittene richten.
Der Grund, warum viele Studierende sich erst gar nicht um ein Stipendium bewerben, ist einfach: Sie glauben, das ist zu aufwendig und zu schwierig. Nun ja, etwas Zeit und Mühe muss man schon investieren. Allerdings sind ein Anschreiben, ein Lebenslauf und ein Motivationsschreiben oft schon alles, was man benötigt.
Mein Tipp zu diesem Thema: Unsere Mitarbeiter im Studentenwerk kennen sich bei Stipendien recht gut aus. Machen Sie bei ihnen doch einfach mal einen Termin aus. Wovon ich eher abrate, ist, sich direkt an die Stipendiengeber zu wenden und dort anzurufen. Verschaffen Sie sich lieber einen Überblick im Internet. Auf der Seite mystipendium.de finden Sie nützliche Informationen.

Soweit meine Tipps zu den Einnahmen. Kommen wir jetzt noch zu den Ausgaben. ...

TRANSKRIPTIONEN DER HÖRTEXTE IM KURSBUCH

Lektion 10 SERVICE

Hören 1, Aufgabe 2a
vgl. Track 20–24

Aufgabe 2b, Abschnitt 1

Moderator: Meine Damen und Herren, liebe Zuhörer! Ich darf Sie heute zu unserer Gesprächsrunde begrüßen, die den Titel trägt: Schnäppchenjagd im Internet – Halten Rabatt-Webseiten wie „Sei dabei!" und Co., was sie versprechen?
Dazu haben wir als Diskussionsteilnehmer eingeladen: die regelmäßige „Sei dabei!"-Nutzerin Alice Frey, den Marketing-Experten Hendrik Furler und die Restaurantbesitzerin Nadja Becker, die als Kooperationspartnerin von „Sei dabei!" schon selbst Erfahrungen machte.
„Sei dabei!" – dieser Name ist mittlerweile weltbekannt für supergünstige Angebote aller Art, auch hierzulande sind bereits viele tausend Menschen auf diesem Internetportal angemeldet.

Aufgabe 2b, Abschnitt 2

Moderator: Herr Furler, könnten Sie bitte einmal kurz für alle, die die Seite nicht kennen, erklären, wie „Sei dabei!" funktioniert?
Hendrik Furler: Ja gern – also dieser Dienst funktioniert folgendermaßen: Wer sich kostenlos bei „Sei dabei!" oder ähnlichen Portalen anmeldet, bekommt täglich mehrere Angebote, meist in der Nähe seines Wohnorts oder seiner Stadt, per E-Mail zugeschickt. Das reicht von Wellness-Angeboten wie Ganzkörpermassagen über Kurzreisen bis hin zu Sport- und Freizeitangeboten und Restaurantgutscheinen. Das Ganze wird meist zu unschlagbaren Preisen, mit Rabatten von 50–70% auf den Normalpreis angeboten. Sehr verlockend!
Und wenn sich dann innerhalb von 24–72 Stunden eine bestimmte Zahl von Nutzern zusammenfindet, um dieses Produkt zu kaufen, dann findet der Kauf oder wie es hier heißt, der „Deal", auch statt. Den Gutschein kann man sich dann selbst ausdrucken und er ist innerhalb einer bestimmten Zeit einzulösen.
Moderator: Vielen Dank erst einmal, Herr Furler.

Aufgabe 2b, Abschnitt 3

Moderator: Frau Frey, Sie haben schon selbst Erfahrungen mit „Sei dabei!" gemacht. Kann man sagen, dass Sie ein „Sei dabei!"-Fan sind?
Alice Frey: Ja, das kann man durchaus so sagen. Ich habe vor circa einem Jahr zum ersten Mal von „Sei dabei!" gehört. Eine Freundin war aus einem tollen Kurzurlaub am Bodensee zurück und erzählte mir ganz begeistert davon. Den Urlaub hat sie über „Sei dabei" gefunden. Da habe ich mich auch gleich bei „Sei dabei!" angemeldet – es kostet ja nichts. Inzwischen war ich mit meiner Familie ein paar Tage in Hamburg, habe einen asiatischen Kochkurs besucht und bei einem Fotografen ganz tolle Fotos von mir machen lassen, alles zu super Preisen – meistens war dafür weniger als die Hälfte vom Normalpreis zu bezahlen und die Qualität war absolut in Ordnung. Nur das Frühstücksbuffet, das wir einmal per Gutschein gekauft hatten, war nicht so toll. Das war seinen Preis eigentlich nicht wert.
Moderator: Das klingt ja wirklich ziemlich begeistert.

Aufgabe 2b, Abschnitt 4

Moderator: Frau Becker, wie waren denn Ihre Erfahrungen als Kooperationspartnerin von „Sei dabei"? Soviel ich weiß, haben Sie in Ihrem Restaurant selbst Serviceleistungen mit „Sei dabei" angeboten.
Nadja Becker: Genau, wir wollten mal wieder Werbung für unser kleines Restaurant machen und neue Kunden erreichen – da schien uns „Sei dabei!" eine gute Möglichkeit. Wir haben dann ein 3-Gänge-Menü für 20 Euro angeboten, von dem wir nur 10 Euro selbst bekommen haben. Bis zu 50% von dem, was die Kunden bezahlen, bleiben nämlich bei „Sei dabei!". Und ein 3-Gänge-Menü für 10 Euro lässt sich wirklich nicht machen, ohne draufzahlen. Mit solchen Aktionen kann man kein Geld verdienen, wie gesagt, man kann höchstens ein paar neue Kunden werben und hoffen, dass sie wiederkommen und dann zu den ganz normalen Preisen auf der Speisekarte essen.
Das Schlimmste war aber, dass sich innerhalb von 24 Stunden über 400 Leute einen Gutschein geholt haben, und alle mussten wir dann in den nächsten drei Monaten bedienen. Das hätte uns beinahe ruiniert. Dass es so kommen könnte, hatten wir natürlich vorher nicht bedacht.
Moderator: Ihre Erfahrungen mit der Gutschein-Werbung waren also nicht so positiv?
Nadja Becker: Sagen wir mal so: Es war uns, also meinem Mann und mir, schon klar, dass wir mit den Gutscheinen nicht wirklich was verdienen, sondern vor allem neue Gäste werben wollten. Aber dann merkten wir, dass es gar nicht mehr zu schaffen war, die Gäste zufriedenzustellen, weil das Restaurant immer voll war und wir trotzdem finanziell immer mehr ins Minus kamen. Das hat uns dann doch ganz schön schockiert. Und wir wissen ja auch nicht, ob die Gäste mit Gutschein wirklich wieder kommen …? Alles in allem hat es sich für uns nicht gelohnt, besonders weil man die Hälfte des Menü-Preises an „Sei dabei!" abgeben muss! Meiner Meinung nach verdienen die am besten an der ganzen Sache. Eine clevere Geschäftsidee, das muss man schon sagen!

Aufgabe 2b, Abschnitt 5

Moderator: Also das ist dann vielleicht auch die Kehrseite der Medaille, was für die einen ein Schnäppchen ist, kann für die anderen mit viel Aufwand und Verlusten verbunden sein. Vielleicht muss es ja bei solchen Geschäften immer, sagen wir, „einen Dummen" geben. Oder, Herr Furler, wie lässt sich das sonst erklären?
Hendrik Furler: Das würde ich so nicht sagen – aber natürlich hat der Kooperationspartner dafür, dass er kostenlose Werbung für sein Geschäft bekommt, einen gewissen Aufwand – zeitlich, personell oder finanziell, denn die Lockangebote müssen ja irgendwie bezahlt werden. Die Frage ist schon auch, ob 50% vom Verkaufspreis für das Internetportal gerechtfertigt sind. Meiner Meinung nach würden

30% auch genügen. Die Anbieter hätten dann auch etwas mehr Luft und müssten nicht, wie es schon häufig passiert ist, Mogelpackungen verkaufen, also kleinere Portionen, schlechtere Qualität etc. Der Kunde weiß vom möglichen Verlust des Anbieters natürlich nichts, der will ja niemanden schädigen. Auf der anderen Seite will er aber auch gute Qualität für sein Geld.

Alice Frey: Ja, also ich hatte schon den Eindruck, dass ich als Kunde oder Gast über „Sei dabei!" auch willkommen war, auch wenn ich weniger bezahlt hatte. Ich glaube, dass ich mir weiterhin gute und interessante Angebote ansehe, man kommt auf ganz neue Ideen und Aktivitäten, wie zum Beispiel Tango tanzen – da mache ich mit meinem Mann nächstes Wochenende einen Anfängerkurs über „Sei dabei!".

Moderator: Ja, meine Damen und Herren, das Schnäppchenjagen im Internet hat wie vieles ein Für und Wider – Vielleicht haben Sie ja eigene Erfahrungen, Fragen oder eine klare Meinung dazu, dann können Sie auf unserer Internetseite www.rundfunk-ratgeber.de weiterdiskutieren. Ich möchte mich bei allen in der Gesprächsrunde noch mal ganz herzlich bedanken und wünsche Ihnen in der Zukunft nur gute Erfahrungen mit neuen Geschäftsideen!

Hören 2, Aufgabe 1b

Axel Hacke: Es war Nacht, ich saß in der Küche, trank noch ein Bier und versuchte, mich bei der Bahn-Auskunft und ihrem Sprach-Dialogsystem nach einer Verbindung von Prien nach München zu erkundigen, am nächsten Tag. Ich erinnere mich nicht mehr an jedes Wort, ich verbürge mich auch nicht für jeden Satz, aber so ähnlich, wie ich es hier wiedergebe, lief es.
Das Sprach-Dialogsystem fragte mich, von welchem Bahnhof ich abzufahren gedächte.
Ich sagte: „Prien."

Aufgabe 2a, Abschnitt 1

Axel Hacke: Das Sprach-Dialogsystem sagte: „Möchten Sie von Wiek abfahren?"
„Wie kommen Sie darauf? Wo ist Wiek?", fragte ich. Ich kenne einen kleinen Ort namens Wiek, das ist auf Rügen, aber gibt es da einen Bahnhof?
„Ich habe Sie leider nicht verstanden", sagte das Sprach-Dialogsystem. „Bitte versuchen Sie es noch einmal. Von wo möchten Sie abfahren?"
„Prien", sagte ich.
Das System sagte, ich solle entweder „Neueingabe" sagen oder einen der folgenden Bahnhofsnamen: „Düren, Viersen mit V, Wien in Österreich, Kirn an der Nahe."
„Wo denken Sie hin?", sagte ich. „Prien!"
„Möchten Sie von Wyk auf Föhr abfahren?"
„Auf keinen Fall!", sagte ich. „Das ist am anderen Ende Deutschlands. Ich möchte von Prien abfahren."

Aufgabe 2a, Abschnitt 2

Axel Hacke: Wieder bedauerte das Sprach-Dialogsystem in vollendet höflichen Wendungen, mich nicht verstanden zu haben.

Ich sagte „Neueingabe" und überlegte eine Weile, ob es irgendwo in Deutschland vielleicht einen Ort namens „Neu Eingabe" gäbe, so wie es ja auch Neumünster gibt oder Neu-Ulm. Dann trank ich einen Schluck von meinem sehr kalten Bier und machte ein Geräusch, das ungefähr klang wie „Hulp".
„Möchten Sie von Ulm abfahren?", fragte das Sprach-Dialogsystem.
„Hulp", machte ich noch einmal.
„Möchten Sie von Ulm Hauptbahnhof abfahren?"
„Prien!", schrie ich. Das Gespräch begann, mich an gewisse Telefonate mit meiner Frau zu erinnern. Manchmal ruft Paola mich von ihrem Handy aus an, und die Verbindung ist schlecht, sie versteht mich nicht und ruft: „Hallo, hörst du mich?"
„Ja, ich höre dich."
„Hallo?"
„Ja, ich bin hier, ich höre dich."
„Hallo? Hörst du mich denn nicht?"
„Doch, ich höre dich gut. Hörst du mich denn nicht?"
„Hallooooooo! Hallooooooo!"
Das ist immer der Punkt, an dem ich wütend werde.
„Jetzt schrei mich doch nicht so an!", schreie ich.
„Was kann ich denn für die schlechte Verbindung, es ist doch nicht meine Schuld, dass die Verbindung so schlecht ist!"
„Halloooo!", schreit sie. „Halliiiihalloooo!"

Aufgabe 2a, Abschnitt 3

Axel Hacke: Sie schreit ja gar nicht mich an, sie schreit die Telefonverbindung an. Überhaupt schreit sie gern Dinge an, wenn sie nicht funktionieren, neulich hat sie unsere neue Freisprechanlage im Auto angeschrien, weil ich aus dem Lautsprecher nur ganz leise zu hören war. Sie nannte die Freisprechanlage ein „solches Scheißteil", das „auf den Müll" gehöre. Hinterher stellte sich dann heraus, dass sie den Lautstärkeregler der Freisprechanlage (es ist derselbe wie vom Radio) nahezu auf Null gedreht hatte, aber da war die Freisprechanlage schon angeschrien, wahrscheinlich ist sie jetzt beleidigt auf ewig.
Doch eine Telefonverbindung anzuschreien, das ist schon etwas Besonderes, das hat etwas geradezu Metaphysisches, denn eine Telefonverbindung ist ja nicht einmal ein Ding, es ist etwas völlig Ungreifbares, eventuell Göttliches, das man vielleicht nicht anschreien sollte.
„Halloooo!", schreit sie den Äther an. „Halloooo!" Dann legt sie auf.
Na ja, so ist das manchmal bei uns.
„Prien", sage ich. „Hauptbahnhof Prien am Chiemsee."
„Es tut mir leid, ich habe sie immer noch nicht verstanden", sagt das Sprach-Dialogsystem. „Möglicherweise liegt es an der schlechten Verbindung."
Wieder die Verbindung. Die Verbindung ist immer schuld.
Aber das Dialogsystem war doch sehr höflich. Ob es schon verheiratet ist?

Aufgabe 2b

vgl. Track 25–28

TRANSKRIPTIONEN DER HÖRTEXTE IM KURSBUCH

Lektion 11 GESUNDHEIT

Hören, Aufgabe 2b, Abschnitt 1

Moderatorin: Zu unserer Sendung „Mobilität im Beruf" begrüße ich Sie, liebe Hörerinnen und Hörer sowie unseren Gast, Frau Sophie Barlow, die seit fünf Monaten an einem deutschen Klinikum als Ärztin arbeitet.
Frau Barlow, Sie sind vor eineinhalb Jahren, da waren Sie 28, aus England hierhergekommen. Was war der Grund für Ihren Umzug?

Sophie Barlow: Mein Freund ist Deutscher, wir haben uns vor zwei Jahren in Kolumbien kennengelernt und dann habe ich ja vor eineinhalb Jahren entschieden, dass ich nach Deutschland umziehen wollte.

Moderatorin: Hatten Sie denn auch überlegt, ob vielleicht Ihr Freund nach England kommt und dort lebt und arbeitet?

Sophie Barlow: Ja also wir haben ein bisschen darüber gesprochen, aber das hat nicht so lange gedauert, ich mag es sehr, sehr gerne in Deutschland, ich mag sehr gern so Skifahren und Wandern, ich finde es ganz toll, dass in Bayern die Berge ganz in der Nähe sind. Also diese Unterhaltung hat ungefähr 30 Sekunden gedauert, ich habe gesagt, ja, ich ziehe nach Deutschland um.

Moderatorin: O.k. Und Sie haben's nicht bereut, bis jetzt, Sie sind immer noch sehr gerne hier?

Sophie Barlow: Ja, ich bin immer noch gerne hier.

Moderatorin: Und wollen auch länger bleiben?

Sophie Barlow: Ja.

Moderatorin: Und jetzt arbeiten Sie inzwischen seit fünf Monaten. War es denn kompliziert, eine Anerkennung als Ärztin in Deutschland zu bekommen? Wurden Ihre Diplome und Qualifikationen sofort anerkannt?

Sophie Barlow: Also es war nicht so kompliziert. Innerhalb der Europäischen Union wird die Approbation automatisch anerkannt. Was ein bisschen kompliziert war, ist, dass ich meine ganzen Zeugnisse und Zertifikate habe übersetzen lassen müssen. Und das hat relativ lang gedauert, das hat auch relativ viel Geld gekostet und dann, wenn ich das alles gemacht habe, musste ich auch acht Wochen auf die Anerkennung meiner Approbation warten. Und das bedeutet auch, dass ich einen Monat später mit der Arbeit angefangen habe.

Aufgabe 2b, Abschnitt 2

Moderatorin: Und konnten Sie denn schon Deutsch, als Sie hier ankamen?

Sophie Barlow: Nee, also ich konnte kein Wort Deutsch sprechen so vor 18 Monaten, also wirklich kein Wort Deutsch und ich hab' mit Deutschunterricht angefangen, ich hab' so ganz mit A1.1. angefangen, und dann hab' ich die ganzen Stufen gemacht bis B2.2., und dann ich hab diese B2-Prüfung gemacht – und man braucht das auch für die Anerkennung der Approbation.

Moderatorin: Und die haben Sie sofort bestanden, aufs erste Mal?

Sophie Barlow: Ja.

Moderatorin: Ja super! Und wie lang haben Sie denn Ihre Stelle gesucht?

Sophie Barlow: Also nicht so lang, ich hatte eigentlich Glück. Ich wusste, dass ich in der Onkologie arbeiten wollte, und ich hab im Internet nachgesucht und ich hab' gesehen, dass in einer der Unikliniken – haben die Ärzte gesucht. Und ich habe mich für eine Hospitation beworben und auch für eine Stelle. Vor meiner Hospitation hatte ich zwei Vorstellungsgespräche und dann war ich einen Monat im Krankenhaus und hab' wirklich nur zugeschaut und gesehen, was da läuft und was die Ärzte im Alltag da machen. Und dann nach diesem Monat Hospitation habe ich noch ein letztes Vorstellungsgespräch mit dem Chefarzt gehabt und dann hab' ich so eine Woche später erfahren, dass ich eine Stelle bekommen habe.

Moderatorin: Mhm. Und jetzt arbeiten Sie im Fachbereich Onkologie, das heißt mit krebskranken Patienten.

Sophie Barlow: Genau.

Aufgabe 2b, Abschnitt 3

Moderatorin: Was fällt Ihnen denn in Ihrem Berufsalltag sprachlich schon sehr leicht und was ist vielleicht manchmal noch ein bisschen schwierig?

Sophie Barlow: Also ich fand, am Anfang fand ich es relativ schwierig mit dem Dialekt in Bayern, da gibt's so relativ starke Akzente. Und ich bin schon seit fünf Monaten in der Klinik und inzwischen es wird langsam leichter.
Und was ich noch am Anfang ganz schwierig fand, war, Arztbriefe zu schreiben. Auch, wenn man viel Grammatik in der Sprachschule gelernt hat, manchmal reicht es nicht, um einen Arztbrief zu schreiben. Ich war am Anfang wirklich langsam, aber zum Glück habe ich ganz nette Kolleginnen und die haben mir geholfen und jetzt, wenn ich einen Brief schreibe, dann frag ich meine Kollegen, ob die meinen Brief durchlesen können und die machen so einige Korrekturen – ja also inzwischen wird es immer leichter.

Moderatorin: Ein gutes Team! Erzählen Sie uns doch mal einen typischen Tagesablauf im Krankenhaus:

Sophie Barlow: Also, wir fangen um acht Uhr in der Früh an, und dann – normalerweise fangen wir relativ früh mit der Visite an, das heißt, wir gehen zu den Patienten und fragen, wie es ihnen geht und wir besprechen, was an dem Tag gemacht wird, also was für Untersuchungen wir machen, was für Tests, wie wir mit der Therapie weitermachen u.s.w. Das dauert zwischen zwei und drei Stunden, und danach machen wir normalerweise Mittagspause und dann nachmittags machen wir, das heißt „Aktenvisite", das kenne ich nur in Deutschland, das habe ich nicht in England gemacht, und alle Ärzte sitzen zusammen im Arztzimmer auch mit dem Oberarzt oder Oberärztin und dann besprechen wir alle Patienten – wie wir weiter mit der Therapie machen und was für Behandlungen wir da machen und was für Untersuchungen. Und wenn wir Probleme haben, dann versuchen wir, die zu lösen. Das dauert auch zwischen ein und zwei Stunden und danach haben wir ein bisschen Zeit, Arztbriefe zu schreiben, Patienten zu entlassen und dann gehen wir so in der Regel zwischen sechs und sieben Uhr abends nach Hause.

TRANSKRIPTIONEN DER HÖRTEXTE IM KURSBUCH

Moderatorin: Gut, das war der Tagdienst, manchmal gibt's aber auch Nachtdienst?
Sophie Barlow: Ja, ich mach ja vielleicht zwischen zwei und drei Nächte Nachtdienst pro Monat, dann arbeitet man von acht Uhr abends bis acht Uhr in der Früh. Und das ist relativ ähnlich zu was ich in England gemacht habe, es gibt nur zwei Ärzte in der Klinik. Manchmal ist es auch ganz ruhig, man kriegt auch ein Zimmer, kann ab und zu mal ein bisschen schlafen, ja.
Moderatorin: Das heißt, das passt so, die zwei, drei Nachtdienste, die schafft man?
Sophie Barlow: Ja, ja. Und die sind normalerweise auch ganz interessant.

Aufgabe 2b, Abschnitt 4

Moderatorin: Könnten Sie uns vielleicht von einem Erlebnis oder einer Begebenheit erzählen, in Ihrer bisherigen Berufserfahrung, die Ihnen besonders gut gefallen hat?
Sophie Barlow: Als ich mit der Arbeit angefangen hab', war ich sehr, sehr schüchtern und ich hatte Angst, dass die Patienten mich nicht verstehen würden … und mit der Zeit wird es immer leichter, also die Patienten in der Onkologie, die kommen nicht nur einmal, sondern jeden Monat oder alle sechs Wochen für die Chemotherapie und mit der Zeit, merke ich, dass ich, also ich verstehe die Patienten mehr, ich glaube, die verstehen mich auch inzwischen. Und es gibt so eine Beziehung zu den Patienten und ich hab am Anfang gemerkt, ich hab' Witze von den Patienten nicht verstanden und jetzt geht es langsam und auch mit dem Dialekt und ich find es einfach, es ist schön, dass man die Patienten immer wieder sieht.
Moderatorin: Schön. Also man entwickelt so eine richtige Beziehung zu ihnen.
… Jetzt hätte ich noch eine letzte Frage: Was würden Sie jemandem raten, der sich überlegt, in einem anderen Land Berufserfahrung zu sammeln und vielleicht auch länger dort zu bleiben?
Sophie Barlow: Also, ich würde unbedingt ein Praktikum oder eine Hospitation empfehlen. Also, das hat mir wirklich geholfen. Ich wusste, als ich nach Deutschland umgezogen bin, wusste ich nicht, was im Krankenhaus in Deutschland passiert, ob es ähnlich zu England ist. Und, ja und ich wusste auch nicht, wie die Ärzte in Deutschland sind usw. Also, das hat mir sprachlich geholfen, ich hatte immer so ein Heftchen dabei und hatte immer ganz viele Sprichworte und Ausdrücke geschrieben in diesem Monat Hospitation. Und ich glaube, das hat mir auch geholfen, eine Stelle zu bekommen, also ich würde sagen, wenn es möglich ist, entweder den Chefarzt anrufen oder seine Sekretärin und fragen, ob es möglich ist, ein Praktikum zu machen.
Moderatorin: Sehr schön! Also: vor Ort kommen, selbst kennenlernen, sich präsentieren …
Sophie Barlow: Ja, ja.
Moderatorin: Frau Barlow, ich danke Ihnen für das nette Interview und wünsche Ihnen alles Gute für Ihre berufliche und private Zukunft.
Sophie Barlow: Vielen Dank.

Lektion 12 SPRACHE UND REGIONEN

Hören 1, Aufgabe 2a

Moderator: … Im Internet unter B5 aktuell slash fitness-Magazin. Da sehen Sie auch den Schweizer Extremschwimmer Ernst Bromeis in Aktion auf dem Rhein, bei seinem Versuch, 1200 Kilometer zu schwimmen. Von der Rheinquelle in 2500 Metern Höhe in den schneebedeckten Schweizer Bergen bis hin zur Mündung in die Nordsee in den Niederlanden. Leider musste Ernst Bromeis sein Vorhaben nach einem Drittel der Strecke in der vergangenen Woche aber abbrechen. Wegen des in diesem Frühjahr eisig kalten Wassers. Unser Extremsportler im Team des Fitnessmagazins, Bernd Uwe Gutknecht, hatte aber die Chance, davor mal einen Tag ein paar hundert Meter mitzuschwimmen.

Aufgabe 2b und 3a

Moderator: … Im Internet unter B5 aktuell slash fitness-Magazin. Da sehen Sie auch den Schweizer Extremschwimmer Ernst Bromeis in Aktion auf dem Rhein, bei seinem Versuch 1200 Kilometer zu schwimmen. Von der Rheinquelle auf 2500 Metern Höhe in den schneebedeckten Schweizer Bergen bis hin zur Mündung in die Nordsee in den Niederlanden. Leider musste Ernst Bromeis sein Vorhaben nach einem Drittel der Strecke in der vergangenen Woche aber abbrechen. Wegen des in diesem Frühjahr extrem eisig kalten Wassers. Unser Extremsportler im Team des Fitnessmagazins, Bernd Uwe Gutknecht, hatte aber die Chance, davor mal einen Tag ein paar hundert Meter mitzuschwimmen.
Bromeis: Auf einen Nenner gebracht ist es so, dass das blaue Wunder, sprich Wasser, als wichtigste Ressource dieser Welt … ohne die es keine Menschen geben würde … ohne Wasser würde es kein Leben geben … auch in einem wassergesegneten Land wie der Schweiz oder hier am Bodensee … dass dieses Wasser begrenzt ist. Ich denke, dass das wahrscheinlich nur möglich ist, indem man da reinspringt und versucht, runterzuschwimmen und zu hoffen, dass die Leute auf den Rhein schauen. Und vielleicht auch innehalten. Und sich vielleicht eine Minute oder zwei sich überlegen, wie wichtig dieser Fluss ist.
Gutknecht: Während der Extremschwimmer in seinen Neoprenanzug schlüpft, berät er sich auf Rätoromanisch mit seinem Team: Physiotherapeut, Fotograf, Kamerafrau und der Managerin des Projekts. Alleine könnte er diese Mammutaufgabe nicht stemmen, die für den Wasserbotschafter einen fast philosophischen Charakter hat.
Bromeis: Schwimmen ist, so wie ich es betreibe, in offenen Gewässern, eine ganz intensive Form der Erfahrung. Man kann sich hier und da im Leben auch einer großen Herausforderung stellen. Obwohl man nicht genau weiß, wie es dann vielleicht rauskommt.
Gutknecht: Diesmal stehen die letzten Meter im Rhein auf der Schweizer Seite an. Von Sankt Margareten aus in den Bodensee und im See, soweit die Kräfte reichen. Es ist neun Grad kalt. Das Wasser hat elf Grad.

TRANSKRIPTIONEN DER HÖRTEXTE IM KURSBUCH

Bromeis: Ja, Handschuhe, Ganzkörper-Neopren, Socken Neopren, zwei Neopren-Badehauben. All das.
Gutknecht: Dann gleitet er ins kalte Nass. Sein Team fährt zusammen mit Rettungsschwimmer Josef von der Schweizer Wasserwacht langsam im Boot neben ihm her. Josef lässt den Extremschwimmer keine Sekunde aus den Augen.
In maßvollem Tempo krault Bromeis durch als leicht wellige Wasser.
Bromeis: So was kann man nicht wirklich seriös trainieren. Es braucht eine gute Technik im Schwimmen, das ist so. Die lernt man nicht über Winter. Aber wenn man die technischen Voraussetzungen hat und dann auch im Ausdauerbereich komplett trainiert ist, dann kann man so etwas wagen.
Gutknecht: 1230 Kilometer in 30 Tagen. Etappen bis zu 60 Kilometern. Nicht nachahmenswert für Freizeitsportler.
Ab und zu macht der 43-Jährige Pause. Sein Begleiter reicht ihm Tee und Energiegels.
Begleiter: In diesen Situationen zieht er sich meistens auch ein wenig zurück. Und dann ist es relativ schwierig zu spüren, wie es ihm wirklich geht.
Gutknecht: Abgesehen vom Umweltschutz hat er ein zweites Ziel: wasserscheue Menschen zum Schwimmen motivieren.
Bromeis: Weil Schwimmen eine neue Lebenserfahrung ist. Weil man sich in einem anderen Element bewegt. Ich denke, es ist auch ein intellektueller Prozess, sich wieder ins Wasser zu bewegen.
Und vielleicht eine neue Welt zu entdecken. Das ist das Wunderbare. Weil man nur im Wasser eigentlich langfristig schweben kann.
Moderator: Wasser als Lebenselixier. Geistig und sportlich. Recht eindrucksvoll in unser Bewusstsein gerückt durch den Schweizer Ernst Bromeis.

Hören 1, Aufgabe 4

Bromeis: Weil Schwimmen eine neue Lebenserfahrung ist. Weil man sich in einem anderen Element bewegt. Ich denke, es ist auch ein intellektueller Prozess, sich wieder ins Wasser zu bewegen.
Und vielleicht eine neue Welt zu entdecken. Das ist das Wunderbare. Weil man nur im Wasser eigentlich langfristig schweben kann.
Moderator: Wasser als Lebenselixier. Geistig und sportlich. Recht eindrucksvoll in unser Bewusstsein gerückt durch den Schweizer Ernst Bromeis.

Wortschatz, Aufgabe 2a

1
Frau: Wo darf ich mich denn hinsetzen, bitte?
Mann: Nehmen Sie doch den Sessel da.
Frau: Wohin bitte?

2
Frau: Hm, die Aprikosen schmecken echt lecker.
Mann: Du meinst, die Marillen sind gut!
Frau: Ja, lecker!

3
Frau: Bitte geben Sie mir ein Telefon. Am besten heute noch.
Mann: Natürlich, gern.

4
Mann 1: Möchten Sie den Kakao mit Schlag?
Mann 2: Mit was, bitte?
Mann 1: Na, mit Sahne.

Hören 2, Aufgabe 2b

1
Wir leben hier im Alltag mit drei Sprachen: Luxemburgisch oder Lëtzebuergesch, wie wir sagen, Deutsch und Französisch. Luxemburgisch ist seit 1984 neben Französisch und Deutsch als dritte Amtssprache anerkannt. Es ist für uns ein Symbol der kulturellen und politischen Eigenständigkeit geworden. Wir verwenden es vor allem mündlich. So sind zum Beispiel die meisten Sendungen im Radio oder Fernsehen auf Luxemburgisch, dafür wird Luxemburgisch in den Printmedien wenig gebraucht. Etwa zwei Drittel der Zeitungsartikel sind auf Deutsch, ein Viertel auf Französisch und nur ungefähr zehn Prozent auf Luxemburgisch. Kinder, die hier geboren werden, lernen Luxemburgisch als Muttersprache, dann in der Grundschule zuerst Deutsch und später Französisch.

Aufgabe 2b

2
In unserer Provinz haben wir drei Landessprachen: Italienisch, Deutsch und Ladinisch. Deutsch ist dem Italienischen im öffentlichen Leben gleichgestellt. Alle offiziellen Schilder sind zweisprachig, also auf Deutsch und Italienisch. Ich kann als Deutschsprachiger auf einem Amt jederzeit Deutsch sprechen, d.h. die Leute, die in einer Behörde arbeiten, müssen zweisprachig sein. Es gibt Zeitungen und Rundfunksendungen in den drei Landessprachen. Ich finde, wir haben die Mehrsprachigkeit sehr gut im Griff. Eltern können wählen, ob sie ihre Kinder in eine italienischsprachige oder in eine deutschsprachige Schule schicken. Die zweite Sprache lernt man in der Grundschule ab der zweiten Klasse als Fremdsprache.

Aufgabe 2b

3
Bei uns hier im Osten des Landes gibt es die Deutschsprachige Gemeinschaft mit einer eigenen Verwaltung. Da wird nur Deutsch gesprochen. Das bedeutet: Öffentliche Aufschriften, Verkehrshinweise und so etwas sind auf Deutsch. Wir haben eine eigene Tageszeitung, einen Radiosender und im staatlichen Fernsehen gibt es ein paar deutschsprachige Sendungen. In der Grundschule ist der Unterricht für alle auf Deutsch. Dort lernt man aber auch eine zweite Landessprache, meist Französisch, seltener Niederländisch. Sie wird in der Grundschule mit sechs Wochenstunden, also ziemlich intensiv gelehrt; in der Sekundarschule werden weitere, vor allem naturwissenschaftliche Fächer und Mathematik, auf Französisch unterrichtet.

TRANSKRIPTIONEN DVD 2

Lektion 7 BEZIEHUNGEN

 Du baust einen Tisch, Intro (1:02 Min.)

 Du baust einen Tisch (1:55 Min.)
vgl. Clip 3–5

 Du baust einen Tisch, Abschnitt 1
(0:24 Min.)

Du baust einen Tisch
Tisch für den du Bretter über die Kreuzung trägst
Du baust für sie
Und dich einen Tisch
Einen Tisch für zwei unter den sich
Vier Füße strecken können
Einen Tisch an dem du sitzt mit ihr

04 Du baust einen Tisch, Abschnitt 2
(0:37 Min.)

Ich hab' dich Bretter über eine Kreuzung tragen sehen
Bretter für einen Tisch
Den du baust mit ihr
Ich hab' dich Bretter über eine Kreuzung tragen sehen
Bretter für einen Tisch
Den du baust mit ihr
Für ihre Füße zum Darunterstrecken
Tisch für vier Ellbogen
Vier Füße
Vier Unterarme
Zwei Töpfe
Einen Tisch für euch zwei
Für den schleppst du Bretter über eine Kreuzung
An der ich stehe mit meinem Auto
Einen Tisch baust du
Tisch für sie und Tisch für dich
Einen Scheißtisch für euch zwei
Unter den ihr eure Füße streckt
Entgegenstreckt
Euch entgegenstreckt
Tisch unter und an dem alles gesagt ist
So einen Tisch einen Tisch für zwei

 Du baust einen Tisch, Abschnitt 3
(0:43 Min.)

Für den Bretter über eine Kreuzung geschleppt werden
An mir vorbei
Baust du einen Tisch
Unter dem ich jedem auf die Zehen trete
Einen Tisch an dem ich kein Gespräch mehr bin
So einen Tisch baust du für sie
Solange sie ihre Füße unter ihn streckt
Isst sie
Was du auf den Tisch bringst
Den du baust
Dessen Bretter du schleppst
An mir vorbei
Im Scheinwerfer
Da gingst du vorbei mit Brettern für einen Tisch
Und ich sag dir ich wünschte
Du bautest einen für ...

Lektion 8 ERNÄHRUNG

 Containern, Abschnitt 1 (0:37 Min.)

Kommentator: Nachts auf dem Hinterhof eines Supermarktes irgendwo in Schleswig-Holstein. Zwei Menschen machen sich an den Mülltonnen zu schaffen. Sie suchen nach weggeworfenen Lebensmitteln, die noch essbar sind.
Junger Mann 1:   Sieht gut aus!
Kommentator: Sie „containern".
...

 Containern, Abschnitt 2 (1:43 Min.)

Kommentator: Einer von ihnen ist Danny. Der angehende Sozialpädagoge gehört zu jener Bewegung, die sich die Wegwerfpraxis der Supermärkte zunutze macht. Sie nennen sich „Freeganer".
Danny: Zuerst haben wir keinen Supermarkt gefunden, wo man irgendwie, wo was offen war und dann dachten wir, ja, geht hier nicht so gut in der Kleinstadt oder so und dann eines Tages sind wir los und da haben wir halt, ja, schon ordentlichen Fund gemacht und nach und nach haben wir dann noch andere Supermärkte entdeckt, wo es gut geht und wo man halt was rausholen kann.
Kommentator: Der „Frischemarkt" am Blücherplatz in Kiel ist ein Supermarkt wie viele andere. Warum landen so viele noch essbare Lebensmittel auf dem Müll? Obwohl der Inhaber Thorsten Lampe versucht, seine Verluste möglichst gering zu halten, muss er dennoch jedes Jahr Lebensmittel im Wert von fast 30.000 Euro wegwerfen.
Thorsten Lampe: Ich finde es grundsätzlich natürlich verwerflich, Lebensmittel, die noch essbar sind, wegzuschmeißen, gar keine Frage. Von meiner Seite aus habe ich nichts dagegen, wenn bedürftige Menschen diese Nahrungsmittel bekommen. Deswegen geben wir unsere an und für sich auch der „Kieler Tafel", aber das Problem ist eigentlich ein Problem der Kundschaft. Die Kundschaft will nur absolute Top-Ware. Sie sagen: „Wir zahlen ja Top-Geld für, also wollen wir auch Top-Ware." Eigentlich darf kein Makel dran sein, im Grunde genommen. Dass da, wenn die Blätter welk sind, sind die Blätter welk, dann würde ich ihn mir auch nicht mehr in Salat reinschneiden und das kann man von keinem Kunden dann erwarten.

 Containern, Abschnitt 3 (1:34 Min.)

Kommentator: Zusammen mit seinem Mitbewohner geht Danny circa dreimal die Woche auf die Suche nach weggeworfener Ware. Obwohl das „Containern" illegal ist, durchstöbern sie trotzdem die Abfalltonnen der Supermärkte nach essbaren Lebensmitteln.
Danny: Ich kann mir das nicht mitansehen, dass die ganzen Sachen, die ganzen guten Lebensmittel, die echt 1A sind, einfach weggeschmissen werden so. Und in so einer Kleinstadt kommt echt viel Zeug zusammen. Das realisiert man erst so wirklich, wenn man einmal los war und sich das mit eigenen Augen mal so angesehen hat. Das ist echt schrecklich, wenn man das sieht, wie viele Menschen man davon ernähren könnte.

Thorsten Lampe: Von dem, was wir noch wegschmeißen, sag ich mal so, da könnten paar Familien von leben, das ist einfach so.
Kommentator: Viele Supermärkte geben ihre unverkäuflichen Lebensmittel an die „Tafel". Diese soziale Einrichtung verteilt überschüssige Ware an Bedürftige. Alleine in Kiel werden so Woche für Woche zwei- bis dreitausend Menschen unterstützt. Eine Möglichkeit, die den Betreibern dieses Supermarktes offenbar nicht bekannt ist.
Danny: Boah, ist das viel Porree, ey! Das ist halt echt Hammer.
Freund von Danny: Snack-Tomaten. – Sind auch gut. Hey … das können wir gar nicht tragen!

 Containern, Abschnitt 4 (1:03 Min.)

Kommentator: Zu Hause angekommen offenbart sich erst die Größe der nächtlichen Ausbeute: Dem Obst und Gemüse ist nicht anzusehen, dass es noch vor Kurzem in der Tonne lag. Alles, was Danny in der WG nicht verwerten kann, gibt er an Freunde und Verwandte weiter.
Danny: Ja, war ein bisschen anstrengend heute, ich bin ziemlich fertig jetzt, aber dafür haben wir auch eine Menge Zeug. So viel, was niemand essen könnte irgendwie.
Wenn der Müll nicht anfallen würde so, wenn diese Supermarktpolitik irgendwie intern anders wäre, dann würde man wahrscheinlich Bedürftigen die überschüssigen Lebensmittel geben oder die abgelaufenen Lebensmittel, die man ja nicht mehr verkaufen darf. Die dürfen das ja nicht. Das würde ich natürlich begrüßen, das würde ich geil finden, wenn … ja, wenn sinnvoll einfach mit Lebensmitteln umgegangen wird.

 Containern (4:58 Min.)

vgl. Clip 6–9

Lektion 9   An der Uni

 Traumstudium ohne Bild (1:30 Min.)

 Traumstudium (1:30 Min.)

Lektion 10   SERVICE

 Vorlesestunde (2:13 Min.)

„Hört ihr den Zaunkönig, wie er singt? Ist das nicht wunderschön?"
„Nein", rief der kleine Tiger, „wir suchen eine Kiste mit Gold und Geld!"

Also, ich heiße Jutta, bin 70 Jahre alt und mache Vorlesen als Ehrenamt. Ich mach' das deshalb, weil ich selber eine Leseratte bin, zweitens, weil mir auch immer wieder auch zu Hause vorgelesen worden ist, ganz viel, weil ich jetzt meinen Enkeln viel vorlese und weil ich gerne überhaupt für Kinder vorlese – vor allem eben auch für Kinder, die vielleicht zu Hause weniger vorgelesen kriegen oder wo's keine Zeit gibt, dass man ihnen viel vorliest.

Ich lese vor in Schulen und in Bibliotheken, das sind meistens vier, fünf Kinder, die freiwillig kommen, das ist keine Pflicht, dass sie da zu dem Vorlesen kommen.

Ich bin außerdem in der Vereinigung „Stiftung Lesen", heißt das und die verteilen so Informationen über schöne Kinderbücher. Und da informiere ich mich, was gibt's Neues und was würde mir gefallen.

Also, ich wollte nach dem Ende der Arbeitszeit noch irgendeine Betätigung außerhalb des Hauses haben – ich habe früher im Krankenhaus mit Kindern gespielt – das wurde aber im Zug von dieser Krankenhausreform, wurde das abgeschafft und dann hab' ich mich umguckt.

Aber normalerweise macht's einfach Spaß da so, so ein aufregendes Buch und dann jeder darf was erzählen, „ja und mein Schatz wär das und das, möchte ich finden" oder „meine Lieblingsspeise ist das und das" und das ist einfach ein schöner Zeitvertreib.

Mein Wunsch wäre für die Zukunft, dass sich mehr Menschen für das Vorlesen engagieren, Vorlesen für die Kinder, und vor allem auch Männer bräuchten wir dringend in unserer Gemeinschaft, weil die im Moment noch fehlen.

Lektion 11   GESUNDHEIT

 Pflege tut gut, Abschnitt 1 (3:27 Min.)

Pflege tut gut, Abschnitt 1 (1:28 Min.)

Ina Stanger: [im Interview] Mein Name ist Ina Stanger, ich bin 27 Jahre alt. Hier im katholischen Klinikum arbeite ich jetzt seit circa zwei, also ein bisschen über zwei Jahre. Schichtbeginn ist halt sechs Uhr, dann werden halt erst mal die Medikamente kontrolliert, dann wird halt die Übergabe gemacht vom Nachtdienst, von der ganzen Station …
Krankenschwester 1: Der hat so verschiedene Untersuchungen angesetzt, so Echo, Langzeit-EKG, etc. Ich hab' noch ein EKG-Schreiben für heute, normales Roh-EKG rausgeschrieben …
Ina Stanger: [im Interview] Dann gehen wir halt so zwischen halb sieben und viertel vor sieben, fangen wir dann an, uns aufzuteilen. Wir haben hier eine Bereichspflege, wo dann die Patienten halt morgens geweckt werden, teilweise gewaschen werden …
Ina Stanger: [im Krankenzimmer] Guten Morgen! – Ich mach mal grad das Licht an …
Ina Stanger: [im Interview] Dann werden halt die Vitalwerte gemessen, werden für die Katheteruntersuchung vorbereitet …
Ina Stanger: [im Krankenzimmer] Sie dürfen die Morgenmedikation mit einem kleinen Schluck Wasser einnehmen. Danach bitte nichts mehr essen, nichts mehr trinken, nicht rauchen, gar nix! Ja?!
Ina Stanger: [im Interview] Ja … Krankenschwester wollte ich eigentlich schon immer werden, weil ich irgendwo gesehen habe – meine Mutter hat damals, oder arbeitet im Altenheim – da war ich natürlich als kleines Kind auch gewesen und da habe ich halt schon gemerkt, der Bezug zu den älteren Leuten, beziehungsweise zu den Patienten, dass es halt guttut, gerade wenn man Patienten sieht, wie sie viel besser hier rausgehen …

TRANSKRIPTIONEN DVD 2

16 Pflege tut gut, Abschnitt 2 (3:09 Min.)

Kerstin Freisberg: Mein Name ist Kerstin Freisberg. Ich bin ... habe meine Ausbildung 1987 angefangen bis '90. In meiner Funktion als Stationsleitung sehe ich mich eigentlich als Organisator, Koordinator. Man muss gerne mit Menschen zusammenarbeiten, man muss eine große Teamfähigkeit besitzen, man muss flexibel sein, man muss sich immer wieder und sofort auf neue Situationen einstellen können, man muss gut organisieren können und ich glaube, das alles zusammen, das macht eine gute Krankenschwester aus.

Prof. Dr. Manz: Also, die Verbindung Pflege zur Medizin verläuft auch in sinusförmigen Wellen. Jetzt um die Jahrhundertwende erleben wir wieder eigentlich das Bessere, nämlich das Zusammengehen dieser beiden Berufsgruppen und das „Sich einander Wertschätzen" und das ist natürlich das viel Bessere, was dann beim Patienten ankommt. Nämlich die gemeinsame ... das gemeinsam Zusammenwirken um des Patienten willen.

Ina Stanger: Unser Hauptbereich ist ja die Pflege, das heißt, da gehört halt zu die Grundpflege. Wir übernehmen Spritzen, wir übernehmen Verbände ...

Ina Stanger: [zum Patienten] Da gibt's mal einen kleinen Piks!

Patient: Das macht nix!

Ina Stanger: [zum Patienten] Macht nix? So ...

Ina Stanger: [im Interview] Also, wir sind im Prinzip der komplette Ansprechpartner für die Patienten Tag und Nacht, also 24 Stunden, weil die Ärzte, wie gesagt, die machen ja halt ihre Visiten hier und gehen ... machen dann die ganzen Untersuchungen, aber wir sind immer im Mittelpunkt, gerade für den Patienten.

Ina Stanger: [zum Patienten] Sie haben sechs Stunden Bettruhe, das heißt, bis um halb vier ungefähr.

Patient: Ja!

Ina Stanger: [zum Patienten] So, das war's dann erst mal. O.k.

Ina Stanger: [im Interview] Pfleger? Ohne die Pfleger würden die Patienten hier nicht so gut rausgehen.

Lektion 12 SPRACHE UND REGIONEN

17 Plattsounds, Intro (0:59 Min.)

vgl. Clip 18

18 Plattsounds, Abschnitt 1 (0:59 Min.)

Frau: Sag mal, was hörst du da? Ich will wissen, was du hörst?!

Mann: Ich höre etwas Neues auf Platt.

Frau: Was gibt es denn da noch Neues auf Platt? Da gibt es doch nichts!

Mann: Es gibt allerhand Neues!

Frau: Uwe!

Einspielung Song: *„Uwe hat so wunderschöne Augen. Und ab und zu hab' ich schon gedacht, ..."*

19 Plattsounds, Abschnitt 2 (0:32 Min.)

Sprecher: Plattsounds ist ein plattdeutscher Musikwettbewerb für junge Musiker zwischen 15 und 30 Jahren.

Stefan Meyer: Plattdeutsch ist eine sehr innovative Sprache und eigentlich auch ganz modern. Das ist eine noch unbekannte Seite dieser Sprache. Plattsounds ist ein Versuch, um mal zu zeigen, was mit Plattdeutsch alles möglich ist. Dass das Lebensgefühl junger Menschen ausgedrückt werden kann. Dass es auch innovativ ist, moderne Musik auf Plattdeutsch zu machen.

Sprecher: Der Wettbewerb ist Bestandteil des erfolgreichen Projektes „Platt ist cool".

20 Plattsounds, Abschnitt 3 (1:49 Min.)

Sprecher: Ein inzwischen prominentes Beispiel für eine junge, auf Platt singende Band sind diese vier Musiker aus Hamburg.

Bandmitglied: Für uns als Künstler besteht ja der Reiz da drin, Neues zu erstellen, und dazu benutzen wir ganz gern die plattdeutsche Sprache, die es ja traditionell halt schon gibt und versetzen die einfach in einen neuen Kontext, haben moderne Musik und schaffen dadurch was Neues.

Stefan Meyer: [auf Plattdeutsch] Wir wollen ein Plattdeutsches Musiknetzwerk etablieren mit den modernen Medien wie Internet und der Internetseite. Plattdeutsch soll bestehen bleiben. Der Wettbewerb soll vielleicht sogar weiter ausgebaut werden in ganz Norddeutschland, nicht nur hier in Niedersachsen. Und das soll sich etablieren als ein Netzwerk für junge Leute, die mit Plattdeutsch und Musik gerne etwas machen wollen.

Sprecher: Plattsounds bietet schon jetzt eine zweisprachige niederdeutsche und hochdeutsche Internet-Plattform, auf der Bands ihre Audio- und Videopodcasts präsentieren und Informationen austauschen können.

Sängerin: Ja, wir hoffen, mit dem Wettbewerb ein bisschen den Anstoß zu geben ... einfach mal die Idee weiterzugeben, dass man das überhaupt ausprobieren könnte. Wir sind da nämlich voll drauf hängen geblieben und uns macht das viel Spaß.

21 Plattsounds, Abschnitt 4 (1:18 Min.)

Stefan Meyer: [auf Plattdeutsch] Wenn ich es mir aussuchen kann und ich weiß, dass mein Gegenüber Plattdeutsch spricht, dann spreche ich lieber Plattdeutsch. Wenn es aber sein muss, dann kann ich natürlich auch gerne mal Hochdeutsch sprechen.

Sprecher: Schon jetzt sind die ersten Beiträge für den neu geschaffenen plattdeutschen Bandcontest eingegangen. Dabei sind übrigens ausdrücklich alle Musikrichtungen erwünscht.

Mann: Was hörst du denn Neues?

Frau: Ich habe hier noch etwas Besseres!

LÖSUNGEN ZU DEN TESTS

LEKTION 7

1 Wortschatz
1 Single, 2 alleinerziehend, 3 bikulturelle, 4 beiläufig, 5 Patchwork, 6 Konstellation, 7 Sicht, 8 Verhältnis, 9 akzeptieren, 10 Lebensform

2 Grammatik
a
1 Die Gewöhnung an die neue Familienkonstellation ist nicht einfach.
2 Eine Unterhaltung über gescheiterte Ehen möchte ich nicht führen.
3 Seine Wut auf die Exfrau ist noch groß.
4 Ich habe kein Interesse an einer Fernbeziehung.
5 Die Beziehung zu den Kindern meines neuen Freundes ist wunderbar.
b
1 sei, 2 habe, 3 sei, 4 könne
c
1 Wer den Begriff Stiefmutter hört, denkt gleich an die böse Stiefmutter in Märchen.
2 Wem das Vertrauen in den Partner fehlt, der muss an seiner Beziehung arbeiten.
3 Wen in einer Fernbeziehung die Distanz stört, der muss umziehen.
d
1 Je größer die Sehnsucht ist, desto/umso schwieriger ist eine Fernbeziehung.
2 Je höher die Scheidungsrate ist, desto/umso mehr Alleinerziehende gibt es.
3 Je romantischer die Liebesbriefe sind, desto/umso größer sind die Erwartungen.

3 Kommunikation
Musterlösung:
1 Vor hundert Jahren gab es mehr als doppelt so viele Personen in einem Haushalt als heute.
2 Heute gibt es etwa zehnmal so viele Scheidungen wie vor hundert Jahren.
3 Heute gibt es fast fünfzigmal so viele uneheliche Geburten wie vor hundert Jahren.
4 Vor hundert Jahren gab es kaum Alleinerziehende. Dagegen hat sich heute die Anzahl der Alleinerziehenden auf gut ein Viertel der Gesamtbevölkerung erhöht.
5 Es gibt heute mehr als sechsmal so viele Ein-Personen-Haushalte als vor 100 Jahren.

LEKTION 8

1 Wortschatz
1 Vielfalt, 2 eine Verschwendung, 3 Aromen, 4 Massentierhaltung, 5 meines Erachtens, 6 aromatisches, 7 roh, 8 tabu, 9 Gewissen, 10 lecker

2 Grammatik
a
1 Hoher Fleischkonsum soll sehr ungesund sein.
2 Veganer sollen länger leben.
3 Viele Supermärkte sollen der Bitte um Essensspenden nachgekommen sein.
4 Wir sollen in einem Überfluss wie nie zuvor leben.
5 Die Anzahl der Bio-Bauernhöfe soll sich verdoppelt haben.
b
1 die Verpackung, 2 der Verzehr, 3 die Zunahme, 4 der Verfolger, 5 das Schälen, 6 die Vernichtung, 7 der Verzicht, 8 der Ablauf, 9 der Genuss, 10 der Gebrauch
c
1 Selbst wenn, 2 trotz, 3 Bei, 4 Trotzdem, 5 Sofern

3 Kommunikation
Musterlösung:
Unserer Meinung nach gibt es zu viele Supermärkte, die noch essbare Lebensmittel wegwerfen. Es gibt immer noch viel zu wenig Bewusstsein für diese Verschwendung. Daher möchten wir ein Projekt starten, das folgendermaßen organisiert werden könnte: Zuerst vereinbaren wir Termine mit den Supermarktleitern in der Region. Wir machen dort das Angebot, dass wir die Lebensmittel, die der Supermarkt wegwerfen würde, zu einem bestimmten Termin (einmal pro Woche) abholen und anschließend kostenlos an Bedürftige verteilen würden. Gern möchten wir auch eine Broschüre erstellen und verteilen, um auf unser Projekt aufmerksam zu machen. Uns würde nun interessieren, wie Sie dieses Projekt finden und ob wir mit Ihrer Unterstützung rechnen können.

LEKTION 9

1 Wortschatz
1 Lehrveranstaltungen, 2 mühelos, 3 Hörsäle, 4 rund, 5 ablegen, 6 Gelände, 7 über ... verfügt, 8 Mensa, 9 Lust auf ... geweckt, 10 schlage ... Karriere ein

2 Grammatik
a
1 Der Ferienjob ist derartig toll, dass ich ihn nächstes Jahr wieder machen will.
2 Infolge der hohen Lebenshaltungskosten müssen viele Studenten arbeiten.
3 Das International Office organisiert Wohnungen für Austauschstudenten, sodass sie sich ganz auf das Studium konzentrieren können.
4 Die Fachbereiche wachsen immer schneller. Infolgedessen benötigen die Universitäten mehr Dozenten.
b
1 erweitern, 2 kommt, 3 hinterlassen, 4 gewonnen, 5 übernehme
c
1 mühe<u>los</u>, 2 <u>un</u>kritisch, 3 <u>ir</u>relevant, 4 <u>non</u>verbal, 5 <u>un</u>verständlich/<u>miss</u>verständlich, 6 <u>a</u>typisch, 7 <u>des</u>interessiert, 8 <u>ir</u>real

3 Kommunikation
Musterlösung:
1 Da stimme ich dir zu. Für mich ist der Freizeitwert der Universitätsstadt auch sehr wichtig, weil ich auch andere junge Leute kennenlernen will.
2 In diesem Punkt bin ich anderer Meinung. Ich finde nicht, dass der Zinssatz der Studienkredite sehr hoch ist.

LÖSUNGEN ZU DEN TESTS

3 Mir wären reiche Eltern auch am liebsten.
4 Die technische Ausstattung der Uni ist nicht so wichtig für mich, weil ich in meinem Studiengang nicht so viel Technik brauche.

LEKTION 10

1 Wortschatz
1 in Anspruch nehmen, 2 über den Kopf gewachsen, 3 übe … Beruf aus, 4 liegt … im Trend, 5 Phänomen, 6 Programmierung, 7 knifflig, 8 nach dem Rechten sieht, 9 Jagd, 10 flitzen

2 Grammatik
a
1 unlösbares, 2 käuflich, 3 erhältlich, 4 unbeschreibliches, 5 unerklärlich, 6 unbezahlbar, 7 unverwechselbar, 8 verständlich, 9 unersetzlich, 10 brauchbar, 11 unüberhörbar, 12 undefinierbar
b
1 Der Blumenstrauß für Angela ist noch beim Gärtner abzuholen.
2 Eine Begleitung für Tante Karin lässt sich nicht organisieren.
3 Der Rasen hinter dem Haus ist nicht zu bewässern.
c
1 Es muss mit dem Koch wegen der Nachspeise gesprochen werden!
2 Mit dem Sektempfang soll um 11 Uhr begonnen werden!

3 Kommunikation
1 … etwas ganz Einmaliges anbieten. 2 … das Ganze funktionieren? 3 … bekommen Sie sonst nirgendwo. 4 … noch nicht so richtig vorstellen, … 5 … Ich bin mir nicht sicher, … 6 … eine unglaubliche Erleichterung im Alltag. 7 … klingt schon recht verlockend, … 8 … auch/dabei inbegriffen?

LEKTION 11

1 Wortschatz
a
1 Schulmedizin, 2 gereizt, 3 Bluthochdruck, 4 Ausschläge, 5 unzureichend, 6 kostspielige, 7 kenne mich … aus, 8 alternativen, 9 sich … bewährt, 10 Qualifikation
b
1 angesehener, 2 behandeln, 3 diagnostiziert, 4 verabreicht, 5 stechende, 6 ein Pflaster

2 Grammatik
a
1 irgendetwas, 2 irgendjemand, 3 niemand, 4 nichts, 5 keiner
b
1 Dadurch, dass man zusätzlich alternative Heilmethoden anwendet, kann man den Patienten effektiver helfen.
2 Indem man sich oft die Hände wäscht, vermeidet man die Ansteckung mit Viren.
3 Diese Tropfen nehmen den Schmerz, ohne das Auge zu reizen.
4 Statt der Erhöhung der Preise für Zigaretten sollte man die Konsequenzen des Rauchens aufzeigen.
5 Diese Tabletten helfen ohne große Nebenwirkungen.
6 Durch die Infektion haben sich Ihre Blutwerte verschlechtert.

3 Kommunikation
Musterlösung:
Ja, ich finde wirklich, man sollte keine Zigaretten mehr verkaufen.
Denkt doch mal an die Konsequenzen! Keine Zigaretten, keine schlechte Luft.
Es gibt außerdem gute Gründe, so zu handeln: Raucher und Nichtraucher leben gesünder, vor allem Kinder aus Raucherhaushalten werden ab 1.1. ein gesünderes Leben haben. Die Krankenkassen sparen Geld und auch die Arbeitgeber müssen die Reinigungskosten für Raucherzimmer nicht mehr bezahlen. Das Wichtigste aber ist: Man sollte doch immer auf die Gesundheit der Nichtraucher achten!

LEKTION 12

1 Wortschatz
1 Fülle, 2 bezeichnen, 3 Aktionen, 4 erholungsbedürftig, 5 spektakuläre, 6 abenteuerlustigen, 7 Kanutouren, 8 Wasserscheue, 9 Quelle, 10 Talente

2 Grammatik
a
1 Studierende, 2 Badenden, 3 Verletzte, 4 Betrunkene, 5 Schwimmenden, 6 Festgenommenen
b
Musterlösung:
1 <u>Während</u> man in Deutschland von Rührei spricht, heißt es in Österreich Eierspeise.
2 In Deutschland spricht man von Rührei. <u>Im Gegensatz dazu</u> heißt es in Österreich Eierspeise.
3 In Deutschland spricht man von Rührei. In Österreich <u>dagegen</u> heißt es Eierspeise.
c
1 -, 2 s, 3 s, 4 s, 5 s, 6 -, 7 s, 8 -

3 Kommunikation
Musterlösung:
Meiner Meinung nach spricht das Argument, dass Dialekte aussterben, dafür, sie an deutschen Schulen in einem eigenen Unterrichtsfach zu unterrichten.
Man sagt, dass es Dialekte und Dialektsprecher immer geben wird.
Da kann ich leider nicht zustimmen.
Aus meiner Sicht sollte man das Argument Fremdsprachen lernen besonders ernst nehmen. Weitere Fremdsprachen lernen sich leichter, wenn man Dialekt spricht.
Das Argument, dass Generationen von Schülern Fremdsprachen ohne Dialektunterricht gelernt haben, überzeugt mich nicht.